数字化物流平台运营机制

赖明辉 著

东南大学出版社
SOUTHEAST UNIVERSITY PRESS
·南京·

图书在版编目(CIP)数据

数字化物流平台运营机制 / 赖明辉著. -- 南京：东南大学出版社，2024.12. -- ISBN 978-7-5766-1863-1

Ⅰ. F252.1-39

中国国家版本馆 CIP 数据核字第 20245QH262 号

○ 国家自然科学基金面上项目（项目号：71971057）
○ 国家自然科学基金重点项目（项目号：72231002）

数字化物流平台运营机制
Shuzihua Wuliu Pingtai Yunying Jizhi

著　　　者：	赖明辉
出版发行：	东南大学出版社
出 版 人：	白云飞
社　　　址：	南京四牌楼 2 号　邮编：210096
网　　　址：	http://www.seupress.com
经　　　销：	全国各地新华书店
印　　　刷：	广东虎彩云印刷有限公司
开　　　本：	700 mm×1000 mm　1/16
印　　　张：	18.5
字　　　数：	363 千字
版　　　次：	2024 年 12 月第 1 版
印　　　次：	2024 年 12 月第 1 次印刷
书　　　号：	ISBN 978-7-5766-1863-1
定　　　价：	78.00 元

本社图书若有印装质量问题，请直接与营销部联系。电话：025-83791830。

责任编辑：刘庆楚　责任校对：子雪莲　封面设计：王玥　责任印制：周荣虎

内 容 简 介

　　当前物流市场上存在着大量闲置分散的运力资源,同时货运需求趋于高频化、碎片化和分散化。云计算、物联网等技术的进步兴起了以数字化平台整合行业内部分散资源的模式。然而,当前数字化平台整合运输资源的模式仍处于探索期。一些平台的服务模式仍以信息交易为主,较为同质化,缺乏产品创新和专业化管理体系,甚至没有清晰的盈利模式。为了解决这类平台专业化服务创新不足的难点问题,本书综合应用运筹学、管理学、博弈论等方法,研究数字化平台在分散式物流运输网络中的运力调配和路径协同策略,并设计利益分配机制协调承运人分工合作和激励货主合作,实现运力和货物的整合,提高整体运输效率。具体地,本书的研究内容主要包括:(1)介绍平台模式下解决物流运输资源整合问题的基础理论和方法(例如,车辆路径优化、网络流优化、算法复杂性、合作博弈和机制设计等);(2)货运代理联盟平台运力资源共享和分配机制;(3)整车网络货运平台订单交换策略和拍卖机制;(4)零担网络货运平台订单分段加总集货合作运输策略和分配机制;(5)网络货运平台多站点式整车集货合作运输策略和分配机制。本书系统性地为数字化物流运输平台提出一系列创新性的运营模式及其实用的算法机制,有助于解决物流行业过于分散化和效率低的痛点问题。

　　本书主要适用于管理科学领域研究交通运输问题的专家学者以及研究生,也可以为物流行业的平台企业管理者提供借鉴和参考。

自 序

物流业是支撑国民经济发展的基础性、战略性、先导性产业,然而也是当前经济和社会发展中的突出短板。一方面,物流运输市场极为分散,企业数量众多但平均规模小,且市场上存在着大量闲置分散的运力资源。另一方面,受互联网技术以及新零售的影响,零售业订单呈现出高频化、碎片化和分散化趋势,制造业也逐渐将大批量运输转化为小批量、多批次,这一趋势使得货运需求变得更加零散化。

2021年国务院印发的《"十四五"数字经济发展规划》提出要在"十四五"期间全面深化发展数字经济,实现到2025年数字经济核心产业增加值占GDP比重达到10%的目标。以数字化平台为核心的平台经济是数字经济的主要实现方式。平台以数据生产要素为基础,驱动产业生产要素的网络化共享、集约化整合、合作化开发和高效化利用。其中,数字化物流平台备受关注。大数据、云计算、物联网和人工智能等技术的兴起为多、散、碎的零担物流市场提供个性化、高效的运输服务提供了可能,从而催生了平台模式不断创新的局面。例如,满帮集团、菜鸟网络、福佑卡车、中储智运、oTMS、Tri-Vizor和Flexport等。

然而,当前数字化平台整合运输资源的模式仍处于探索期,一些平台的服务模式仍以信息交易为主,较为同质化,缺乏产品创新和专业化管理体系,甚至没有清晰的盈利模式。由于服务模式弱,一些平台被质疑本质上只是一个松散的承运商联盟,缺乏协同;而一旦资源匹配或利益分配不合理,平台的整合也将失败。应用先进的信息技术,整合行业中分散的运输资源,为货主提供有针对性的、定制化的服务,才是当前数字化平台的首要任务。

针对数字化平台整合分散运输资源服务模式弱的难点,本书的研究内容综合应用运筹优化、算法博弈、统计学习等多学科交叉理论方法,设计集约化运营模式,在分散式运输网络中最优调配运力资源,开发激励机制实现多方合作共赢,为数字化货运平台设计了一系列的合作共享框架及其算法解决方案,实现网络中运力和货物的高效整合。具体地,在运输网络平台的运力资源共享交换方面，开发了多种新型的分布式迭代组合拍卖机制框架及算法，解决不完全信息条件下运力的高效率集约化整合问题；在零担物流网络集货运输方面，设计了货主端集货模式及协作化运营算法并公平分配利益，为订单碎片化、零散化问题提出了创新性解决方案；在共享运输网络设计方面，为产权复杂情形下的资源交易问题设计了新的运营模式和市场稳定交易机制。

在理论上，这些研究成果有助于丰富和拓展博弈论领域算法激励机制设计以及数字化平台运营和设计等方面的研究范畴。在实际应用上，这些研究的算法解决方案对探索平台模式下解决当前物流行业过于分散化和效率低的痛点问题具有重要的现实意义，符合国家提高物流业效率的战略需求。

本书综合集成了作者近5年在数字化平台设计与运营领域的研究、教学和企业合作等多方面的成果，在对这些工作的系统性总结基础上，结合当前国内外数字化物流行业的前沿进展，进一步展望了数字化物流平台未来的发展趋势和新的研究问题。

本书各章内容如下：

第1章：本章为全书引言，综述了我国物流行业的发展现状、合作物流的含义和数字化物流的进展。具体地，本章讨论了物流行业的市场规模、经济影响和代表性企业，分析了物流市场的分散性问题，介绍了合作物流概念、形式、案例以及面临的挑战，最后概述了数字化物流的概念和发展情况。

第2章：本章详细论述了数字化货运平台的技术基础、概念含义、发展阶段和运营模式，并介绍了国内外主要的数字化货运平台案例。数字化货运平台是数字化物流平台的最主要形式，由于本书关注的是物流运输方面的算法解决方案，因此仓储、采购、制造等其他数字化物流平台不在本书的研究范围内。

第3章：本章研究了不完全信息条件下物流网络运力资源组合拍卖机制设计。多家货运代理商加入一个数字化平台建立的联盟组织，在货运市场上联合采购运力。平台在成员之间公平地分配运力资源，设计了一种新型分布式升式拍卖机制，以应用于物流行业的货运代理运力采购问题。

第4章：本章研究了不完全信息条件下整车运输商之间进行线路交换合作的分布式迭代拍卖机制。多个整车运输商加入一个由数字化平台组织的合作联盟，共同配送客户的整车货物订单，包括提货、运输和交货过程。平台设计了一种分布式的算法机制，把提高系统效率的集中式任务分解为并行的个人任务，并保证防范策略操纵性。

第5章：本章研究了完全信息条件下零担物流集货运输合作成本分配机制

设计。多个零担货物托运人参与由一个数字化平台运营的合作运输联盟。平台在一个转运仓/集货仓构成的运输网络中将零担货运订单最优地集货装载，并尽可能转变为整车运输模式，以降低周转时间和运输成本。平台应用拉格朗日对偶设计提出了一个计算简便的新型成本分配机制，有助于解决当前数字化物流平台服务模式弱、缺乏产品创新等难题，提供了一种创新性服务模式及解决方案。

第 6 章：本章研究了完全信息条件下大件零担多站点式整车运输集货合作成本分配机制设计。一个数字化平台为大件零担托运人提供类似于交通中多人拼车模式的多站点式整车运输服务。平台设计了一种新的同步行生成-列生成算法，同时求解集中优化和成本分配决策，以解决大规模实际问题。

第 7 章：本章总结了本书的研究成果，并介绍了数字化物流平台发展的新趋势，提出了未来值得研究的新问题。

附录 A：本附录简要介绍了组合优化和算法复杂性理论，涉及全局最优解、局部最优解、算法时间复杂度，以及 P 与 NP 复杂性理论等。

附录 B：本附录简要介绍了物流运输问题依赖的网络流优化模型和算法，涉及图论基础、最短路问题、固定费用网络设计问题、带有时间窗约束的车辆路径优化问题和取货送货问题等。

附录 C：本附录简要论述了合作博弈理论，依次介绍合作博弈的概念、定义、公理性质、解的概念、核及近似核、Shapley 值、核仁等主要解的概念。

附录 D：本附录简要论述了经典机制设计理论，依次介绍机制设计的环境设定、概念、效用函数、社会选择函数、显示性原理、Groves 机制和 VCG 机制等。

附录 E：本附录为全书主题词索引。

本书适用于从事物流和交通运输管理研究的专家学者以及高年级研究生。读者应了解组合优化、网络流优化、算法设计等运筹优化领域的知识以及博弈论领域的机制设计理论方法等。本书也可以作为数字化平台运营和设计领域的研究者参考书，以物流运输平台为例，开展平台在调度分散式资源方面的算法解决方案设计研究，能为其他类型的数字化平台提供借鉴。此外，本书还可以为运输行业的平台企业管理者和算法工程师提供决策工具和理论指导。

限于作者的知识水平，书中恐有不妥之处，恳请读者不吝批评和指正。

赖明辉

南京，2024 年 7 月

目 录

第1章 引言 ··· 1
  1.1 物流行业发展现状 ··· 1
    1.1.1 市场规模 ·· 1
    1.1.2 经济影响 ·· 2
    1.1.3 环境影响 ·· 3
    1.1.4 代表企业 ·· 4
  1.2 物流市场的分散性问题 ·· 5
    1.2.1 整车运输市场 ··· 5
    1.2.2 零担运输市场 ··· 6
    1.2.3 专线模式 ·· 7
    1.2.4 引发问题 ·· 8
  1.3 合作物流概念及企业案例 ·· 9
    1.3.1 合作形式 ·· 9
    1.3.2 合作物流案例 ··· 12
    1.3.3 挑战和问题 ··· 15
  1.4 物流行业数字化发展 ·· 16
    1.4.1 物流数字化概念及影响 ··· 17
    1.4.2 数字化平台创新 ·· 18
    1.4.3 数字化平台发展历程 ·· 19

第2章 数字化货运平台模式 ··· 20
  2.1 数字化平台技术背景和基础 ·· 20
    2.1.1 物联网 ·· 20
    2.1.2 云计算 ·· 20
    2.1.3 大数据 ·· 21
    2.1.4 人工智能 ·· 21

2.1.5　边缘计算 …………………………………………… 22
　2.2　数字化货运平台 ………………………………………… 22
　　2.2.1　概念 ………………………………………………… 22
　　2.2.2　数字化发展历程 …………………………………… 24
　　2.2.3　数字化意义 ………………………………………… 25
　2.3　数字化货运平台的类型和运营模式 …………………… 26
　　2.3.1　平台模式的发展历程 ……………………………… 26
　　2.3.2　平台类型 …………………………………………… 27
　　2.3.3　平台运营模式 ……………………………………… 28
　2.4　数字化货运平台案例 …………………………………… 29
　　2.4.1　控货型平台 ………………………………………… 29
　　2.4.2　开放型平台 ………………………………………… 30
　　2.4.3　服务型平台 ………………………………………… 31

第3章　物流运力资源共享机制 …………………………………… 33
　3.1　引言 ……………………………………………………… 33
　3.2　文献综述 ………………………………………………… 35
　　3.2.1　合作运输 …………………………………………… 35
　　3.2.2　成本共享机制 ……………………………………… 36
　　3.2.3　迭代拍卖 …………………………………………… 37
　3.3　运力分配问题 …………………………………………… 38
　3.4　迭代拍卖机制 …………………………………………… 40
　　3.4.1　支付规则和组合包生成 …………………………… 41
　　3.4.2　临时运力分配 ……………………………………… 42
　　3.4.3　运力对偶定价 ……………………………………… 44
　　3.4.4　组合包支付更新 …………………………………… 47
　　3.4.5　停止条件 …………………………………………… 48
　　3.4.6　升式迭代拍卖机制 ………………………………… 50
　3.5　机制分析 ………………………………………………… 51
　　3.5.1　说明算例 …………………………………………… 51
　　3.5.2　激励分析与预算平衡 ……………………………… 54
　　3.5.3　收敛与效率 ………………………………………… 54
　3.6　数值实验 ………………………………………………… 55

  3.6.1 数据生成 ……………………………………………… 56
  3.6.2 竞价增量选择 …………………………………… 57
  3.6.3 复杂度分析 ……………………………………… 60
  3.6.4 机制性能分析 …………………………………… 65
 3.7 总结 ………………………………………………………… 69

第4章 整车货运网络合作机制 …………………………………… 71
 4.1 引言 ………………………………………………………… 71
 4.2 文献综述 …………………………………………………… 73
  4.2.1 零担合作 ………………………………………… 73
  4.2.2 整车合作 ………………………………………… 74
 4.3 整车承运人合作问题 ……………………………………… 76
  4.3.1 个体优化问题 …………………………………… 78
  4.3.2 集中优化问题 …………………………………… 79
 4.4 机制设计问题 ……………………………………………… 80
  4.4.1 转移支付规则 …………………………………… 81
  4.4.2 买方问题 ………………………………………… 81
  4.4.3 卖方问题 ………………………………………… 82
  4.4.4 匹配问题 ………………………………………… 84
  4.4.5 迭代拍卖 ………………………………………… 86
 4.5 机制分析 …………………………………………………… 87
  4.5.1 演示例子 ………………………………………… 87
  4.5.2 理论分析 ………………………………………… 89
  4.5.3 机制的加速 ……………………………………… 89
 4.6 计算实验 …………………………………………………… 91
  4.6.1 拍卖的效率 ……………………………………… 92
  4.6.2 因素分析 ………………………………………… 98
 4.7 扩展 ………………………………………………………… 103
  4.7.1 附加约束 ………………………………………… 103
  4.7.2 交易成本 ………………………………………… 104
 4.8 拓展模型 …………………………………………………… 104
  4.8.1 买方出价问题 …………………………………… 105
  4.8.2 卖方问题 ………………………………………… 107

        4.8.3 计算实验 ·········· 108
        4.8.4 参数选择 ·········· 109
        4.8.5 大规模实例结果 ·········· 112
    4.9 结论 ·········· 114

第 5 章 零担货运网络协同集货运输机制 ·········· 116
    5.1 引言 ·········· 116
    5.2 文献综述 ·········· 118
        5.2.1 托运人合作 ·········· 119
        5.2.2 带容量约束的网络流博弈 ·········· 120
    5.3 协同集货运输问题 ·········· 121
        5.3.1 运输网络 ·········· 121
        5.3.2 货运成本 ·········· 123
        5.3.3 时空网络 ·········· 125
        5.3.4 集中式模型 ·········· 126
    5.4 求解算法 ·········· 128
        5.4.1 原始问题近似算法 ·········· 128
        5.4.2 拉格朗日对偶界 ·········· 131
    5.5 成本分配博弈 ·········· 137
        5.5.1 拉格朗日对偶规则 ·········· 139
        5.5.2 预算覆盖程序 ·········· 142
    5.6 数值实验 ·········· 148
        5.6.1 数据生成 ·········· 149
        5.6.2 算法结果分析 ·········· 151
        5.6.3 综合效应分析 ·········· 161
        5.6.4 分离效应分析 ·········· 164
    5.7 总结 ·········· 174

第 6 章 多站点式整车运输协同机制 ·········· 176
    6.1 引言 ·········· 176
    6.2 文献综述 ·········· 178
        6.2.1 车辆路径博弈 ·········· 179
        6.2.2 捆绑运输博弈 ·········· 180

- 6.2.3 其他组合博弈 ········· 180
- 6.3 MSTL 合作运输问题 ········· 181
  - 6.3.1 运输网络 ········· 184
  - 6.3.2 运输成本 ········· 185
  - 6.3.3 集中优化模型 ········· 186
- 6.4 成本分配博弈 ········· 189
  - 6.4.1 核 ········· 190
  - 6.4.2 最小核 ········· 191
- 6.5 路径生成联合搜索算法 ········· 192
  - 6.5.1 子问题重构 ········· 195
  - 6.5.2 多起点局部搜索算法 ········· 196
  - 6.5.3 对比方法 ········· 199
- 6.6 计算实验 ········· 200
  - 6.6.1 长三角地区配送案例 ········· 200
  - 6.6.2 算法设置 ········· 202
  - 6.6.3 小规模实例 ········· 203
  - 6.6.4 大规模实例 ········· 211
- 6.7 总结 ········· 214

第 7 章 未来展望 ········· 216
- 7.1 研究成果 ········· 216
- 7.2 发展趋势 ········· 217
  - 7.2.1 物理互联网（Physical Internet） ········· 217
  - 7.2.2 商桥物流 ········· 218
- 7.3 新研究问题 ········· 219

附录 A 算法复杂性与 NP-难问题 ········· 220
- A.1 组合优化问题 ········· 220
  - A.1.1 组合优化问题例子 ········· 220
  - A.1.2 局部最优解与全局最优解 ········· 221
- A.2 算法时间复杂度 ········· 221
- A.3 NP-难问题 ········· 223
  - A.3.1 P 与 NP 的概念 ········· 223

A.3.2　NPC 问题（NP-完备问题） ……………………………… 223
　　A.3.3　NP-难优化问题 …………………………………………… 224

附录 B　网络流优化方法 ……………………………………………… 225
　B.1　图论基础 ………………………………………………………… 225
　B.2　网络流问题 ……………………………………………………… 227
　B.3　最短路问题 ……………………………………………………… 229
　B.4　固定费用网络流问题 …………………………………………… 231
　B.5　带有时间窗约束的车辆路径优化问题 ………………………… 233
　B.6　带有时间窗约束的取货送货问题 ……………………………… 236

附录 C　合作博弈理论 ………………………………………………… 240
　C.1　合作博弈的基本概念 …………………………………………… 240
　　C.1.1　不可转移效用博弈 ………………………………………… 240
　　C.1.2　可转移效用博弈 …………………………………………… 241
　　C.1.3　解的概念 …………………………………………………… 243
　C.2　核 ………………………………………………………………… 244
　　C.2.1　NTU 博弈的核 …………………………………………… 244
　　C.2.2　TU 博弈的核 ……………………………………………… 244
　C.3　Shapley 值 ……………………………………………………… 246
　C.4　核仁 ……………………………………………………………… 247

附录 D　经典机制设计理论 …………………………………………… 249
　D.1　拟线性环境 ……………………………………………………… 249
　D.2　机制的定义 ……………………………………………………… 250
　　D.2.1　激励相容机制 ……………………………………………… 251
　　D.2.2　显示性原理 ………………………………………………… 251
　D.3　社会选择函数的性质 …………………………………………… 252
　D.4　Groves 机制 ……………………………………………………… 254

附录 E　中英文术语对照表 …………………………………………… 256

参考文献 ………………………………………………………………… 260

致谢 ……………………………………………………………………… 280

第 1 章 引 言

1.1 物流行业发展现状

中华人民共和国国家标准《物流术语》(GB/T 18354—2021)的定义中指出：物流是指物品从供应地到接收地的实体流动过程，根据实际需要，将运输、储存、装卸、搬运、包装、流通加工、配送、信息处理等基本功能实施有机结合(中国国家标准化管理委员会，2021)。物流业是现代服务业的重要组成部分，也是当前经济和社会发展中的突出短板。

1.1.1 市场规模

目前，中国已成全球最大物流市场，2021年我国社会物流总费用达16.7万亿元，同比增长12.5%。如图1.1所示，社会物流总费用与GDP的比率为14.6%，比2020年下降0.1个百分点，从整体来看，我国社会物流总费用与GDP的比率已从2015年的15.7%下降至2021年的14.6%；但相对发达国家来看，我国社会物流总费用与GDP的比率仍然偏高。发达国家基本为9%，世界平均值为11%左右。根据中物联数据显示，2015—2021年，我国物流业总收入整体呈逐年递增趋势。2021年我国物流体系建设稳步推进，适应市场物流需求变化，物流供给服务保持快速增长，支撑产业链、供应链韧性提升。2021年全年物流业总收入为11.9万亿元，同比增长15.1%(前瞻产业研究院，2022)。

近年来，我国公路运输市场稳步增长，市场规模自2018年的4.40万亿元上升至2022年的5.09万亿元，并有望于2027年达到5.82万亿元。快递、零担和整车运输是公路货运的三种主要形式。快递是在承诺的时限内快速地将信件、包裹、印刷品等物品按照封装上的名称地址递送给特定的单位和个人，主要承运低于30公斤的货物。行业基本已经形成以顺丰和通达系为主的相对集中的寡头市场，八分位集中度指数(CR8)水平在78.7%；整车通常是因货主单次托运的

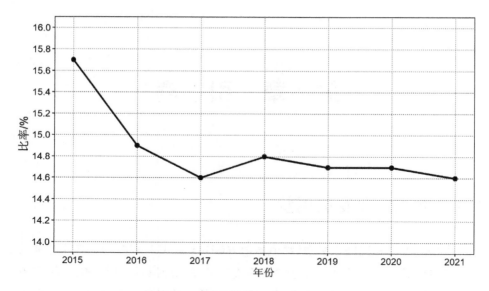

图 1.1　2015—2021 年中国社会物流总费用与 GDP 的比率变化情况
(来源：前瞻产业研究院，2022)

货物重量较大或性质、体积、形状等其他原因，无法和其他货主托运的货物共用同一车辆，需要单独一辆汽车进行运输，其单票货重一般高于 3 000 公斤；零担运输介于快递和整车运输之间，是当客户需要运送的货物不足一车时，承运企业将运往同一地方多家客户的货物通过配载手段，使之达到一车的基本运载能力，然后采用自有或外包车辆，运送至目的地并进行分发，主要覆盖 30～3 000 公斤的货物，其中 30～1 000 公斤的货物运输为小票零担，1 000～3 000 公斤为大票零担。零担市场在中国公路运输中占比超过 30%，2022 年市场规模约 1.62 万亿元，预计 2027 年可进一步上升至 1.80 万亿元。从市场结构分析，快递市场占比较小、增速更快，零担市场增速较为平稳，而整车运输市场规模增速则相对缓慢(艾瑞咨询，2023)。

1.1.2　经济影响

现代物流是经济发展的基础，现代物流业更是经济发展的重要产业和新的增长点。现代物流业的发展极大地缓解了社会就业压力，促进了以物流为纽带的城市之间、城市之内的供需市场的形成与发展，创造性地满足了供给者与消费者的潜在需求。现代物流业对经济发展的贡献可以从以下三个方面来分析(王庆瑞，2020)。

(1) 基础性贡献

物流在价值创造阶段通过有效的原材料集聚,为生产活动提供了必要的物质基础;在价值转化阶段,物流确保原材料和半成品在企业内部得到妥善的存储和流转,从而支持生产流程的顺利进行;在价值实现阶段,物流通过协调供需双方在时间和空间上的差异,促进商品和服务从生产者流向消费者,进而实现价值的最终转化。虽然这种基础性贡献在学术上常被描述为"被动性"的,即物流活动通常响应经济活动的其他环节而展开。物流不仅是连接生产、分配和消费的关键纽带,更是现代经济体系高效运作的基石。

(2) 联合性贡献

物流业作为国民经济的关键组成部分,其影响力贯穿第一产业、第二产业及第三产业。与第一、第二产业的深度融合,不仅推动了工业化与城镇化的进程,更在产业结构调整中发挥了显著作用。通过现代物流技术、网络布局的引入,第一产业得以将农业原始产品进行高效流通加工、包装,进而满足更广泛的市场需求,促进第一产业向更高附加值的第二、第三产业转型,有效推动了国民经济的协调发展及经济增长。

(3) 创造性贡献

物流业作为第三产业的重要组成部分,与第三产业内的其他产业相互融合,为消费者提供了诸多创新且富有创造性的服务。其中,近年来兴起的即时配送服务尤为引人注目,从最初的餐饮配送迅速扩展至各类商品,极大地挖掘了消费者的潜在需求。这种配送模式的多元化发展,不仅满足了消费者的现实需求,更深入挖掘了他们的潜在需求,极大地提高了消费效率,并对经济增长产生了积极的促进作用。

1.1.3 环境影响

物流行业的发展在提升经济效益、促进全球化和推动技术进步的同时,也对环境产生了显著的影响。

(1) 能源消耗和碳排放

物流行业的核心是运输,而运输过程中的能源消耗和碳排放是环境影响的重要方面。传统的物流运输依赖于化石燃料,如柴油和汽油,这些燃料的燃烧会释放大量的二氧化碳(CO_2)及其他温室气体,直接导致空气污染和气候变化。据研究统计,从 2017 年到 2022 年,中国快递行业的碳排放量从 1 837 万吨激增至 5 565 万吨,五年间增长超过 200%,复合年均增长率近 25%(绿色和平,2023)。

(2) 资源浪费

物流行业不仅消耗大量的能源,还需要大量的包装材料,如纸箱、塑料袋、泡沫等。这些包装材料在运输过程中可以保护货物,但使用后产生的废弃物却会对环境造成负担。如果这些废弃物得不到有效处理和回收利用,就会形成大量垃圾,污染土壤和水体。例如,2020年我国快递包装废物总量已超1 000万吨,2021年我国快递年业务量首次超过1 000亿件,快递包装废弃物还将持续增加(叶琦,2022)。

1.1.4 代表企业

(1) 中国远洋海运集团有限公司

中国远洋海运集团有限公司(以下简称"中国远洋海运集团"或"集团")由中国远洋运输(集团)总公司与中国海运(集团)总公司重组而成,总部设在上海,是中央直接管理的特大型国有企业。截至2023年12月31日,中国远洋海运集团经营船队综合运力1.16亿载重吨/1 417艘,排名世界第一。其中,集装箱船队规模305万TEU/504艘,居世界前列;干散货船队运力4 632万载重吨/436艘,油、气船队运力2 858万载重吨/229艘,杂货特种船队运力620万载重吨/180艘,均居世界第一。

中国远洋海运集团完善的全球化服务筑就了网络服务优势与品牌优势。航运、码头、物流、航运金融、修造船等上下游产业链形成了较为完整的产业结构体系。集团在全球投资码头57个,集装箱码头50个。集装箱码头年吞吐能力1.33亿TEU,居世界第一。全球船舶燃料销量超过2 999万吨,居世界第一。集装箱制造年产能超过140万TEU,居世界第二。集装箱租赁业务保有量规模达380万TEU,居世界第三。海洋工程装备制造接单规模以及船舶代理业务也稳居世界前列(中国远洋海运集团有限公司,2024)。

(2) 顺丰控股股份有限公司

顺丰控股股份有限公司于1993年成立于广东顺德,总部位于中国深圳。经过多年发展,顺丰已成为中国及亚洲最大、全球第四大综合物流服务提供商。顺丰围绕物流生态圈,持续完善服务能力与产品体系,业务拓展至时效快递、经济快递、快运、冷运及医药、同城即时配送、国际快递、国际货运及代理、供应链等物流板块,能够为客户提供国内及国际端到端一站式供应链服务;同时,依托领先的科技研发能力,顺丰致力于构建数字化供应链生态,成为全球智慧供应链的领导者(顺丰控股股份有限公司,2024)。

(3) 北京京邦达贸易有限公司

京东集团 2007 年开始自建物流,2017 年 4 月正式成立京东物流集团,2021 年 5 月,京东物流于香港联合交易所(简称"联交所")主板上市。京东物流是中国领先的技术驱动的供应链解决方案及物流服务商,以"技术驱动,引领全球高效流通和可持续发展"为使命,致力于成为全球最值得信赖的供应链基础设施服务商。

一体化供应链物流服务是京东物流的核心赛道。目前,京东物流主要聚焦于快消、服装、家电家具、3C、汽车、生鲜等六大行业,为客户提供一体化供应链解决方案和物流服务,帮助客户优化存货管理、减少运营成本、高效分配内部资源。(北京京邦达贸易有限公司,2024)

(4) 中国外运股份有限公司

中国外运股份有限公司是招商局集团物流业务统一运营平台和统一品牌。2003 年 2 月 13 日在香港联合交易所上市,2019 年 1 月 18 日在上海证券交易所上市,是"A+H"两地上市公司。根据 Armstrong & Associates,Inc.(2024)最新发布的榜单,中国外运货运代理服务居全球第五,全球第三方物流居全球第六。中国外运以打造世界一流智慧物流平台企业为愿景,聚焦客户需求和深层次的商业压力与挑战,以最佳的解决方案和服务持续创造商业价值和社会价值,形成了以专业物流、代理及相关业务、电商业务为主的三大业务板块,为客户提供端到端的全程供应链方案和服务(中国外运股份有限公司,2024)。

1.2 物流市场的分散性问题

现今,我国公路运输企业已超过 720 万家,而其中 90% 均为中小型规模的企业,而大部分企业的主营业务依旧为单一的运输及仓储业务,管理以及运营方式混乱。市场竞争激烈、企业众多但规模普遍较小,导致整体市场集中度不高。

1.2.1 整车运输市场

整车运输作为我国道路货运占比最大的细分种类,行业规模随着经济的快速发展而持续增长。2021 年,按运费计,整车运输占中国公路货运市场的比例约为 60%。如图 1.2 所示,2021 年中国的整车运输市场规模已达人民币 4.0 万亿元,当时预计 2022 年将达人民币 4.1 万亿元。2021 年,以在线交易总额 GTV 计,中国数字货运平台市场规模为人民币 4 300 亿元,在整车运输市场中的渗透率为10.7%(华经产业研究院,2023a)。但中国整车物流市场存在诸多痛点,主要由于供需两端分散度高,承运人与托运人长期处于低匹配度状态,进而导致服务质量低、物流成本高、信任度低等一系列问题。

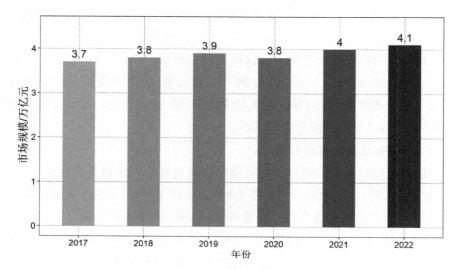

图1.2 2017—2022年我国整车运输市场规模

(来源：华经产业研究院,2023a)

根据国家工信安全中心CIC报告数据显示,2020年中国约有810万家货运公司,每家平均只拥有4辆卡车,此外,中国约80%的承运人是只有一辆卡车的个体司机(观研天下,2022)。而运力需求方由大量的中小企业构成,形成高度分散的局面,整个行业效率低下。交通运输部原总工程师周伟曾提到,道路货运行业内长期积累的"多、小、散、弱"等结构性矛盾日益突出,普通运力相对过剩。

1.2.2 零担运输市场

零担货运行业的市场结构主要分为两个细分市场：网络型零担运输企业主要服务小票零担(30～1 000公斤)和高价值大票零担(＞1 000公斤)。市场格局主要以专线为基础,货重占比90%。

在网络型零担主营的小票零担市场,2015年,中国零担前10名总量占市场总规模(30～1 000公斤)的7%,比2014年的7.7%增长了0.7个百分点,行业处于积累阶段向集中阶段发展的拐点；2015年美国零担前10名总量占市场总规模的74.4%,近年来市场集中度相对稳定。假设中国小票零担市场在2025年达到美国2015年的市场集中度,及前10名总量占市场总规模的74%,

由此估计前10名的体量将达到人民币6 000亿元,未来10年,龙头企业有巨大的增长空间(物流指闻,2018)。根据运联智库的数据,2020—2023年中国零担物流30强的收入占比有明显的分化趋势。如图1.3所示,中国零担物流10强的收入呈现逐年集聚的趋势,2020年,中国零担物流10强的收入占比达到78.40%,2023年中国零担物流的收入占比达85.60%。而中国零担物流20强、30强的收入份额则呈现逐渐缩减的趋势(前瞻产业研究院,2024)。

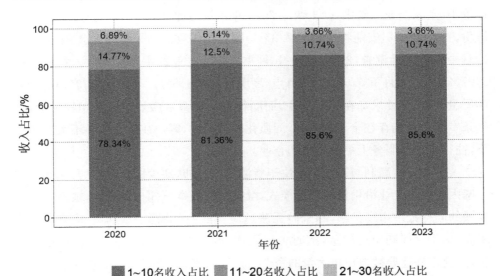

图1.3　中国零担货运市场集中度

(来源:前瞻产业研究院,2024)

大票零担市场是众多专线服务的领域,市场仍然处于极度分散化状态。这块领域的客户主要有两类:一类是零散型客户,特点是小批量、多批次、无话语权、收货地分散;需求特征是方便、不受歧视;单票总价低但对运输单价不敏感,对运输企业网络化和标准化的要求高。这类业务总量不大,并非专线市场主体业务。另一类是项目型客户,特点是单批量大、有话语权、收货地单一或较少;需求特征是要求可定制服务、运输成本低、运输环节可控、对网络方便性不敏感。这类业务总量巨大,是专线市场的主体。

1.2.3　专线模式

专线的入门门槛很低,租个档口、买辆车、再有几个客户,就可以把线开起来。从一条线、两条线,到多条线;从两点一线,发展为一点到多点、点到区域、区域到区域,因此专线市场极为分散。目前相关企业总数量超过 13 000 家,但平均规模都较小,能达到上百亿元收入规模的企业只有德邦物流;全国前 30 强零担物流企业的收入仅仅占全国零担物流总收入的 4.69%,2020 年中国零担运输行业行业集中率指数 CR10 不到 5%,尽管目前国内零担货运行业竞争格局分散,但细分市场快运行业企业格局较为集中,市场份额主要集中在顺丰快运、德邦股份、安能物流、壹米滴答、百世快运、三志物流、中通快运、德坤物流、韵达快运等 10 余家企业。其中,顺丰快运 2020 年市场占比 20.3%,居行业之首;德邦股份占比 11.0%,安能物流占比 7.8%。根据中国物流与采购联合会、中国物流信息中心的统计调查,2018 年 1—5 月重点物流企业的主营业务收入利润率为 5.07%,环比 4 月下降 0.1 个百分点(罗戈研究,2018a)。与此同时,客户对服务的质量、效率等要求却在不断提高,而同行竞争也愈发激烈。以零担物流为例,一条专线上可能存在十几家零担,同质化相当严重,客户在价格差异不大的情况下,往往会选择服务上更好的零担企业。

大多数专线赢利与否完全取决于货源是否充沛,缺少标准化、平台化和网络化基因。这些企业沿用传统商业模式,继续被高成本压榨自身利润,被不断创新发展的同行抢占市场份额,越来越无法适应当前的市场竞争环境。从客户角度来看,由于专线同质化严重,随时可以更换,专线的议价能力很弱,价格很难上提,除此之外还要被迫垫付大量的资金。从同行来说,投资一条专线几十万元就可以了,随时都有很多新的专线进入。而专线自身的房租、人工、费用等在不断攀升,经营的风险在不断加大,再加上货运行业内恶性竞争越来越严重,这使得专线市场利润越来越微薄,专线生存挑战越来越大。在这样的环境下,专线也被迫选择突破方向,希望摆脱这样的困境(运联智库,2021)。

1.2.4 引发问题

物流市场的分散,引发了一系列负面影响(国务院办公厅,2022),包括:

(1) 行业效率低下:由于市场分散,资源配置效率不高,导致整个行业的运营效率低下。

(2) 服务质量难以保证:服务水平的不一致性使得客户难以获得稳定可靠的服务。

(3) 市场秩序混乱:价格竞争和服务质量的不稳定可能导致市场秩序混乱,影响行业的健康发展。

(4) 创新和发展受限:中小企业由于规模和资源的限制,可能在创新和发展上存在瓶颈。

（5）环境压力增大：分散的运输市场可能导致运输工具的利用效率不高，增加了对环境的压力。

解决这些问题需要行业内企业的整合和优化，提升服务质量和效率，以及政策上的支持和引导。例如，通过数字化和智能化手段提高运输过程的透明化和智能化管理，以及通过技术创新提升运营效率。同时，政策层面的支持，如规范市场秩序、鼓励技术创新和信息化建设，也是推动行业健康发展的重要手段。

1.3 合作物流概念及企业案例

合作物流是指不同企业主体之间通过合作来共同提升物流活动的效率，而不是各自独立低效率地运作而产生高成本和资源浪费。合作物流包括了纵向合作和横向合作两种形式，本书只研究横向合作的形式。横向合作物流特指从事相似物流活动或提供相似物流服务的公司之间通过合作实现规模经济或范围经济，降低总成本，提高资源利用效率（Cruijssen et al.，2007；Ferrell et al.，2019）。这些作为合作主体的公司一般处于供应链的同一水平，存在市场竞争关系，期望通过一定形式的合作实现 1+1＞2 的效果，并公平地分享合作效益。

1.3.1 合作形式

合作物流的实现形式在行业实践中非常多样，以下介绍 5 种经实践证明是最佳的合作运输策略（C. H. Robinson，2014）。

(1) 直接合并 (Straight Pooling)

零担运输托运人有大量零担货物订单的目的地位于相同的地理区域。如图 1.4 所示，可以使用合并策略，将这些货物组合在一起，合并为一个整车运输订单，并将其运输到服务于该地理区域的一个集货点。接着，从这一集货点出发，使用零担运输模式，将各订单交付给相应的最终客户。直接合并运输策略不会增加货物的处理成本，而且也不影响货物的中转运输时间。由于在第一段运输过程中把多个订单的零担模式转换为一个合并的整车运输，托运人可以获得很高的成本节约。

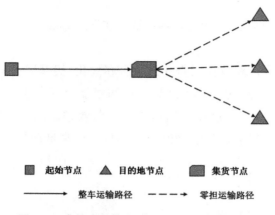

图 1.4 直接合并策略下合作物流形式示意图

（2）货物加总(Shipment Aggregation)

货物加总是一种最简单直接的集货合作形式。如图 1.5 所示，直接把多个在同一天从同一托运人出发运输至同一目的地的多个零担货物合并为一个订单进行发货。由于零担运输的单位费率一般随着货物运输量增加而降低，即规模经济性，货物加总策略可以降低托运人的零担运输成本。

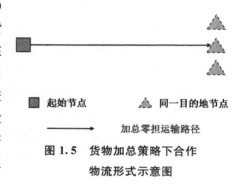

图 1.5 货物加总策略下合作物流形式示意图

（3）在途集货运输(Multi-Stop Truckload Consolidation)

大票零担货物通过采取多站点式整车运输的方式进行在途集货运输，类似于交通中的多人拼车，即多批货物共同由一辆车进行运输。如图 1.6 所示，该车辆依次经过这些货物的提货点，完成提货后，再依次经过这些货物的送货点完成交货。运输的总成本由一个整车费率加上站点停车费组成。这种运输模式比传统的零担运输周转更快，费用更低。

（4）连续运输（Continuous Moves）

在整车货运中，最常见的问题是货运卡车空驶里程高，一般发生在从配送中心出发去货物起始地提货以及交付货物后返回配送中心这两段运输过程。如图 1.7 所示，为了减少空驶里程，多个整车货运订单可以组合交由一辆卡车运输，每个订单分别属于卡车连续运输路径的不同路段。这样之前由多辆车完成的整车运输，合并为更少的车辆进行运输，可以构造双向环路径、三向环路径甚至更

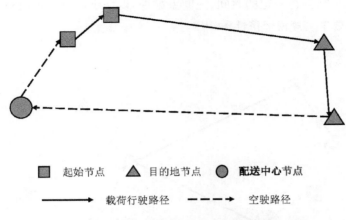

图 1.6 在途集货运输策略下合作物流形式示意图

长的连续运输路径。在连续运输策略下,承运商降低了空驶里程造成的成本,并愿意为组合的货运订单提供费率折扣。这一成本节约来自整车运输的范围经济性。

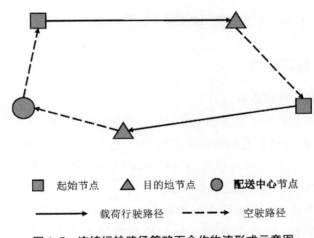

图 1.7 连续运输路径策略下合作物流形式示意图

(5) 交叉转运集货策略(Cross-Dock/Pooling Strategies)

多个零担货物托运人加入一个合作运输联盟(Shipper Consortium),协同在一个交叉转运仓/集货仓构成的运输网络中将零担货运订单最优地集货装载,并尽可能转变为整车运输模式,以降低周转时间和运输成本。如图 1.8 所示,通过运输网络中的转运仓/集货仓站点,空间分散的小件零担运输货物可以合并为大件零担甚至整车运输订单,从而显著地降低运输费率。在这一合作形式中,托运人的零担货物须存在一定的时间、空间重叠性,以便于经济性地进行集货运输,成本节约主要来自规模经济性。

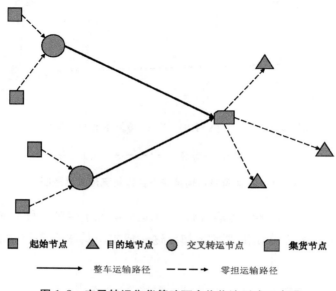

图 1.8　交叉转运集货策略下合作物流形式示意图

1.3.2　合作物流案例

(1) 空运海运拼箱业务

企业的出口货物并不总是能够装满整个集装箱。不论是无法等待独自装满集装箱的小企业,还是发运高价值货物的大企业,每次发运的货物都可能在 1 到 15 个托盘之间。空运和海运承运商可以要求货主通过货物集运商来满足小批量运输的需要(C. H. Robinson,2024)。

货物集运商从多个货主接收互为补充的货物,然后将这些货物合并装入拼箱装载货箱以供海运,或合并装入集装设备以供空运。接着,再将整个拼箱(LCL)货箱或集装设备(ULD)交付海运和空运承运商运输。任何规模的企业都可以使用拼箱服务,而且这种服务对于采用精益供应链或者在准时制(JIT)环境下运营的企业特别有用。这些企业利用货运代理、集运商以及第三方物流公司的物流效率,更频繁地运送较小数量的货物,以减少库存、存货、退回和其他成本。

空运拼箱服务的价格比即时运送服务低,但运输时间较长。从成本效率角度出发,航空公司只接受来自货运代理或拼箱商的货物。在飞机降落和起飞的短时限内,航空公司无法将500个货箱逐一装上飞机。他们要求货物首先装入ULD(一种96英寸×125英寸[①]的载板,可滑入货架),这样易于装入飞机。代理商将来自多家公司的货物拼箱到一个ULD上,并将其作为一个已完成单元交付航空公司,或者将多家公司的货物交付航空公司,由其拼箱到ULD。

海运货运代理商通常在所服务的地区拥有拼箱枢纽以及船期表,于主要港口与码头之间安排航运。由于海运所需时间较长,一些货运代理商以较高价格在最快货轮上购买了专用集装箱空间。这样可在货主需要时为他们提供所需空间。此外,货运代理可以提前预订集装箱和卡车承运商,以帮助更顺畅地转移货物,甚至在发生季节性运能问题时也能如此。

有大量货物来自多个供应商的大型货主,可以与货运代理合作实施买方拼箱方案。这种方案将货物合并为单个货运提单,从而获得较低手续费、运输费、报关费以及最终交付费用。此外,这种方案还具有在最后一刻从海运转换为空运的灵活性,而且货主可以获得更多控制权来决定何时预订货轮及其如何行驶。

(2) Tri-Vizor 捆绑运输服务

Tri-Vizor 是合作物流伙伴关系的推动者和协调者。它确定潜在的合作运输伙伴关系,并负责运输的业务协调和同步。Tri-Vizor 为托运人在捆绑运输、回程运输和在途集货等方面进行合作运输开发了一个算法工具 BBaRT,以识别所有相关的合作运输机会并进行推荐(Creemers et al., 2017)。

(a) 捆绑运输:将同一方向的多个货运订单进行捆绑组合;

(b) 回程机会:识别回程运输货运订单,避免空驶返程;

(c) 往返机会:构建一个环形整车运输路径,往返程线路并不一定重合;

(d) 在途集货:构建多站点式整车集货运输路径,合并多个具有一定时空重叠的货运订单。

Tri-Vizor 收集了数千家公司的运输路线数据,该数据库目前包含超过 130 000 条运输路线,包括公司订单数据、运输起点和目的地的 GPS 坐标、所使用的运输类型以及以卡车为单位的年运输量。

(3) RLS Accelefrate[SM] 集货运输计划

RLS Accelefrate[SM] 集货运输计划是一个多供应商货运整合计划,旨在为客户提供显著降低运输成本的好处,同时享受与一家优质物流提供商合作的便利。它是一项综合的仓储和运输服务,客户使用项目方的设施中保持库存,并利用他

---

① 1英寸≈2.54 cm

们的运输服务将订单交付给区域或全国范围内的零售、食品服务和俱乐部商店分销中心（RLS Logistics，2019）。与传统零担货运计划相比，Accelefrate^{SM} 整合计划将为客户提供更具竞争力的费率。它的工作流程如下：

（a）入库，客户将产品发送到仓库，不要求使用项目方的班车服务，但 RLS 能够处理所有进入仓库的班车，并在需要时提供甩挂运输计划。

（b）出库，在建立运货清单时，RLS 的装载计划员会首先尝试建立带有中途停靠点的整车运输（仅包含一位客户的货物），然后客户将按照 Accelefrate^{SM} 整车运输带中途停靠点的费率进行结算。如果客户的货量不足以构成整车运输，那么他们的订单将通过合并的运货清单进行发货，并按照他们的 Accelefrate^{SM} 合并费率进行计费。为了使计划最有效，RLS 必须处理客户 100% 的受控货物，除非在开始之前另有约定。

（c）综合服务，Accelefrate^{SM} 是一项结合运输和仓储的计划。因此，此计划仅适用于在项目方仓库中存储产品的客户。仅使用零担运输的客户不会参与此计划。

目前该项目的客户相比传统零担运输费率节省了 20%～40% 的费用。此外，如果客户拥有大量库存，可以预期节省高达 10% 的仓储费率。

（4）CT TranSaver$^®$ 航运合作计划

CT Logistics 成立于 1923 年，是全球最大的货运事后审核、预审核、商务智能、运输管理咨询等第三方服务提供商之一。CT TranSaver$^®$ 航运合作计划旨在让中小型发货商能够利用大型发货商所获得的具有竞争力的汽车和航空承运人定价（CT Logistics，2017）。类似于允许小商店将订单汇总成一个大订单的团购计划，TranSaver$^®$ 也让公司能够从折扣定价中获益。

TranSaver$^®$ 的参与者将授权 CT Logistics 进行以下操作：

（a）汇总所有参与者的货物，包括出库和入库货物。

（b）邀请汽车和航空承运人提交定价。

（c）将这一定价平等地应用于整个群体。

该计划会为参与者的每个地点提供一份针对特定地点的动态路由指南，列出了为特定发货点服务的 TranSaver$^®$ 承运商所覆盖的所有州，但必须结合承运商的地点列表一起使用，以确保承运商服务于货物发往的具体地点。TranSaver$^®$ 团队还充当了发货商和承运商之间的联络人，以及在发生争议时的仲裁者。此外，团队还提供报告，以帮助追踪公司和承运商参与的效率。如果参与者的公司和承运商无法在当地解决问题，团队将利用合作关系和资源来确保有一个公平的解决方案。

最后，TranSaver®承运商可以为参与者公司提供可观的竞争性折扣，基于相同的基准费率，州际预付出库货物的平均折扣率高达58%，州内预付出库货物的平均折扣率高达56%。此外，大多数 TranSaver®承运商都已同意免除某些附加费，只需几批货物，参与者就可以收回 TranSaver®的每月参与费。

(5) CaseStack 零售商集货计划

CaseStack 是一家领先的供应链服务提供商，专注于满足消费品包装商品公司的物流需求。CaseStack 不仅仅是一家典型的第三方物流公司，它还利用合作式零售商集货计划和基于云的技术，提供可持续的运输和仓储解决方案，从而消除系统性浪费并优化供应链性能(CaseStack，2015)。

通过其零售商集货计划，CaseStack 与北美最大的零售商合作，将来自多个供应商运往同一配送中心、商店或地区的不足整车货物合并为整车货物。由于供应商、零售商和物流提供商都使用相同的系统，因此订单周期得以简化，准时率得到提高，管理成本也有所降低。在引入 VMI 之前，补货流程需要零售采购员为每个供应商创建一份采购订单，然后这些供应商会依次将该订单处理至 CaseStack。CaseStack 会整合多个供应商的订单，并以整车装运的方式交付给零售商。尽管这一流程带来了许多好处，但对于每天可能要处理多达150家供应商的采购员来说，这一流程非常耗时，使他们无法与每家供应商建立关系，并且本质上仍然是一个被动的过程。引入 VMI 之后，CaseStack 为零售商向其大量供应商下单，也可以了解到零售商的需求和库存情况，同时结合供应商的库存和生产情况，就能够更好地主动生成预测性采购订单，并根据需要与零售采购员和特定供应商进行更有效的沟通。

1.3.3　挑战和问题

目前，物流的合作正受到越来越大的关注，从理论上讲，合作可以带来很多好处。横向合作物流可以降低成本和提高履约率，也会减少运营商的行驶距离，这意味着更少的排放，减少了对环境的负面影响。有效的垂直物流合作可以帮助企业更好地协调生产和供应计划，减少库存积压和缺货情况。其次，通过共享关键的供应链信息，企业可以更准确地预测市场需求，优化生产计划和物流安排，还可以促进新技术和创新的应用，如采用先进的信息技术系统来提高供应链的透明度和响应速度。

合作可以在很多层面上实现，从简单的信息交换到共同的战略愿景，但合作

越复杂,出现的关键实际问题就越多(Basso et al.,2019)。横向合作物流主要存在的问题有:

(1) 联盟组建

Dahl and Derigs(2011)认为"在战略层面上,选择一组具有足够整合潜力和相互信任的合适合作伙伴是一个关键点。"Cruijssen et al.(2007)指出:"在被调查者看来,合作中最严重的障碍是寻找一个可靠的、能够协调合作并使所有参与者都满意的一方的问题。"最近的一些研究和实践经验表明,大联盟更有可能失败。合适的合作伙伴数量取决于行业背景,但很少超过两三个,当合作伙伴数量过多时,谁作为领导者是可能导致冲突的关键问题。

(2) 成本和收益如何分配

Nistevo Network 首席执行官 Kevin Lynch 表示:"理解合作物流的关键在于认识到成本在物流网络中的分布方式。"(Basso et al.,2019)目前也有许多学者进行了许多研究,大多采用博弈论方法进行讨论,如 Shapley 值等。目前的文献大多集中在收益/成本的共享问题上,但当出现意外问题时,失败风险的划分却很少被研究,如某参与者交付未完成、中途离开、数据更改或不完整等情况。

(3) 谈判过程

参与联盟的企业在谈判、监督和执行合同时会产生交易成本(Garrette et al.,2009)。同时,企业的谈判能力也应被纳入联盟是否成功的考虑因素。

1.4　物流行业数字化发展

2017年5月14日召开的"一带一路"国际合作高峰论坛上,习近平主席在致辞中提到数字经济和数字丝绸之路的概念。时任《物流技术与应用》杂志主编、中国著名物流专家吴清一教授深有所感,在继20世纪80年代把"物流"一词率先引入中国、2013年提出"单元化物流"理念后,吴清一教授连同其孙吴菁芘系统地提出"数字化物流"概念并作了深入阐述——数字物流具有快捷性、融合性、自我增长性、边际效益递增性、可持续性(绿色物流),对环境的亲和性和直接性,数字化物流将会对未来物流模式的塑造产生深远的影响。2018年,中国现代物流正处于发展的瓶颈阶段,物流成本长期居高不下,供应链效率提升也遭遇重重困难。发展数字经济的倡议提出,为我国物流现代化高速发展提供了难得的机遇。开辟"数字化物流"时代,将我国社会供应链优化引入快车道必须尽早提上日程。"数字化物流"一词此前在文献中多次出现过,但是在概念方面多有分歧,因此需要重新定义。

1.4.1 物流数字化概念及影响

所谓"数字化物流",即是以电子计算机技术为主要生产资料的物流形态,在这个系统中,数字技术被广泛使用并由此带来了整个环境和物流活动的根本变化,各种信息在计算机网络中以数字形式加以收集、处理、交换和传送,从而高质量、高速度地控制、实现和完成物流系统各个环节的功能活动(吴菁芃,2020)。数字化物流是一个信息和物流活动都数字化的全新的系统,生产企业、用户、第三方物流企业和政府之间通过网络进行的交易与信息交换将迅速增长和更加便捷。换句话说,整个社会供应链物流活动的过程,就是以数字形式将该过程予以信息化的过程。其实通俗地讲,数字化物流也可以说是"数据物流"。在数字经济时代,数据将成为继土地、能源之后最重要的生产资料。数字化物流与大数据技术息息相关,同智慧物流、智能物流的概念相比,数字化物流更强调和涵盖了大数据等新技术对物流系统方方面面的影响和变革。数字化物流是物流按照时间顺序发展演变的一个必然的历史过程,是我们人类逐渐理解物流真相的一个从时间到空间的升维阶段。

物流数字化对行业的影响深远且广泛,涵盖了效率提升、成本降低、客户体验改善、技术创新、产业协同以及政策支持等多个方面。这些变化不仅提升了物流行业的整体水平,也为未来的发展奠定了坚实的基础(艾瑞咨询,2024)。

(1) 提升效率和准确性

物流数字化通过引入物联网、大数据和人工智能等技术,建立了智能化的仓储和配送系统。这些系统能够实时跟踪和管理货物,提高物流效率和准确度,同时降低错误和损失的风险。例如,顺丰速运通过全程可追踪系统实现了对货物运输全过程的实时监控,并利用大数据分析提高仓储和配送效率。

(2) 降低成本

物流数字化不仅提高了效率,还显著降低了运营成本。例如,菜鸟通过智能分单算法将运输分单从人工转化为系统自动分单,既提升了效率,又降低了运营成本。此外,吉利汽车通过实施系列物流数智化转型探索,构建了"货到人""线边无人配送"等智慧物流场景,进一步提高了质量和效率。

(3) 改善客户体验

物流数字化加快了物流速度,改善了客户体验。通过数字化手段,客户可以实时了解货物的运输状态，减少了等待时间，提升了整体满意度。推动技术创新和应用：物流数字化推动了各种高新技术的应用和发展。例如，5G技术在物流行业的应用推动了物联网、大数据、人工智能等技术的进步和创新。此外，数字孪生技术在机器人集群管理、仓储设计与运营、港口数字化运营等方面的应用也显著提升了效率。促进产业协同发展：物流数字化不仅是单个企业的转型，更是整个产业链的协同发展。通过数字化平台，物流企业可以实现资源共享和合理规划，提升整个行业的竞争力。例如，中交兴路的物流数字化系统不仅服务于制造企业，还涵盖了网络货运、产业园区等多个领域，释放出强大的连接力。

（4）政策支持和标准制定

政府和行业协会也在积极推动物流数字化的发展。例如，中国物流与采购联合会开展了"2024中国物流与供应链数字化优秀案例"征集活动，旨在挖掘具有创新性、实用性和可复制性的优秀案例，为其他企业提供借鉴与参考。此外，国家科技部也在推动智慧物流领域的国家重点研发计划，助力物流强国建设。

1.4.2　数字化平台创新

在顾客与生产者之间，传统是生产者直接给顾客提供产品，后来在两者中间增加了平台、服务商，通过他们将产品交付给客户，并收集客户的使用数据，再将数据提供给生产者和服务提供商，支持他们提供更好的商品与服务，这就是"平台＋服务"模式。想把数据归集起来非常困难，但随着互联网、移动互联网、物联网等技术的快速发展，真正可以做到将这些信息归集到一个平台，这就形成了数字化平台。数字化平台是指利用数字技术和数据来实现对业务流程和服务的整合、管理和优化的平台（InfoQ，2022）。它是由人员、流程和工具组成的定制化平台即服务（PaaS）产品，使团队能够快速开发、迭代大规模运营的数字化服务。数字化平台不仅可以提升企业的管理效率和客户体验，还能降低成本并促进创新。

而供应链运营平台是物流与互联网融合的"平台＋服务"新物种。回看物流＋互联网的发展历程，从最早由车货匹配APP，通过互联网和移动互联网，提供信息匹配与交易撮合，到后来基于SaaS的社区型物流管理软件，都是在通过互联网提升沟通、交易效率。虽然数字化是最大的趋势，也是每个企业势必要走的路，但并未给物流业务带来真正的影响和变革。今天，在技术驱动的从制造商到品牌商，乃至终端用户的供应链数字化转型中，我们能看到各参与方都在发生一些改变，但如果纯靠数据驱动，那就是数据/IT公司，不结合产业，公司永远都无法做大做强。数字化的价值体现，远不仅是既有链条各参与者简单的线上化，而是用户需求驱动下全新的、协同、一体化的供应链网络。在这样的供应链网络中逐渐产生了一类新的商业模式：供应链运营平台，为品牌商提供"平台＋服务"的综合解决方案。池子就是平台，而所谓"平台＋服务"，是通过平台，实现资源的数字化组织与调度，为品牌商的供应链提供高效的服务并沉淀数据，比如京东物流作为供应链运营平台，通过对顾客购买活动的全过程数字化，并通过掌握数据，指导库存及仓储分布、配送服务设计等整个供应链及物流体系。

1.4.3　数字化平台发展历程

随着技术的不断进步和市场需求的变化，数字化平台也在不断发展，其发展历程大致分为以下三个阶段（赛迪研究院，2024）：

(1) 信息化转型阶段(1980—1990 年)

1981 年，IBM 推出了第一台 PC(IBM5150)，标志着个人电脑时代的开始。1984 年，微软发布了 Office 软件，为信息化办公奠定了基础。1990 年，ERP（企业资源规划）和 RMS（关系管理系统）概念的诞生，为企业内部流程管理提供了新思路。这一阶段的信息化主要聚焦于企业内部办公和流程管理的电子化，为后续的互联网和数字化转型奠定了基础。

(2) 互联网转型阶段(2000—2010 年)

2000 年，邮电部发起了企业上网工程，推动了企业网站的普及。2006 年为云计算元年，云计算技术开始逐步被企业和个人所接纳。2013 年为大数据元年，大数据技术的应用为企业提供了海量数据的处理和分析能力。此时随着互联网技术的发展，企业开始将业务从线下转移到线上，通过建设网站、使用云计算和大数据技术，实现业务的互联网化。

(3) 数字化转型阶段(2010 年至今)

2017 年是 AI 元年，人工智能技术的快速发展推动了数字化转型的深入。2018 年，首届数字中国建设峰会召开，数字化转型被提升为国家战略。2020 年，工信部实施中小企业数字化赋能专项行动方案，推动中小企业数字化转型。在这一时期，数字化转型不仅仅是技术的升级，更是对企业运营、管理和商业模式的全面变革。它利用人工智能、物联网等新一代信息技术，打通不同层级与不同行业间的数据壁垒，提高行业整体的运行效率，构建全新的数字经济体系。

第 2 章　数字化货运平台模式

2.1　数字化平台技术背景和基础

近年来,以物联网、云计算、大数据、人工智能、边缘计算等为代表的信息技术与传统货运物流业相融合,助推货运物流数字化转型,构建数字货运平台,实现物流业高质量发展。

2.1.1　物联网

物联网(Internet of Things, IoT)是指通过各种信息传感器、射频识别技术等各种装置与技术,实时采集任何需要监控、连接、互动的物体或过程,采集其声、光、热等各种需要的信息,通过各类可能的网络接入,实现物与物、物与人的泛在连接,实现对物品和过程的智能化感知、识别和管理(华经产研院,2023b)。

车联网作为物联网的一个分支,专注于车辆与周围环境的连接。车联网是依据车辆位置、速度和路线等信息所构建的交互式的无线网络。通过 GPS、RFID、传感器、摄像头图像处理等装置,车联网可以完成车辆自身环境和状态信息的采集。车联网在货运物流领域的应用场景主要有:

(1) 车载终端:目前,有 700 万辆以上的货运卡车安装北斗导航车载终端,并接入全国道路货运车辆公共监管与服务平台。

(2) 自动驾驶:在货运物流领域,自动驾驶主要瞄准港口、矿山、干线物流等应用场景。越来越多的物流公司、汽车公司与自动驾驶卡车科技公司开展合作,推动自动驾驶商业化落地。

(3) 货运地图:高精度地图作为车联网、自动驾驶、智慧交通应用中的数字底座,在传统导航电子地图的基础上,新增高精度、高鲜度、多要素等特点。

2.1.2　云计算

云计算是指一种将可伸缩、弹性、共享的物理和虚拟资源池以按需自服务的方式供应和管理,并提供网络访问的模式。云计算服务商利用分布式计算和虚拟资源管理等技术,通过网络将分散的 ICT 资源集中起来形成共享的资源池,并以动态按需和可度量的方式向用户提供服务(智研咨询,2024)。货运物流领域是云计算的重要应用领域,大量物流公司已经将现场数据中心前移到云计算中心。一批云计算服务商推出了物流云服务,2015 年底,菜鸟网络正式启动物流云平台作为一个基于云计算的物流基础信息服务平台,能提供安全稳定的云设施环境,帮助快递企业和物流订单涉及所有链路成员建立连接、沉淀大数据,并在此基础上提供多样化的智能产品。

2.1.3　大数据

大数据,是指无法在一定时间内用常规软件工具对其内容进行抓取、关联和处理的大量而复杂的数据集合(千际投行,2021)。大数据在数字货运平台中的应用不仅显著提升了物流效率和降低了成本,还增强了服务体验,推动了行业的数字化转型和升级。具体来说,大数据可以:

(1) 实现货物与车辆的精准匹配:通过特征比对与匹配、标签化管理、智能算法优化、实时数据传输与处理、AIOT 技术赋能实现货物与车辆的精准匹配。

(2) 实时调度与优化:数字货运平台可以通过大数据技术进行实时调度与优化,其中主要包括实时监控和数据分析、智能优化算法、实时追踪与智能调度、数据记录与收集、预测功能以及供应链管理。

(3) 降低物流成本:大数据可以通过仓储与人工成本优化、路径优化、仓储管理优化、数字孪生技术、供应链网络协同等途径降低物流成本。

2.1.4　人工智能

随着数据量的爆发式增长、计算能力大幅提升,尤其是机器深度学习算法的发展,新一代人工智能技术驶入发展"快车道"。货运物流领域是人工智能的重要应用场景,除了自动驾驶卡车外,还包括物流机器人、视觉识别、智能仓库等(艾瑞数智,2020)。人工智能在数字化货运平台中的应用,主要有:

(1) 自动化和效率提升:AI 技术通过自动化仓储和分拣系统,减少了人力成本,提高了作业效率,并降低了错误率。例如,智能机器人可以自动完成货物的搬运、分拣和码垛等任务,极大地提高了仓储效率。

(2) 实时调度与监控:AI 技术能够实时获取车辆位置、行驶速度和货物状态,确保物流配送顺利进行。此外,AI 物流智能调度系统可以通过大数据、机器学习和优化算法,实现自动化、智能化的资源调度和路径规划。

(3) 需求预测和库存管理:AI 的预测分析能力可以帮助物流公司提前预判市场需求,优化库存和运输安排。通过分析历史销售数据、市场趋势和季节性因素,AI 可以提供准确的需求预测,从而提升物流效率,降低库存积压和缺货风险。

(4) 路线优化:AI 驱动的算法可以分析交通状况、天气和交货窗口等各种因素,以确定最有效的交货路线。

2.1.5 边缘计算

边缘计算(Edge Computing)是当前技术领域的一个关键发展方向,旨在将数据处理能力带到数据产生的源头,即网络的"边缘"(千际投行,2024)。边缘计算对数字化货运平台的支持主要体现在:

(1) 实时监控和调度:边缘计算可以在物流车辆上安装传感器,实时收集车辆信息,并对运输路线进行优化,降低运输成本。

(2) 智能仓储管理:在智能物流仓储系统中,边缘计算技术可以实现仓储管理的实时监控和操作优化,提高交通调度的精确性和效率。

(3) 减少延迟和提升带宽:边缘计算将计算资源移到网络边缘,进行优化信息管理、运输调度和仓储,减少数据传输延迟,提高物流效率。

(4) 自动化操作和智能调度:边缘人工智能可以嵌入物流设备和车辆中,实现自动化操作和智能调度,比如自动识别货物、智能路径规划、自动化装卸货物等,减少人力成本,提高效率。

2.2 数字化货运平台

2.2.1 概念

传统公路货运存在着许多问题,如市场高度分化、透明度低、资产利用率不足,高成本人工流程以及过时的客户接口。尽管公路货运企业处在一个艰难的环境中,但由于他们的资产、行业知识、客户和供应商的关系网,公路货运传统企业仍然拥有优势。然而,如果公路货运传统企业未能将其服务数字化,传统企业有机会用更高效的数字流程取代人工流程,采用数字商业模式并确定创新的方法来获得市场份额和摆脱行业低利润率的困境。数字化可以帮助参与公路货运的企业在竞争中脱颖而出,吸引新客户,并在一个商品化的行业中留住现有客户,因此数字化货运平台应运而生。

数字化货运平台是以数字化技术为基础,通过网络平台和物联网技术,将传统的货运模式转变为数字化模式,实现货物流通的高效、安全和便利。在国家政策的大力支持下,我国数字化货运市场规模迅速增长,道路货运的数字化、规范化和集约化水平不断提高,显著降低了物流行业成本,提高了效率。图 2.1 和图 2.2 给出了截至 2022 年我国数字化货运平台市场发展的相关数据(华经产业研究院,2023a)。可以看出,数字化货运平台从 2020 年的快速扩张期过渡到 2022 年的高质量发展阶段。2023 年,我国数字化货运平台市场运费交易额约为 7 000 亿元,占全国公路运输总费用的 12%(网络货运研究院,2024)。

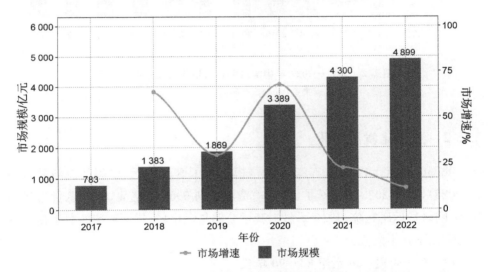

图 2.1　2017—2022 年中国数字化货运平台市场规模及增速

(来源:华经产业研究院,2023a)

数字化货运平台有两种形成方式:互联网原生和传统企业转型。

(1) 互联网原生

互联网原生企业不专注于提供具体产品或服务,而是致力于构建数字化货运基础设施、打造共享平台、培育生态系统。例如满帮、货拉拉。

(2) 传统企业转型

传统大型物流企业依托数字化转型构建数字货运平台体系,结合产业痛点与数字化技术,通过平台化打破企业边界,赋能更多微小企业。例如中国南山集团成立的新赤湾网络货运平台、卡车易购、东方驿站等平台。

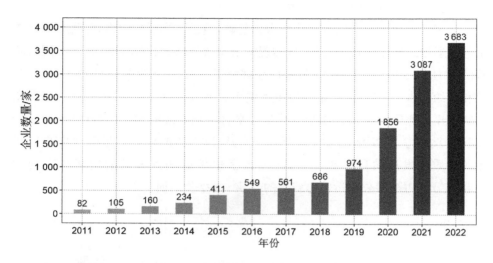

图 2.2　2011—2022 年中国数字化货运平台企业数量情况

(来源：华经产业研究院，2023a)

2.2.2　数字化发展历程

我国公路货运市场在 2022 年的规模达到了 5 万亿元（中国物流与采购杂志，2023），并在 2023 年继续扩大，运输费用达到 5.88 万亿元，约占总货运量的 70%（网络货运研究院，2024）。针对我国公路货运市场，货运物流的数字化转型经历了以下几个阶段：

(1) 第一阶段：20 世纪 80—90 年代

为了服务公路货运市场迅速增长的需求，一批公路港型园区应运而生，货车司机在园区集中进行交易。由于信息不对称，出现了通过小黑板发布货源或车源信息并赚取差价的早期线下"平台"。技术进步后，这些信息被搬到信息大屏上，方便了信息传播和货源寻找，成为公路港型物流园区的标准配置。

(2) 第二阶段：2000—2010 年

连锁公路港通过互联网技术实现信息互联互通，借此扩展业务并创造价值。一些新兴技术公司建立了 B2B 公路货运信息交易平台，将信息搬到线上，提供车辆与货源信息的匹配服务。然而由于缺乏创新技术支持，大多数平台缺乏灵活性、可靠性和丰富的业务功能，逐渐被淘汰。

(3) 第三阶段：2010—2016 年

移动互联网、智能手机以及全球定位系统的发展与应用，为公路货运行业的线上化提供了基础。各种车货匹配平台迅速崛起,吸引了大量资本。为规范市场,交通运输部在 2016 年推出无车承运人试点,进一步推动了行业变革。然而,多数平台采用了单一的"滴滴模式",缺乏竞争优势,最终逐步被淘汰。

(4) 第四阶段:2017 年至今

无车承运人试点推动了传统企业的数字化转型,许多企业开始探索平台化转型,利用自身业务优势和通过解决行业痛点,从车货匹配逐步转向网络货运平台和产业赋能平台。以车货匹配为主的平台企业通过整合、并购、重组等方式从单一模式转向多样化模式。随着政府监管完善、市场不确定性降低和公平性的提高,传统企业和平台企业实现进一步双向融合。

总体上来说,我国数字化货运平台的发展经历了三个重要节点:2014 年"互联网+"概念被引入物流行业,车货匹配平台应运而生;2016 年引入无车承运人概念,并于 2019 年将其更名为网络平台道路货物运输经营者(简称:网络货运平台);2020 年施行《网络平台道路货物运输经营管理暂行办法》,网络货运平台时代正式开启。

2.2.3 数字化意义

(1) 行业资源整合与价值重塑

国家统计局数据显示,2020 年中国物流成本 14.9 万亿元,占 GDP 比重为 14.6%,对标美国的 8%,若通过系列专业化、数字化措施推动物流行业提质增效,中国的物流成本约有万亿级下降空间。数字供应链被认为是物流行业提质增效的理想状态,实施供应链管理可以使运输成本下降 5%~15%。使整个供应链的运作费用下降 10%~15%(中物联智慧物流分会,2022)。

整体而言,数字化货运平台的发展有利于优化全社会的资源配置效率,也为中国物流经济注入了新活力、增加了新动能。但对普通物流企业尤其是中小物流企业而言,其难以真正参与到产业服务与整合的核心环节,当下仍处于商业链条的低价值端。数字化货运作为新基建背景下平台经济力量的重要一环,其发展离不开企业自身的数字化转型,得益于政策的引导和监管。一方面,数字化货运平台需要满足我国货运行业资源需求量大、需求种类多样化的要求;另一方面,全社会货运行业的供应、需求的精准匹配,中小物流企业的服务整合过程,都存在诸多痛点与阻碍。

(2) 数字化货运平台建设与个性化货运需求相结合

上游企业的个性化货运需求对数字货运综合解决方案的落地、行业场景应用的模块化部署以及供应链合作伙伴的协同起到关键作用。比如,数字化货运平台正在全面打通钢铁行业,以钢厂的个性化货运需求作为切入点,完善数字货运信息系统、物联网设备、运力保障等服务为传统钢铁企业创造新的增长点。

(3) 推动行业精细化管理和决策

技术改变了人们的消费及生活方式,也为供应链及物流的高效灵活运作创造了新机遇。互联网、物联网、云计算、大数据、区块链、人工智能是发展数字物流的技术基础,通过数字化技术赋能物流各业务环节,能够提高物流系统分析决策和智能执行的能力,提升整个物流系统的智能化水平。

2.3 数字化货运平台的类型和运营模式

2.3.1 平台模式的发展历程

总体来看,数字化货运平台模式的发展经历了四个阶段(罗戈研究,2020):

1.0 版本:交易匹配平台

平台作为中介服务商,其服务模式主要是连接承运商、数字化货运平台和司机。对上游开具发票给承运商,而对司机则通过现金、油卡和 ETC 等形式支付运费。这种模式虽然实现了业务的线上化,但并未解决税务问题、司机的合规风险和个税问题。企业主要通过收取经纪费和会员费实现盈利。

2.0 版本:财税合规服务商

平台作为财税服务商,服务模式为连接甲方或三方、网络货运平台以及承运商和司机。通过与地方政府合作,提供整体打包的税务解决方案,将司机身份转变为个体户。平台对上游开具 9% 的增值税专票,对下游则向承运商支付管理费,并以油卡和 ETC 等形式支付司机运费。这一模式解决了向上游的开票问题和司机端的合规及个税问题,但未能深入解决司机的收支体系。其盈利主要来自运费差价和地方政府的政策支持。

3.0 版本:单车税务核算平台

平台定位为单车税务核算服务商,服务模式为连接承运商、网络货运平台和司机,专注于司机的单车税务核算,提供单车清结算和税务管理服务。然而,该模式没有沉淀自身的业务数据。企业主要通过集采差价和技术服务费实现盈利。

4.0 版本：运输生态

平台作为综合物流服务商，连接甲方或第三方、网络货运平台和运力供应商。平台对上承接业务，对下管理运力，并提供车后集采等服务，致力于构建物流行业的运输生态体系，提高物流服务效率。为货主、运输企业和司机提供运输、财税、保险、数据等一系列应用服务。然而，各方面业务尚在探索阶段，主要通过技术服务和金融服务来实现盈利。

2.3.2 平台类型

根据运联智库（2021），综合多个维度，网络货运平台可以分为控货型、开放型、服务型三大类（如图2.3所示）。

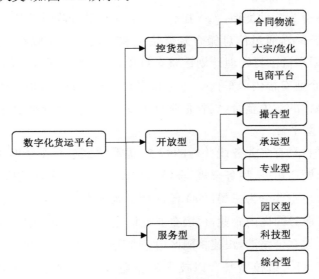

图2.3 数字化货运平台的分类

（来源：运联智库，2021）

（1）控货型平台

平台自身即为货主或货源的供给方，掌控物流订单的分配权。这类平台为了降低物流成本、解决自身物流问题通过整合自有车辆、挂靠车辆、合作运力以及社会优秀运力等资源组建自己的运力池。

该类平台主要分为三类：(a) 合同物流平台均为自建平台，旨在解决自身物流问题，通过平台吸纳更优质、更经济的运力资源，形成稳定的长期运力，代表企业有中外运、安得、一站网、申丝、新杰、大田、大恩等；(b) 大宗/危化平台聚焦于物流管理较为原始的大宗和危化品运输领域，通过搭建平台整合运力、监管个体司机，实现数据化，打通货主、贸易商、司机及价格信息壁垒，同时解决税务问题，帮助司机开票并实现结算本地化，代表企业有货达、世德现代、安达、运友、远迈、京博、青岛港等；(c) 电商平台掌握大量物流订单，物流成本不仅包括末端快递费，还涵盖前端多个节点之间的干支线及仓内物流成本，电商平台通过整合现有运力供应商及社会零散运力资源，优化运力池，如京东物流在 2020 年推出的京驿货车平台，希望通过平台化手段提升运力管理，并涉足车后产业，为卡车司机提供产品服务。

(2) 开放型平台

开放型平台专注于货主与运力的有效匹配，不是货主也不是运力供应商，面向市场开放，接受自然竞争。

此类企业分为三种类型：(a) 撮合型平台主要处理临时性整车订单，平台自身不参与物流环节，通过信息撮合降低货主和司机的交易成本，代表企业有满帮；(b) 承运型平台主要处理计划性整车订单，平台参与承运，通过管理降低运输成本，代表企业有福佑卡车；(c) 专业型平台专注于特殊市场，如能源炼化、港口配送或区域内的运力整合，代表企业有快成、拉货宝、滴滴集运、恰途、物云通。

(3) 服务型平台

服务型平台具有多业务线并行的特点，盈利模式包括车货匹配、SaaS（软件即服务）支持、资质申办、税务合规、金融、油卡、ETC 等多种物流服务。

此类平台也主要分为三类：(a) 园区型货运物流平台拥有自己的物流园区，利用资源优势服务园区内企业，代表企业有传化、卡行天下、黑豹、天地汇等。传化在全国多地建立公路港，快速将园区内企业转化为客户，提供运力服务和税务合规解决方案；(b) 科技型平台以技术赋能物流企业，通过车载传感器、GPS、SaaS 支持、大数据、车联网等物流科技产品进入市场，帮助客户搭建数据接口和系统，并在物流金融、保险等方面提供服务，代表企业有中交兴路、G7；(c) 综合型平台提供全面的物流需求解决方案，不仅能够解决货主、物流公司和卡车司机的物流需求，还能够提供税务合规、金融保险、车后服务、资质申办等综合服务，典型代表有路歌、共生、物润船联等。

2.3.3 平台运营模式

我国数字化货运平台的运营模式主要可以分为四类："数字化货运＋电子商务"模式、"数字化货运＋园区基地"模式、"数字化货运＋多式联运"模式、"数字化货运＋第三方物流"模式（达牛数字供应链，2024）。

(1)"数字化货运＋电子商务"模式

电商企业具备稳定的货源,通过整合社会零散运力以及企业和个体货主的货运需求,搭建第三方物流服务平台,为消费者提供综合物流服务。通过高效的信息处理和大数据分析,实现货物运输的供需匹配,从而获取利润。此类平台功能主要包括资源信息集成、车辆调度跟踪、支付结算、数据分析、信息发布、咨询服务、车辆维护和透明监管等。"数字化货运＋电子商务"模式聚焦于高频次、小批量、范围广的货运领域,以货源优势吸引更多运力,实现全链条资源的高效匹配。典型例子包括京东物流推出的京驿货车平台、菜鸟网络等。

(2)"数字化货运＋园区基地"模式

该运营模式是由物流园区或货运枢纽搭建物流信息服务平台,通过整合运输资源为有货物运输需求的企业提供一站式解决方案。平台具备车源信息采集、发布、数据分析、车辆管理和软件开发等功能,利用资源共享网络进行高效货物运输。"数字化货运＋园区基地"模式适用于零担和整车物流调配,以运力调度和车辆维护为竞争优势,提供一体化增值货运服务。代表企业有传化、卡行天下、天地汇等。

(3)"数字化货运＋多式联运"模式

由数字化货运平台整合各种物流运输资源,提供一体化多式联运服务。"数字化货运＋多式联运"模式产业链条长,能利用市场上各种运输资源,但管理、协调难度大,运营风险较高。典型例子有 Flexport、达牛信息等。

(4)"数字化货运＋第三方物流"模式

传统第三方物流货运企业进行数字化转型,整合自营和外协运力资源,结合线上平台和线下运力,为客户提供货运服务。主要功能有信息发布、货单匹配、在线交易、运单数据化、车辆追踪等。采用"数字化货运＋第三方物流"模式的企业通常具有丰富的物流经验、稳定的货源和运输车辆设施,更加注重技术应用和软件研发,持续完善平台功能。典型例子有罗宾逊全球物流、满帮、滴滴货运。

2.4 数字化货运平台案例

2.4.1 控货型平台

(1)中外运运易通

中外运成立于 2002 年,是中国最大的综合物流服务商之一。该公司利用互联网技术,推出了智能化电子商务平台"运易通",专注于提供集装箱物流服务。运易通采用线上线下结合的O2O(线上线下商务)服务模式,构建整合海运、陆运和舱位交换模块三合一物流商城,通过系统数据整合和APP数据端对接,为客户提供全程可视化跟踪、运价查询、航线比价、在线订舱等服务。经过三年的发展,运易通已成为国内最大的集装箱在线服务平台,网上订舱量在2016年为26万标准箱(TEUs),2017年增至89万TEUs,同比增长242%,2018年前八个月订舱量超过110万TEUs,同比增长超过150%(中国网,2018)。

(2) 阿里巴巴菜鸟网络

随着网购的迅猛发展,快递量激增。为提升快递服务质量,阿里巴巴于2013年与顺丰、三通一达及其他大型企业共同创立了菜鸟网络。菜鸟是一家专注于物流赋能的科技公司,致力于构建广泛的物流网络,提供智慧供应链服务,目标是与物流合作伙伴一起,实现"全国24小时,全球72小时必达"的物流目标。为此,菜鸟实施了"一横两纵"战略:横向推动行业数字化升级,利用物联网(IoT)和智能分单等技术提升行业效率;纵向发展新零售智慧供应链和全球供应链能力,涵盖供应链服务、仓配网络、国际小包裹和末端网络等。菜鸟网络通过大数据和人工智能技术优化物流信息传输,同时利用大数据和云计算进行路由分单,大幅提升快递分单效率。其国内物流业务收入和履约订单量持续增长,2021财年至2023财年收入分别增长至201亿元、271亿元和360亿元,订单量增长至11.2亿元、14.6亿元和23.1亿元(Tech商业,2023)。

2.4.2 开放型平台

(1) 满帮集团运满满

满帮集团成立于2017年11月27日,由运满满和货车帮合并而成,致力于打造全球最大的智慧物流生态平台。以互联网、大数据及人工智能等为技术驱动,基于市场与业务需求,满帮以交易为核心,提供货源信息发布、车货匹配服务、货源经纪以及金融、支付、保险、ETC和新车等增值服务。满帮通过在线交易平台聚合零散运力及托运人缩减匹配时间、提高匹配效率、降低空驶率,为托运人及个体司机端均带来增量价值。满帮还开发了"满运宝",以运输管理系统(TMS)为载体,集成订单管理、财务管理、运输管理等功能,提供信息发布与查询、在线支付、运单跟踪等服务。此外,满帮提供同城门到门的货运服务,适用于小件快运和大件物流。满帮只提供货源信息不参与交易,属于撮合型平台,营业收入来源于货运匹配交易佣金抽取和增值服务。2021年,公司总交易额(GTV)

达到2 623亿元,实现营业收入46.6亿元,同比增长80.4%;经调整净利润达到4.5亿元(东吴证券,2023)。

(2) C. H. Robinson Worldwide

罗宾逊物流公司成立于1939年,起初经营农产品经纪业务。1979年,公司引进IBM技术,实现物流信息化,大幅提升管理效率。1986年,转型为轻资产无车承运人,专注于信息系统、业务网络和人才培养。1996年推出基于个人电脑(PC)端的整车操作系统,两年后推出货物追踪网站。1997年成立C. H. Robinson Worldwide,开始国际化发展。

公司主营运输、采购和支付业务,运输业务占收入的80%以上,其中又以公路整车和零担运输为主,通过与6.3万多个运输商合作,为货车车主与货主提供高效运输安排(招商证券,2024)。公司不直接掌握运力和物流地产,而是通过IT系统整合运力和货主,利用运费差价和增值服务营利。罗宾逊通过两大核心信息系统TMS和Navisphere,分别为承运商和货主提供可视、可控、实时和智能的信息及服务。货主通过Navisphere提交运输需求,系统分析后为其推荐满足其需求的且性价比最高的几种方案。需求通过TMS无缝对接给承运商,承运商依靠TMS系统获取优化运输计划。C. H. Robinson负责整合订单,外包给承运商,减少传统货运的层层加价,直接对接中小车队与大型货主企业,提升效率,增加利润。C. H. Robinson采取第三方物流中介模式,利润来自货主。2023年,C. H. Robinson实现营业收入175.96亿元,营业利润5.15亿元,净利润3.25亿元,营业利润率为2.92%(东方财富网,2024)。

2.4.3 服务型平台

(1) oTMS

oTMS成立于2013年,是国内知名的运输管理云平台,以软件与服务为双驱动,提升运输智能化。其核心在于通过客户需求、质量和效率与整合资源推动构建"智慧动态运输网络"。oTMS首创了SaaS+App模式,旗下包括"全橙服务"和oneTMS运输管理云系统,帮助客户优化供应链、降本增效。基于历史运输数据和oTMS SaaS TMS平台的大数据,"全橙服务"利用运筹学算法和动态分配机制确定最优的运力组合,实现成本和服务的最佳匹配,并从计费模式、运输方式、路径等多个方面定位降本空间。运营过程中则使用oneTMS运输管理系统实现信息化管理,采取动态分单策略实现持续优化。过去三年,oTMS处理的订单量从6 000万增至1.3亿,企业客户数超5 000,平台承运商超7 000,全程服务使部分客户年运费节省达20%（物流时代周刊，2020）。

（2）Flexport

Flexport成立于2013年，是一家以数字技术为基础的科技型货运代理公司，旨在实现端到端物流解决方案。Flexport使用标准化清关流程，并申请了名为"货运代理监控和管理系统及方法"的专利，用以管理整个业务流程，保证各个环节都有可证实的数据。Flexport Forwarding Application（FFA）平台通过标准化工作项（work item）帮助不同地区的运营操作人员、外部合作伙伴的协同合作，开发了Zero-Touch工作项自动化框架，系统能自动识别、执行某些工作项，有效降低全球贸易中国际货运对人工操作的高度依赖，并引入自动化应用，消弭了重复性工作而提效。近日推出数字卡车货运平台Convoy，为全球托运人提供一个由小型承运商和自有运营商组成的卡车运力科技平台，链接小型承运商、托运人和运输代理商，为其提供近乎实时的可视化、时效性以及具有优势的运价服务，并有效管理其运力需求。平台汇聚了大量服务供应商，组成广泛的物流网络，为Flexport客户提供可靠、快速和高效的整车运输服务（电商报，2024）。不断扩大合作伙伴网络，Flexport已经与30多个电子商务平台和B2B零售商集成，包括Shopify、亚马逊、沃尔玛和SHEIN Marketplace。与众多承运商合作，以快速、可靠的交付速度提供运输服务，为客户的销售、产品运输方式提供更大的灵活性和选择性（Flexport，2024）。

第 3 章 物流运力资源共享机制

在竞争激烈的货运市场中,小型货运代理商可以结成联盟提前获得运力,然后在货运季节共享运力能够满足货运需求。然而并非所有的订单都可以被接受,被拒绝的订单通常以较低的利润率外包给现货市场。货运代理商是自私的,拥有关于订单收入和外包利润率的私人信息。集中式运力分配问题是 NP-难问题,且最优分配方案可能会损害某些货运代理商的利润。针对运力共享分配问题,本章提出了一个升式拍卖机制保证说真话并实现近似最优运力共享。在每次拍卖迭代中,首先更新每个订单的容量组合包,然后确定临时运力分配并更新对偶价格。基于连续运力资源,每个订单分配了组合包的凸组合。已接受订单的所有获胜包都具有相同的支付且在迭代中递增,因此可以确保防范策略操纵性。该机制迭代扩展组合包集合,并使用最小化原始对偶松弛派生的对偶解来近似收入损失以搜索最优分配。相比于不合作模式,运力共享显著改善了社会福利。该机制可证明是防范策略操纵的、个体理性的、弱预算平衡的和有效收敛的。大量的数值实验表明,该机制在大多数情况下的效率损失小于 3%,预算盈余小于 10%。为了在合理的计算时间内实现较高的系统效率和较小的预算盈余,针对大规模问题最好选择较小的竞价增量。

3.1 引言

在货运行业,货运代理商充当中介,专门代表托运人安排商品的存储与运输。货运代理商通常不经营自己的船只、车队或集装箱,而是与承运人签订合同来运输托运人的货物。美国货运代理市场 2024 年的收入约为 1 169 亿元,预计未来五年的年收入将持续增长(IBISWorld,2024)。

Kearney(2012)和 Transport Intelligence(2015)提出货运代理市场由全球供应商和数以千计的小型货运代理构成,分散且竞争激烈。由于缺乏与大型竞争对手相同的购买力,小型货运代理很难从承运商处获得有限的运力。为了增加购买力、扩大运力组合,小型货运代理通常会结成联盟,共同向承运商订购运力。例如,Freight Forwarders Network 和 Cooperative Logistics Network 是两个提供联合运力预订和共享服务的货运代理联盟。通过联合预定运力,小型货运代理也可以从共享运力固定费用中受益。

货运代理联盟在货运季节开始前向承运商预订总运力,基于此本章研究该联盟运力和运输成本分配问题。联盟中的每个货运代理都需要满足一组货运订单,每个订单有对应的始发地、目的地和货运量。在物流网络中,每一条边上运输货物的成本包括固定成本和受总流量影响的可变成本。如果一个订单被接受,货运代理必须运送其全部货物,并向其收取一定费用。由于容量限制,并非所有货运订单都可被接受。假设将拒绝的订单外包给现货货运市场,较高的现货市场运价会导致较低的利润(Feng et al.,2015)。联盟的目标是通过有效分配运力实现系统利润最大化。然而,每个货运代理都有各自货运订单收入和外包利润率的私人信息,并且可能会策略性地披露虚假信息使自身利润最大化。虚假信息可能会导致整个联盟系统利润和运力利用率低下。例如,一些具有高利润订单的货运代理甚至可能无法获得运力。

针对仅由货运代理组成的横向合作系统,我们的目标是设计一个拍卖机制满足以下性质。防范策略操纵性,每个货运代理的占优策略是如实报告私人信息;个体理性,每个货运代理通过合作获得的利润不低于单独工作获得的利润;弱预算平衡性,货运代理获得的总支付能够覆盖满足其订单的总运输成本;有效性,运力分配结果为系统最优。弱预算平衡条件相当于预算盈余,即获得支付不少于已发生成本。经典的 VCG 拍卖机制在预算不平衡和计算复杂性方面具有显著的缺点,因此无法解决我们的 NP - 难问题(Rothkopf,2007;Barrera and Garcia,2015)。此外,现有的迭代拍卖机制同样不适用,因为它们要么为凸共享问题而设计,如 Barrera and Garcia(2015),要么为双边系统而设计,如 Kwon et al.(2005)。因此,我们需要设计一种机制,在不需要精确求解 NP - 难问题的情况下,尽可能接近系统利润最优。

本章基于线性规划原始对偶方法提出了一种迭代拍卖机制。该机制是一种升式拍卖机制,通过迭代增加运力的支付来移除分配中的低利润订单。在本问题中,运力是连续资源,每个货运订单都需要一个容量组合包,该包指定了物流网络中每条边的容量使用。这种组合包的数量可以是无限的,不同于将单个包分配给每个竞标人的离散情况(Kwon et al.,2005),我们考虑连续运力,将包的凸组合分配给货运代理的每个订单。凸组合只需要有限数量的包,因此可以显著降低枚举包的复杂性。在新的拍卖中,属于同一接受订单的所有获胜组合包具有相同的支付,并且在迭代过程中支付递增,这确保了该机制的防范策略操纵性。在仅由独立货运代理(如买方)构成的横向系统中,社会福利等于货运代理个体利润和预算盈余之和。我们提出了一种改进无合作情形社会福利的新方法,该方法迭代扩展容量组合包集合,并利用最小化原始对偶松弛问题的对偶解递增运力支付来近似个体收入损失。

接下来,我们首先在 3.2 节回顾合作运输、成本分担机制和迭代拍卖机制相关文献;在 3.3 节研究合作运输网络中的集中式运力分配问题;在 3.4 节提出一种新的迭代拍卖机制,基于私人信息解决连续运力分配问题,该机制被证明是防范策略操纵的、个体理性的、弱预算平衡的和有限收敛的;最后在 3.5 节进行广泛的数值实验,评估该机制的性能,并为实际应用提供有用的管理启示。

这一研究成果发表于 Lai et al.(2019a)。所有理论结果的证明参见论文 Lai et al.(2019a)。

本章的符号约定如下:粗体字母表示向量,如 $\boldsymbol{x}$;大写字母表示集合,如 X;x^+ 表示 x 和 0 中的最大值,即 $\max\{x, 0\}$。

3.2 文献综述

本章研究内容与合作运输、成本分担机制和迭代拍卖机制方面的文献密切相关。

3.2.1 合作运输

交换货运订单和运力是这类文献中提高运力利用率的两种常见方式(Lai et al., 2017;Gansterer and Hartl, 2018a)。在允许交换订单的情况下,承运人或基于资产的货运代理可以出售无利可图的订单,并从其他人那里获取新的订单。Krajewska and Kopfer(2006)提出了基于交换订单的单轮组合拍卖。Berger and Bierwirth(2010)将他们的拍卖扩展为迭代组合拍卖框架。该框架要求在竞标阶段生成指数级别数量的订单组合,后续研究提出了各种方法来降低该拍卖框架的计算复杂度(Dai and Chen, 2011;Dai et al., 2014;Wang and Kopfer, 2014;Wang et al., 2014;Chen, 2016;Gansterer et al., 2017;Schopka and Kopfer，2017；Gansterer and Hartl，2018b)。

当考虑运力交换时，承运人或基于资产的货运代理可以从别处获取运力来满足更多的货运订单，或者向其他人出售多余的运力来增加利润。Agarwal and Ergun（2010）为班轮运输中的承运人合作开发了一个运力交换机制。Houghtalen et al.（2011)在航空货运联盟中也考虑了类似的机制。Hernández et al.（2011）将他们的机制扩展至公路运输承运人的动态运力共享问题。Zheng et al.（2015)将该机制扩展到更实际的班轮运输合作问题中。

这些机制是为承运人和基于资产的货运代理设计的，他们使用自己的车辆来运送货物，以提高运力利用率并降低成本。此外，运力交换机制并没有考虑参与人的私人信息，可能导致被参与人操纵。我们考虑货运代理存在私人信息且竞争有限的运力，因此，这些机制不适用于该问题。

3.2.2 成本共享机制

Moulin（1999）和 Moulin and Shenker（2001）发展了模拟升式拍卖的Moulin 机制理论。Moulin 机制已成功应用于广泛的组合成本分担问题，如斯坦纳树(Jain and Vazirani，2001)、斯坦纳森林(Könemann et al.，2008)、设施选址(Pál and Tardos，2003)、连通设施选址（Leonardi and Schäfer，2004；Gupta et al.，2008)和调度问题(Bleischwitz and Monien，2009)等。然而，对于很多基本的成本分担问题，Moulin 机制不可避免地会遭遇预算回收不佳、经济效率低下或两者兼有的问题。Immorlica et al.（2008)首次证明了 Moulin 机制在各种成本分担问题上可实现的预算回收系数下限。Roughgarden and Sundararajan（2009)通过可归纳性概念量化了 Moulin 机制的效率损失，发现预算回收率差的Moulin 机制效率也同样差。Dobzinski et al.（2018）基于 Shapley 值研究了Moulin 机制的效率。

对于一些具体的问题，设计了新的成本分担方法来提高效率和预算回收，例如，Roughgarden and Sundararajan（2007）、Gupta et al.（2007)和 Brenner and Schäfer（2008）。Mehta et al.（2009)将 Moulin 机制推广到无环机制，证明了针对某些基本的成本分担问题有更好的预算回收和经济效率。Georgiou and Swamy（2019)进一步开发了一种通用方法，将近似算法转化为真实且预算平衡的机制，并保证了社会成本最小化成本分担问题的效率。

我们的拍卖机制与 Moulin 式机制有一些相似之处，它们都可以通过原始对偶算法来实现。但是，两者存在显著差异。第一，原始对偶算法实际上是不同的。我们采用原始端方法，构造对偶解来支持给定的初始解；相比之下，文献中基于原始对偶算法的 Moulin 式机制使用对偶端方法，定义原始解以支持给定的对偶解。这点不同主要是由容量限制造成的。第二，我们要求严格的成本回收，而 Moulin 式机制可能只能覆盖部分成本。正如文献中所指出的，其预算回收效果不佳。

3.2.3 迭代拍卖

迭代拍卖一般按照横向系统和双边系统来分类。横向系统是仅由买方或卖方组成的系统，Thomas et al.（2002）开发了一种在集成服务网络中用于资源分配的价格导向迭代机制。Kalvenes and Keon（2007）使用拍卖机制来分配多媒体分发网络的带宽。Guo et al.（2007）针对分布式生产系统提出了一种基于资源交换的迭代拍卖。最近，Barrera and Garcia（2015）提出了一种基于拉格朗日对偶的迭代拍卖，该拍卖可以在服务设施系统堵塞的情况下有效地分配资源。由于他们的优化问题是凸的，所以在拍卖机制中应用原始对偶方法可以产生系统有效结果。然而，我们的运力分配问题是 NP‐难问题，且显然非凸。因此无法满足互补松弛条件，且对偶缺口为正，应用他们的机制可能导致分配不可行和严重的预算赤字。因此，我们提出了新的专用设计，在高效的迭代拍卖中利用原始对偶方法在合作货运代理之间共享运力。

对于由买卖双方构成的双边系统，Ausubel and Milgrom（2002）提出了第一个迭代拍卖框架，然后由 Parkes and Kalagnanam（2005）、Kwon et al.（2005）、de Vries et al.（2007）、Goetzendorff et al.（2015）和 Candogan et al.（2015）扩展。这一框架被广泛应用于实际问题，例如，公共产品分配（Day and Raghavan，2007）、生产调度（Karabatı and Yalçın，2014）和整车物流服务采购（Huang and Xu，2013）。这些拍卖大多要求竞标者在每次迭代中评估指数级别数量的包，并将线性规划原始对偶方法应用到没有整数缺口的分配模型中。一个例外是 Kwon et al.（2005），他们引入了内生竞价决策迭代生成包。

尽管都使用原始对偶方法，但双边机制通常不适用于横向系统。首先，双边机制的社会福利分为卖方和买方的效用之和，在竞争均衡中两者同时最大化；相比之下，水平机制的社会福利是买方（或卖方）不应太小的公用事业加上不应太大的预算盈余的总和。由于该冲突，双边机制的系统效率和预算平衡等特性在我们的问题中普遍失效。其次，双边系统通常使用 XOR 竞标语言，每个代理可以同时竞标多个包但最多接受其中一个包（Parkes and Ungar，2000）。这种竞标语言需要对包进行枚举,并不适用于考虑连续运力资源存在无限数量的组合包的情形。

3.3 运力分配问题

针对小型货运代理联盟运力分配问题,N 表示所有货运代理的集合。该联盟整合预测货运需求,并在货运季节之前从承运商处获得运力。在货运季节,货运代理之间通过分配运力来满足货运要求。此处运力指公路车辆(Jaržemskiene and Jaržemskis, 2009)、船舶(Lee et al., 2015)或飞机(Amaruchkul et al., 2011)上的可用空间,通常被认为是连续的。

有向图 (V,E) 表示合作运输网络,其中 V 是表示位置的网络节点集合,E 是连接这些节点的有向边集合。对于每条边 $e \in E$,Q_e 是联盟在货运季节前预订可获得的最大运力,也称为配额运力。任何订单经过边 e 交付,联盟将产生固定费用 k_e 和单位成本 c_e。每个货运代理 $i \in N$ 都经营网络中的一组路线,并为路线上的客户订单 S_i 提供货运服务。S 表示所有货运订单集合,即 $S = \bigcup_{i \in N} S_i$。货运订单 $s \in S$ 可以刻画为 (o_s, d_s, ω_s),分别表示起点、终点和货运量。如果货运代理完成了货运订单 s 的交付,则能获得 r_s 的收入。由于容量限制,联盟必须决定接受哪些订单使系统利润最大化。

我们主要研究联盟如何在货运代理之间分配运力和运输成本,因此不考虑配额运力的预订政策,这可能取决于联盟和承运商的议价能力。此外,我们假设货运代理只需要支付货运季节实际使用的运力,可将多余的运力免费退还给承运人(Slager and Kapteijns, 2004; Chew et al., 2006; Feng, Li, and Shen, 2015)。其他假设如下:

假设 3.1 (1)货运订单的交付可以分开,可使用多条路线拆分完成交付。但是,接受的货运订单必须全部交付。(2)如果订单 s 被拒绝,货运代理可以将订单外包给现货货运市场,获得利润 $\alpha_s r_s$,其中 $\alpha_s \in [0,1)$ 是外包利润率。(3)每个订单 $s \in S_i$ 的收入 r_s 和外包利润率 α_s 是货运代理 $i \in N$ 的私人信息。

在这个假设中,第(1)部分考虑了这样一个事实,即从成本降低和运力利用的角度来看货运分割是有益的(Archetti et al., 2008; Nowak et al., 2009)。

联盟希望将运力分配给最有利可图的订单,并在已接受的订单之间分配运输成本。但是,将任意高的成本分配给订单实际上是不合理的,因为货运代理可以将订单外包给现货货运市场，因此，外包利润率 α_s 是合作的最低利润要求。由于现货市场价格通常较高，所以 α_s 通常较低。如果外包不可能，则 α_s 为零。货运代理希望通过合作提高利润率。

该联盟是一个分散的系统。每个成员都是自利的，希望以最低成本竞争运力交付服务。货运代理掌握着关于自身客户货运订单收入 r_s 和外包利润率 α_s 的私人信息。尽管订单中的货物最终由承运人运输，但该设置是合理的。首先，各货运代理分别与客户进行战略议价，确定货运服务价格，因此收入是私人信息。其次，一般来说，利润率 α_s 取决于货运代理在现货市场上谈判的外包运费（Olesen，2015）。这些信息是不公开的。

在本节的其余部分，假设收入信息是公开的，研究货运代理之间的集中式运力分配问题，该问题的解决可以作为下一节提出的机制的研究基准。

给定节点 $v \in V$，$I(v)$ 为节点 v 的入边集合，$O(v)$ 为节点 v 的出边集合，f_e^s 表示订单 s 在边 $e \in E$ 上的流量，二元整数变量 y_e 表示是否使用边 $e \in E$。如果订单 $s \in S$ 被拒绝，则二元整数变量 z_s 等于 1，否则为零。如果订单 s 被联盟拒绝，则将其外包。集中式运力分配问题的网络流模型如下：

$$(\text{CP}) \overline{\Pi}_N = \max \sum_{s \in S} r_s \cdot (1 - z_s) + \sum_{s \in S} \alpha_s r_s \cdot z_s - \sum_{e \in E} \left(c_e \cdot \sum_{s \in S} f_e^s + k_e y_e \right)$$

$$\text{s.t.} \quad \sum_{e \in I(v)} f_e^s - \sum_{e \in O(v)} f_e^s = \begin{cases} -w_s \cdot (1 - z_s), & \text{若 } v = o_s; \\ w_s \cdot (1 - z_s), & \text{若 } v = d_s; \\ 0, & \text{否则}, \end{cases} \forall s \in S, v \in V;$$

(3.1)

$$\sum_{s \in S} f_e^s \leqslant Q_e y_e, \quad \forall e \in E; \tag{3.2}$$

$$y_e, z_s \in \{0, 1\}, \quad \forall e \in E, s \in S; \tag{3.3}$$

$$f_e^s \geqslant 0, \quad \forall e \in E, s \in S.$$

该模型的目标是最大化联盟的系统利润，包括接受订单的利润和拒绝订单的外包利润。显然，这个目标函数也相当于

$$\min \sum_{s \in S} (1 - \alpha_s) r_s \cdot z_s + \sum_{e \in E} \left(c_e \cdot \sum_{s \in S} f_e^s + k_e y_e \right),$$

其中，$(1 - \alpha_s) r_s \cdot z_s$ 可视为外包订单 s 的收入损失。

约束(3.1)表示每个订单的流量平衡条件。如果订单 s 被拒绝，则它的流量

都为零。约束条件(3.2)和(3.3)要求边上的总流量不能超过其容量限制,且只有当流量为正时才使用该边。

给定可用容量,集中式问题会最优地选择高利润订单,同时外包低利润订单。$(\bar{f}_e^s, \bar{y}_e, \bar{z}_s)_{e \in E, s \in S}$ 是问题(CP)的最优解,最优系统利润为:

$$\bar{\Pi}_N = \sum_{s \in S} r_s - \Big[\sum_{s \in S}(1-\alpha_s)r_s \cdot \bar{z}_s + \sum_{e \in E}\Big(c_e \cdot \sum_{s \in S}\bar{f}_e^s + k_e \bar{y}_e\Big)\Big].$$

令 $(\bar{f}_e^s)_{e \in E}$ 是满足订单 s 的最优运力分配。

问题(CP)是多商品容量受限固定收费网络设计问题(FCND)的推广,其中所有要求必须得到满足。FCND 一般是 NP-难问题(Magnanti and Wong,1984);问题(CP)亦如此。

3.4 迭代拍卖机制

给定运力分配,由联盟确定每个货运代理的支付。然而,在分散系统中,收入信息是私有的,货运代理可能不会说真话。如果货运代理报告的订单收入高于真实值,则该订单更有可能被接受。这样一来,其他能真正产生更多利润的订单就会被拒绝,从而降低联盟的系统利润。因此,需要一种激励机制在合作的货运代理之间有效地分配运力和运输成本。

一个理想的机制应该是高效的、防范策略操纵的、个体理性的和弱预算平衡的。基于假设 1,我们考虑以下个体理性要求:

假设 3.2 每个货运代理的独立利润是 $\sum_{s \in S_i} \alpha_s r_s$。个体理性条件要求合作下每个订单的利润不低于 $\alpha_s r_s$。

关于单独利润的假设没有限制。

备注 3.1 事实上,一种情况是,除了外包,α_s 还可以定义为任何单独情形的利润率。也就是说,它可以利用代理人的私有资源满足订单来产生。如果订单既没有完成也没有外包,则它可以为零。另一种情况是,代理可能将一些订单外包,自己完成另一些订单。显然,在这些情况下,只有当利润不低于单独利润 $\alpha_s r_s$ 时,每个货运代理才愿意接受订单 s 的分配。为了方便,我们假设所有的 α_s 都是由外包给出。

集中式运力共享问题(CP)是 NP-难问题,不存在计算系统最优值的高效算法。VCG机制要求计算问题最优解且可能违背弱预算平衡条件,因此并不适用于本问题。正如在迭代拍卖部分文献综述中所讨论的,许多其他现有的迭代拍卖也不适用。我们设计了一种新的拍卖机制,它能满足防范策略操纵、个体理性和弱预算平衡,并尽可能地提高系统利润,以实现货运代理合作中的运力共享。

假设联盟在机制中充当拍卖人,承担着分配运力以最大化系统利润的责任。拍卖是为联盟达到这一目的而设计的。在该机制中,迭代使用原始对偶方法生成新的组合包并更新现有包的支付。运力分配由每次迭代的当前组合包集合来决定。该机制的框架如**算法3.1**所示:

算法3.1　升式迭代拍卖机制框架

1　(1) 指定支付规则并初始化运力对偶价格;
2　(2) 当未达到停止规则时,执行以下操作:
3　　(a) 为每个货运订单更新一组容量组合包;
4　　(b) 求解临时运力分配问题;
5　　(c) 求解受限对偶问题,更新对偶价格和包的支付;
6　　(d) 每个货运代理决定是否接受运输订单分配;
7　(3) 实施最终运力分配方案并结算支付。

为了实现这一机制,我们在3.4.1节设计组合包生成的支付规则和方法;在3.4.2节研究临时运力分配问题;在3.4.3节定义运力对偶定价问题;在3.4.4节研究组合包支付更新方法;在3.4.5节研究提高系统利润的停止条件;最后在3.4.6节给出实现该机制的完整算法。

为了更清楚地说明迭代过程,将t作为迭代索引,用$x(t)$表示变量x在第t次迭代中的值。$t=0$表示拍卖开始前的初始化阶段,方便起见可以把索引t从符号中去掉。

3.4.1　支付规则和组合包生成

迭代过程中为每个货运订单生成一组容量组合包。L_s表示服务订单$s \in S$的组合包集合,L包括所有包即$L = \bigcup_{s \in S} L_s$。单个包表示为$b^l := (b_e^l)_{e \in E}$,其中$b_e^l$是在边$e \in E$上的容量需求。$p_l$表示包$b^l$的支付。每个$l$唯一对应于包$b^l$,方便起见后文简称包$b^l$为$l$。

支付规则用于确定包的支付。每条边e上的运力支付取决于单位可变成本c_e和对偶价格π_e。如式(3.4)所示,对偶价格π_e与边e的固定成本相关,由对偶

问题决定。在该机制迭代过程中,包 l 的支付如下:

$$p_l = \sum_{e \in E} b_e^l \cdot (c_e + \pi_e) + \delta_l, \tag{3.4}$$

其中,$\delta_l \geqslant 0$ 是包 l 的歧视性项,δ_l 是支持运力分配决策中的成本分配所必需的。

货运代理希望以最小成本完成货运订单,从而使自身利润最大化。$\pi_e(t-1)$ 是第 t 次迭代开始时边 $e \in E$ 对应的对偶价格。当 $t \geqslant 1$ 时,求解下面的模型 (**BP**) 生成满足订单 s 成本最小的组合包。对于任何新生成的包,δ_l 设为零。

$$(\mathbf{BP}) \min \sum_{e \in E} [c_e + \pi_e(t-1)] \cdot f_e^s$$

$$\text{s. t.} \sum_{e \in I(v)} f_e^s - \sum_{e \in O(v)} f_e^s = \begin{cases} -w_s, & \text{若 } v = o_s; \\ w_s, & \text{若 } v = d_s; \\ 0, & \text{其他.} \end{cases} \quad \forall v \in V;$$

$$0 \leqslant f_e^s \leqslant Q_e, \quad \forall e \in E.$$

f^{s*} 表示订单 s 第 t 次迭代问题 (**BP**) 的最优解。订单 s 的最优组合包为 b^l,对所有边 $e \in E$ 有 $b_e^l = f_e^{s*}$。如果包是新的,则根据公式 (3.4) 计算支付为 $p_l(t-1) = \sum_{e \in E} b_e^l \cdot [c_e + \pi_e(t-1)]$ 并将新包 l 加入当前集合 L_s 中。如果包已经在当前包集合 L_s 中,则 L_s 保持不变。将订单 s 的所有包 L_s 提交给该机制。

请注意,求解给定订单的问题 (**BP**) 不需要代理的私人信息,因此可以让拍卖商代替货运代理来解决机制中的 (**BP**) 问题,从而减少货运代理的计算负担。

3.4.2 临时运力分配

在第 t 次迭代中收集了货运订单的所有组合包后,拍卖人需要解决一个临时的运力分配问题,确定获胜的包和分配。

与问题 (**CP**) 类似,如果订单 s 被拒绝,则引入惩罚 u_s,迭代更新它来近似收入损失 $(1-\alpha_s)r_s$。临时运力分配问题旨在通过最小化总运输成本和惩罚来接受更有利可图的订单。最初,$u_s(0)$ 表示从起点 o_s 到目的地 d_s 最短路径的成本;在最短路径问题中,每条边 $e \in E$ 的单位成本为 $c_e + \pi_e(0)$。

在个体理性条件下,只有当利润足够高时,货运代理才愿意接受运力分配而不是外包。因此,如果一个订单在机制中是可接受的,则其利润不小于 $\alpha_s r_s$。$\tilde{S}$ 表示当前迭代开始时可接受的订单集合。任意不在 $\tilde{S}$ 内的订单会被立即拒绝并外包出去。迭代开始 $t=1$ 时，$\tilde{S}$ 包括联盟中的所有订单，即 $\tilde{S}=S$。在机制中，u_s 和 $\tilde{S}$ 不断迭代更新。

该机制只将运力分配给集合 $\tilde{S}$ 中的高利润订单。对于所有 $l \in L$，x_l 表示最优解中使用包 b_l 的比例。如果 $x_l > 0$，则 l 为获胜包。对于所有边 $e \in E$，y_e 为二元变量，当使用边 e 时则为 1，否则为 0。对于所有 $s \in S$，z_s 为二元变量，拒绝订单 s 则为 1，否则为 0。在迭代 $t \geqslant 1$ 时的临时运力分配问题可以表示为：

$$(\text{CAP}) \min \sum_{s \in S} u_s(t-1) \cdot z_s + \sum_{e \in E} \left(c_e \cdot \sum_{l \in L} b_e^l \cdot x_l + k_e y_e \right)$$

$$\text{s.t.} \quad \sum_{l \in L} p_l(t-1) \cdot x_l \geqslant \sum_{e \in E} \left(c_e \cdot \sum_{l \in L} b_e^l x_l + k_e y_e \right); \tag{3.5}$$

$$\sum_{l \in L} b_e^l x_l \leqslant Q_e y_e, \quad \forall e \in E; \tag{3.6}$$

$$y_e \leqslant 1, \quad \forall e \in E; \tag{3.7}$$

$$\sum_{l \in L_s} x_l + z_s = 1, \quad \forall s \in \tilde{S}; \tag{3.8}$$

$$\sum_{l \in L_s} x_l = 0, \quad \forall s \notin \tilde{S}; \tag{3.9}$$

$$z_s = 1, \quad \forall s \notin \tilde{S}; \tag{3.10}$$

$$y_e, z_s \in \{0, 1\}, \quad \forall e \in E, s \in S;$$

$$x_l \geqslant 0, \quad \forall l \in L.$$

此模型目标是最小化总运输成本和罚款。约束(3.5)表示总支付必须不低于运输成本以保证非负预算盈余。约束条件(3.6)确保每条边上的流量不能超过其分配的容量。约束(3.8)意味着如果订单 s 被接受，那么该订单会被分配一个由包 $(b^l)_{l \in L_s}$ 构成的凸组合；如果被拒绝，则不分配运力。约束(3.9)和(3.10)要求不在 $\tilde{S}$ 中的订单被拒绝，不分配运力。约束(3.7)规定了变量 y_e 的上界，用于构造问题(CAP)的线性松弛问题(LP)。

令 $(\tilde{x}_l(t), \tilde{y}_e(t), \tilde{z}_s(t))_{l \in L, e \in E, s \in S}$ 表示在第 t 次迭代的最优临时运力分配。当前系统利润为

$$\tilde{\Pi}_N(t) = \sum_{s \in S} r_s \cdot (1 - \tilde{z}_s(t)) - \sum_{e \in E} \left[\left(c_e \cdot \sum_{l \in L} b_e^l \cdot \tilde{x}_l(t) + k_e \cdot \tilde{y}_e(t) \right) + \sum_{s \in S} \alpha_s r_s \cdot \tilde{z}_s(t) \right]$$

$$= \sum_{s \in S} r_s - \left[\sum_{s \in S} (1 - \alpha_s) r_s \cdot \tilde{z}_s(t) + \sum_{e \in E} \left(c_e \cdot \sum_{l \in L} b_e^l \cdot \tilde{x}_l(t) + k_e \cdot \tilde{y}_e(t) \right) \right].$$

对应的效率损失为

$$\Delta_{\text{eff}}(t) = \frac{\bar{\Pi}_N - \tilde{\Pi}_N(t)}{\bar{\Pi}_N}$$

给定当前临时分配和初始支付 $(p_l(t-1))_{l \in L}$,第 t 次迭代货运代理 $i \in N$ 的个体利润为

$$\xi_i(t) = \sum_{s \in S_i} \left[r_s \cdot (1 - \tilde{z}_s(t)) - \sum_{l \in L_s} p_l(t-1) \cdot \tilde{x}_l(t) + \alpha_s r_s \cdot \tilde{z}_s(t) \right].$$

个体理性条件要求满足 $\xi_i(t) \geqslant \xi_i^0 := \sum_{i \in S_i} \alpha_s r_s$,即不低于外包利润。

相对预算盈余如下:

$$\Delta_{\text{srp}}(t) = \frac{\sum_{l \in L} p_l(t-1) \cdot \tilde{x}_l(t) - \sum_{e \in E} \left[c_e \cdot \sum_{l \in L} b_e^l \cdot \tilde{x}_l(t) + k_e \cdot \tilde{y}_e(t) \right]}{\tilde{\Pi}_N(t)}.$$

分配后边 e 上的剩余容量为

$$q_e(t) = Q_e - \sum_{l \in L} b_e^l \cdot \tilde{x}_l(t),$$

令 $q(t) := (q_e(t))_{e \in E}$。如果存在分配 $x_l \geqslant 0$,对所有 $e \in E$ 和 $\sum_{l \in L_s} x_l = 1$ 满足 $\sum_{l \in L_s} b_e^l x_l \leqslant q_e(t)$,那么剩余容量 $q(t)$ 对于被拒绝的订单 s 是足够的。对于这样的订单 s,当前支付不足以覆盖其成本,因此可在下一次迭代中增加其组合包的支付。

3.4.3 运力对偶定价

松弛二元变量 y_e 和 z_s 为连续变量得到问题(CAP)的线性松弛问题。注意约束(3.9)和(3.10)为一些变量分配常量,这些变量在问题(CAP)中被它们的值所替换。定义 ρ、$\pi_e(\forall e \in E)$、$\gamma_e(\forall e \in E)$ 和 $\theta_s(\forall s \in \tilde{S})$ 分别对应于约束(3.5)~(3.8)的对偶变量。$t \geqslant 1$ 时对偶问题如下:

$$(\text{DP}) \max \sum_{s \in \tilde{S}} \theta_s - \sum_{e \in E} \gamma_e$$

s.t. $(1+\rho) \cdot \sum_{e \in E} b_e^l \left(c_e + \frac{1}{1+\rho} \pi_e \right) - \rho \cdot p_l(t-1) \geqslant \theta_s, \quad \forall l \in L_s, s \in \tilde{S};$

$Q_e \pi_e \leqslant (1+\rho) k_e + \gamma_e, \quad \forall e \in E;$

$$\theta_s \leqslant u_s(t-1), \quad \forall s \in \widetilde{S};$$
$$\pi_e, \gamma_e, \rho \geqslant 0, \quad \forall e \in E.$$

上述模型中，π_e 是边 $e \in E$ 上与运力固定成本相关的对偶价格，反映了边 e 上的容量利用水平；γ_e 是运力附加费。$p_l(t-1)$ 是包 l 上的初始支付，$\sum_{e \in E} b_e^l (c_e + \pi_e/(1+\rho))$ 是由对偶给出的新支付。变量 ρ 定义了包 l 初始支付的权重因子。

对偶解支持原始分配决策，即原始解和对偶解必须满足对称互补松弛条件 (Luenberger and Ye, 2008)。原始端条件为：

(1) $\theta_s = (1+\rho) \cdot \sum_{e \in E} b_e^l \left(c_e + \dfrac{\pi_e}{1+\rho} \right) - \rho \cdot p_l(t-1)$，若 $x_l > 0$；

(2) $Q_e \pi_e = (1+\rho) k_e + \gamma_e$，若 $y_e = 1$； (CS-P)

(3) $\theta_s = u_s(t-1)$，若 $z_s = 1$。

根据这些条件，如果不存在对偶缺口，则所有成功的包的加权支付必须等于 θ_s，并且对偶价格必须覆盖每条选定边上的固定运力成本。因此，直觉上 θ_s 可以解释为满足订单 s 的成本，它不大于任何包 $l \in L_s$ 的加权支付。因为 $u_s(t-1)$ 近似于收入损失，条件 CS-P(3) 说明对于任何被拒绝的订单 $u_s(t-1) - \theta_s$ 必须为零。

定义 $L_s^+ = \{l \in L_s : \tilde{x}_l(t) > 0\}$ 为订单 s 的获胜包集合，$L_s^- = L_s \setminus L_s^+$ 是非获胜包集合，$L^- = \bigcup_{s \in S} L_s^-$。$E^+ = \{e \in E : \tilde{y}_e(t) = 1\}$ 为使用边的集合，$E^- = E \setminus E^+$ 是未使用边的集合。$\widetilde{S}^+ = \{s \in \widetilde{S} : \tilde{z}_s(t) = 0\}$ 是已接受订单的集合，拒绝订单为 $\widetilde{S}^- = \widetilde{S} \setminus \widetilde{S}^+$。

对偶端互补松弛条件为：

(1) $\sum_{l \in L} b_e^l x_l = Q_e y_e$，若 $\pi_e > 0$；

(2) $y_e = 1$，若 $\gamma_e > 0$； (CS-D)

(3) $\sum_{l \in L} p_l(t-1) \cdot x_l = \sum_{e \in E} \left(c_e \cdot \sum_{l \in L} b_e^l x_l + k_e y_e \right)$，若 $\rho > 0$。

在不存在对偶缺口的情况下，这些条件说明了原始分配决策的最优性。另一方面，根据对称互补松弛**定理** (Luenberger and Ye, 2008)，条件 CS-D(1) 表明，如果边 e 上的容量过大，则对偶价格 π_e 必须为零；条件 CS-D(2) 表明，如果不使用边 e，则附加费 γ_e 必须为零；条件 CS-D(3) 表明，如果预算盈余为正，则权重系数 ρ 必须为零。定义 E_X 表示有剩余容量的边集合，即 $E_X = \{e \in E^+ : q_e > 0\}$。对偶价格必须反映当前迭代的竞争水平，因此期望降低边 $e \in E_X$ 的对偶价格。

基于下面的限制对偶问题（**RDP**），最小化原始对偶松弛来更新对偶解，并且令 $\rho=0$ 来满足条件 CS-D(3)。这些约束模拟了原始端的 CS 条件，目标函数最小化原始松弛和对偶松弛的总和。引入松弛变量 δ_l、δ_e 和 δ_s 来确保问题的可行性。$t \geqslant 1$ 时的问题（**RDP**）如下：

$$(\text{RDP}) \max \sum_{s\in \widetilde{S}}\theta_s - \Big[\sum_{e\in E}\gamma_e + \sum_{e\in E_x}\pi_e + \sum_{l\in L}\delta_l + \sum_{e\in E^+}\delta_e + \sum_{s\in \widetilde{S}^+}\delta_s\Big]$$

$$\text{s.t.} \quad \sum_{e\in E}b_e^l \cdot (c_e+\pi_e) + \delta_l = \theta_s, \quad \forall l \in L_s^+, s \in \widetilde{S}; \quad (3.11)$$

$$\sum_{e\in E}b_e^l \cdot (c_e+\pi_e) + \delta_l \geqslant \theta_s, \quad \forall l \in L_s^-, s \in \widetilde{S}; \quad (3.12)$$

$$Q_e\pi_e + \delta_e = k_e + \gamma_e, \quad \forall e \in E^+;$$

$$Q_e\pi_e \leqslant k_e + \gamma_e, \quad \forall e \in E^-;$$

$$\theta_s = u_s(t-1), \quad \forall s \in \widetilde{S}^-; \quad (3.13)$$

$$\theta_s - \delta_s \leqslant u_s(t-1), \quad \forall s \in \widetilde{S}^+; \quad (3.14)$$

$$\theta_s \geqslant \theta_s(t-1), \quad \forall s \in \widetilde{S}; \quad (3.15)$$

$$\theta_s = \theta_s(t-1), \quad \forall s \notin \widetilde{S};$$

$$\pi_e, \gamma_e, \delta_l, \delta_e, \delta_s \geqslant 0, \quad \forall s \in S, e \in E, l \in L. \quad (3.16)$$

约束(3.11)和(3.12)由 $\rho=0$ 和条件 CS-P(1)推出。这些约束要求同一订单的所有获胜包的支付必须相等。约束(3.15)和(3.16)保证了成本的单调性，对所有 $s \in S$ 初始化令 $\theta_s(0)=0$。

第 t 次迭代下问题（**RDP**）的最优解为 $(\theta_s(t), \pi_e(t), \gamma_e(t), \delta_l(t), \delta_e(t), \delta_s(t))_{s\in S, e\in E, l\in L}$。问题（**RDP**）最优性质（引理 3.1）如下。注意对偶解 $(\theta_s(t), \pi_e(t), \gamma_e(t))_{s\in S, e\in E}$ 和 $\rho=0$ 是原始对偶问题的可行解。

备注 3.2 由于引入了松弛变量，问题（**RDP**）有可行解。一个平凡解可由下面的参数给定：对于任意 $s \in \widetilde{S}$，有 $\theta_s = u_s(t-1)$；对于任意 $s \notin \widetilde{S}$，有 $\theta_s = \theta_s(t-1)$；对于任意 $e \in E$，有 $\pi_e = k_e/Q_e, \gamma_e = 0$；对于任意 $l \in L$，有 $\delta_l = (\theta_s - \sum_{e\in E}b_e^l \cdot (c_e+\pi_e))^+$；对于任意 $e \in E$ 和 $s \in \widetilde{S}$，有 $\delta_e = 0, \delta_s = 0$。这个解是可行解，因为在后面的公式(3.19)—(3.20)中 u_s 的迭代更新总是能保证 $\theta_s(t-1) \leqslant u_s(t-1)$。

引理 3.1 $t \geqslant 1$ 时问题（**RDP**）的任意最优解满足以下条件：(1)如果 $\delta_s(t)>0$，则对任意 $s \in \widetilde{S}^+$ 有 $\theta_s(t)=u_s(t-1)+\delta_s(t)$；(2)如果 $\delta_l(t)>0$，

则对任意 $l \in L_s^-$ 满足 $\sum_{e \in E} b_e^l \cdot (c_e + \pi_e(t)) + \delta_l(t) = \theta_s(t)$；(3) 对任意订单 $\{s \in \widetilde{S}: \widetilde{z}_s(t) = 1, u_s(t-1) > \theta_s(t-1)\} \cup \{s \in \widetilde{S}: \widetilde{z}_s(t) = 0, \delta_s(t) > 0, u_s(t-1) \geqslant \theta_s(t-1)\}$，严格有 $\theta_s(t) > \theta_s(t-1)$。

上述引理表明，如引理3.1的内容(3)中所述，订单 s 的成本 $\theta_s(t)$ 必须在第 t 次迭代时增加。对偶价格导致的增长反映了运力竞争的影响。更新对偶价格为 $\pi_e(t)$。新的对偶价格反映了当前迭代运力利用率水平，并将在下一次迭代中用于生成新的组合包。

3.4.4 组合包支付更新

解决限制对偶定价问题之后，$t \geqslant 1$ 迭代时可以使用新的对偶价格来更新现有组合包的支付为

$$p_l(t) = \begin{cases} \sum_{e \in E} b_e^l \cdot (c_e + \pi_e(t)) + \delta_l(t), & \forall l \in L_s, s \in \widetilde{S}; \\ p_l(t-1), & \forall l \in L_s, s \notin \widetilde{S}. \end{cases} \quad (3.17)$$

根据问题(RDP)的约束(3.12)可知，新的支付需满足：

$$p_l(t) = \theta_s(t), \quad \forall l \in L_s^+, s \in \widetilde{S}. \quad (3.18)$$

相同接受订单的所有获胜包必须都支付 $\theta_s(t)$；同时，未成功的组合包支付额外增加了支持分配的歧视成本 $\delta_l(t)$。因此，成本 $\theta_s(t)$ 是订单 s 的实际支付。

在迭代 $t \geqslant 1$ 结束时，对于新的支付，每个货运代理检查其订单的盈利能力，并报告 $r_s - \theta_s(t) \geqslant \alpha_s r_s$ 是否成立。只有高利润的订单才能在机制中获得分配。因此，根据货运代理的报告，可接受的订单集 $\widetilde{S}$ 更新为

$$\widetilde{S} = \{s \in S: \theta_s(t) \leqslant (1 - \alpha_s) r_s\}. \quad (3.19)$$

$\widetilde{S}$ 更新之后，惩罚 $u_s(t)$ 在 $t \geqslant 1$ 迭代时同样更新为

$$u_s(t) = \begin{cases} u_s(t-1) + \omega_s \cdot \epsilon, & 若 \widetilde{z}_s(t) = 1 \text{ and } s \in \widetilde{S}; \\ \max\{\theta_s(t), u_s(t-1)\}, & 若 \widetilde{z}_s(t) = 0 \text{ and } s \in \widetilde{S}; \\ u_s(t-1), & 若 s \notin \widetilde{S}. \end{cases} \quad (3.20)$$

对于每个拒绝的订单 $s \in \widetilde{S}$，$u_s(t)$ 会增加 $\omega_s \cdot \epsilon$，其中 $\epsilon > 0$，因此在 $t+1$ 次迭代时拒绝 s 的代价更高。对于每个接受的订单 $s \in \widetilde{S}$，因为 $\theta_s(t) = u_s(t-1) + \delta_s(t)$，所以当 $\delta_s(t) > 0$ 时会增加 $u_s(t)$。对于所有 $s \in S$ 和 $t \geqslant 1$，检查 $u_s(t) \geqslant \theta_s(t)$ 是很简单的。

该机制使用一个小的出价增量 ϵ 来增加被拒绝订单的惩罚。因此，u_s 和 θ_s 之间的关系具有如下性质。

备注 3.3 根据引理 3.1，一方面，如果订单 $s \in \widetilde{S}$ 满足 $\widetilde{z}_s(t) = 1$ 和 $\theta_s(t) \leqslant (1-\alpha_s)r_s$ 被再次拒绝，即 $\widetilde{z}_s(t+1) = 1$，那么有 $\theta_s(t+1) = u_s(t) > u_s(t-1) = \theta_s(t)$。如果剩余容量 $q_e(t)$ 足以满足订单 s，则增加的支付可以覆盖后面迭代的成本。另一方面，对于订单满足 $z_s(t) = 0$ 和 $\theta_s(t) \leqslant (1-\alpha_s)r_s$，如果它在 $t+1$ 次迭代仍然被接受且 $\delta_s(t+1) > 0$，那么可以推断 $\theta_s(t+1) > \theta_s(t)$。因此，由于 u_s 的增加或竞争的影响，某些订单的支付 θ_s 也会迭代增加。

除了现有的组合包，拍卖人还可以通过解决问题（**BP**）来生成新的包。对于任意订单 $s \in \widetilde{S}$，可以证明在下一次迭代中添加新的包是有效的。在 $t+1$ 次迭代时获胜的新组合包为货运代理带来的利润不亚于外包的利润。

引理 3.2 在 $t+1$ 次迭代开始产生的新组合包 b^l 则满足 $p_l(t) = \sum_{e \in E} b_e^l \cdot (c_e + \pi_e(t)) \leqslant \theta_s(t)$，其中 $t \geqslant 1$。

新的组合包不仅为运力分配提供了更多的选项，而且有利于在下次迭代中不增加支付。假设在第 $t+1$ 次迭代时，通过对偶定价模型增加现有组合包的支付。因为新包可能使用不同边的容量，所以新包支付 $p_l(t)$ 依然可能等于 $\theta_s(t)$。

在 $t+1$ 次迭代开始时，该机制仅为先前拒绝的高利润订单 $s \in \widetilde{S}$ 满足 $\widetilde{z}_s(t) = 1$ 生成新的包，以便这类订单更有可能被接受。同样不会为已接受的订单搜索新的包，否则，$|L|$ 将快速增长从而增加问题（**CAP**）的复杂性。此外，由于 $\theta_s(t)$ 的单调性，如果在 t 次迭代时订单 $s \notin \widetilde{S}$，那么在 $t+1$ 次迭代时该订单依然满足 $s \notin \widetilde{S}$。因此，不需要为这些订单生成新的包。

拍卖人迭代解决问题（**CAP**）和问题（**RDP**）。在每次迭代中，问题（**CAP**）的最优运力分配指定产生对偶解的问题（**RDP**）。然后使用对偶解更新现有组合包的支付，并生成新的包，这些包作为下一次迭代中问题（**CAP**）和问题（**RDP**）的输入。最后，在某次迭代 t 中，将选择与前一次迭代中相同的一组组合包进行分配。根据规则（3.17），在最终分配中，每个被接受的订单都分配最有利可图的组合包，即 $p_l(t) = \theta_s(t)$。

3.4.5 停止条件

通过设定停止准则可以提高机制的系统效率。基于给定的停止准则，可以证明该机制能有效收敛。

定义低利润被接受订单集合为 $\{s \in \widetilde{S}: z_s(t) = 0, \theta_s(t) > (1-\alpha_s)r_s\}$，高利润被拒绝订单集合为 $\{s \in \widetilde{S}: z_s(t) = 1, \theta_s(t) \leqslant (1-\alpha_s)r_s\}$。考虑以下条件：

$$\{s \in \widetilde{S}: z_s(t) = 0, \theta_s(t) > (1-\alpha_s)r_s\} \cup \\ \{s \in \widetilde{S}: z_s(t) = 1, \theta_s(t) \leqslant (1-\alpha_s)r_s\} = \emptyset. \tag{3.21}$$

第一部分检查当前接受的且在下一次迭代中仍然是有利可图的所有订单，第二部分确保在下一次迭代中不存在被拒绝的高利润订单。因此，机制终止时有且只有高利润的订单被接受。

在上述条件下，机制迭代过程具有以下性质：

引理3.3 如果在第 t 次迭代中满足条件(3.21)，并且在第 $t+1$ 次迭代中没有生成新的组合包，则最优运力分配决策和对偶价格 π_e 在第 $t+1$ 次迭代时保持不变。

当满足条件(3.21)时，不属于 $\widetilde{S}$ 的所有订单会被永久拒绝，且不需生成新的包；由于 θ_s 的单调性，任意在 $\widetilde{S}$ 中的订单不能通过生成新包来减少支付 θ_s。在第 $t+1$ 次迭代的开始，该机制只为集合 $\{s \in \widetilde{S}: z_s(t) = 1, \theta_s(t) \leqslant (1-\alpha_s)r_s\}$ 中的订单产生新的运力包。当满足条件(3.21)时，下一次迭代中将不会产生新的包，引理3.3表明不需要进行更多的迭代，机制能够满足终止条件。

基于停止准则(3.21)，该机制不会停止增加集合 $\{s \in \widetilde{S}: z_s(t) = 1, \theta_s(t) \leqslant (1-\alpha_s)r_s\}$ 中订单的支付 $\theta_s(t)$ 直至它在后面的某次迭代 t' 中利润变得很低，即 $\theta_s(t') \geqslant (1-\alpha_s)r_s$。因此，只有最有利可图的订单才能保留在分配中。这与著名的英式拍卖类似。英式拍卖单一物品时，物品的要价会不断提高，直到最后只有出价最高的人才能接受要价。如果出价增量足够小，则支付方式会接近 VCG 机制，即单轮二价拍卖。

基于停止条件(3.21)，当增量 ϵ 足够小时，该机制可以找到最有利可图的订单。在这种情况下系统效率可以很高。然而，该停止准则可能因为较小的 ϵ 导致机制非常耗时，因为即使已经达到最优分配并且没有足够的剩余容量，支付 $\theta_s(t)$ 仍然可能增加。因此，我们考虑通过下面的近似停止准则来提高机制的运行效率：

$$\begin{cases} (1) \ \{s \in \widetilde{S}: z_s(t) = 0, \quad \theta_s(t) > (1-\alpha_s)r_s\} \cup \{s \in \widetilde{S}: z_s(t) = 1, \\ \qquad \theta_s(t) \leqslant (1-\alpha_s)r_s, \quad q(t) \text{足够满足订单 } s\} = \emptyset; \\ (2) \ \text{第 } t \text{ 次迭代是没有新的运力包产生的}; \\ (3) \ \{l \in L_s: x_l(t) > 0\} = \{l \in L_s: x_l(t-1) > 0\}, \quad \forall s \in \widetilde{S}. \end{cases}$$
$$\tag{3.22}$$

条件(1)确保低利润订单不被接受,并且通过检查被拒绝订单的剩余容量来近似 $\{s \in \widetilde{S}: z_s(t)=1, \theta_s(t) \leqslant (1-\alpha_s)r_s\} = \emptyset$。条件(2)和(3)模仿引理3.3的性质。

引理 3.4 该机制只为 $\{s \in \widetilde{S}: z_s(t)=1, \theta_s(t) \leqslant (1-\alpha_s)r_s\}$ 中的订单生成新的包。停止准则(3.21)等价于准则(3.22)。

该引理简单说明了,如果第 t 次迭代能满足准则(3.21),那么机制基于准则(3.22)将至多在 $t+1$ 次时停止迭代。计算结果表明,近似准则通常更快。

当在第 t 次迭代终止时,该机制实现分配决策 $(\widetilde{x}_l(t), \widetilde{y}_e(t), \widetilde{z}_s(t))$ 并结算支付 $p_l(t-1)$。在准则(3.22)条件(3)下,选择同一组组合包进行分配,然后通过准则(3.18)确保获胜包的支付对任意 $l \in L_s^+$、$s \in \widetilde{S}$ 满足 $p_l(t-1) = \theta_s(t-1)$,这对说真话非常关键。

3.4.6 升式迭代拍卖机制

升式迭代拍卖机制旨在改善货运代理之间的合作,具体流程见如下**算法 3.2**。

算法 3.2　升式迭代拍卖机制

0　初始化:指定支付规则,如(4)所示。初始化令 $\pi_e(0) = k_e/Q_e$,$\theta_s(0) = 0$,$\widetilde{z}_s(0) = 1$,$\widetilde{S} = S$。$u_s(0)$ 为每个订单 $s \in S$ 的最短路径成本,所有边 $e \in E$ 的单位成本为 $c_e + \pi_e(0)$。设定一个较小的竞价增量 $\epsilon > 0$,令 $t = 1$。

1　组合包生成:给定对偶价格 $\pi_e(t-1)$,求解问题(**BP**)为 $\{s \in \widetilde{S}: \widetilde{z}_s(t-1)=1\}$ 中的每个订单搜索新的组合包 b^l,支付为 $p_l(t-1) = \sum_{e \in E} b_e^l \cdot (c_e + \pi_e(t-1))$,将新的包加到集合 L_s 中。

2　临时运力分配:给定组合包集合 L、支付 $p_l(t-1)$、惩罚 $u_s(t-1)$ 以及集合 $\widetilde{S}$,求解问题(**CAP**)以确定临时运力分配 $(\widetilde{x}_l(t), \widetilde{y}_e(t), \widetilde{z}_s(t))_{l \in L, e \in E, s \in S}$。

3　限制对偶定价:基于临时定价 $(\widetilde{x}_l(t), \widetilde{y}_e(t), \widetilde{z}_s(t))_{l \in L, e \in E, s \in S}$,求解限制对偶问题(**RDP**)并更新对偶解 $(\theta_s(t), \pi_e(t), \gamma_e(t), \delta_l(t), \delta_e(t), \delta_s(t))_{s \in S, e \in E, l \in L}$。

4　支付更新与评估:根据(3.17)更新订单 $s \in \widetilde{S}$ 对应的所有包的支付 $p_l(t)$。每个货运代理 $i \in N$ 报告其每个货运订单 $s \in \widetilde{S}$ 是否满足 $\theta_s(t) \leqslant (1-\alpha_s)r_s$。根据货运代理的报告以及(3.19)—(3.20),更新集合 $\widetilde{S}$ 和惩罚 $u_s(t)$。

5　停止准则。通过货运代理的报告检查是否满足停止准则(3.22)。如果满足,则停止拍卖,最终运力分配为 $(\widetilde{x}_l(t), \widetilde{y}_e(t), \widetilde{z}_s(t))$,设置获胜包的支付为 $p_l(t-1)$。否则,令 $t \leftarrow t+1$,返回步骤1。

与大多数 Moulin 型机制（Mehta et al.，2009）相似,该拍卖机制应用原始对偶方法设计递增支付。

备注 3.4 对偶定价问题在拍卖机制中起着至关重要的作用。首先,每个货运订单使用运力的支付 θ_s 由问题（**RDP**）确定。正如在备注 3.3 中讨论的,问题（**RDP**）将增加再次被拒绝订单的支付,而不会增加被接受订单的支付,除非这是由竞争引起的。其次,运力对偶价格由问题（**RDP**）决定,以支持当前的临时运力分配。通过互补松弛条件,对偶价格反映了当前的运力利用水平。由于低利用率边上的运力成本较低,因此可以诱导产生新的包。新的包提供了更多的分配选项,并且引理 3.2 证明了它有利于不增加下一次迭代中的支付。最后,问题（**RDP**）确定同一订单获胜包的支付相等。如第 55 页引理 3.5 所示,这对于机制说真话是必要的。

3.5 机制分析

本节研究拍卖机制的收敛性、系统效率、防范策略操纵性、个体合理性和预算平衡性。下面,我们在 3.5.1 节用一个小例子来说明该机制,并分别在 3.5.2 和 3.5.3 节分析其激励性质以及效率和收敛性。

以 VCG 机制为比较分析对象,其结果计算方式如下。首先,让每个货运代理 i 直接报告自己的私有信息 $(r_s, \alpha_s)_{s \in S_i}$。第二,给定报告信息 $(r_s, \alpha_s)_{s \in S}$,求解问题（**CP**）计算最优系统利润 $\bar{\Pi}_N$;对每个 $i \in N$,用 $N \backslash \{i\}$ 替代 N 求解问题（**CP**）,计算对应的最优利润 $\bar{\Pi}_{N \backslash \{i\}}$。相关的优化问题可以通过任何混合整数规划模型的算法求解,例如分支切割算法。最后,计算货运代理 i 分配的利润 $\xi_i^c := \bar{\Pi}_N - \bar{\Pi}_{N \backslash \{i\}}$。VCG 的预算盈余为 $\Delta_{srp}^c := 100\% \times \left[\sum_{i \in N} \bar{\Pi}_{N \backslash \{i\}} - (|N|-1)\bar{\Pi}_N \right] / \bar{\Pi}_N$。

3.5.1 说明算例

该部分基于图 3.1 所示网络结构示例解释本章的拍卖机制。三个货运代理 $N=\{1,2,3\}$;每个都有一个订单,即 $s_1=(A, C, w_1)$、$s_2=(A, D, w_2)$ 和 $s_3=(B, D, w_3)$。该算例中,边上的单位可变成本为 $c=(c_{AC}, c_{AD}, c_{BA}, c_{BC}, c_{CD})=(3.3, 9.5, 2.0, 5.2, 7.3)$。边 $e \in E$ 上的固定成本和可分配运力分别为 $k_e=100$ 和 $Q_e=1\,000$。货运订单的大小和收入分别为 $w=(500, 500, 2\,000)$

和 $r=(3\,298, 9\,072, 48\,260)$。外包利润率为$(\alpha_{s_1}, \alpha_{s_2}, \alpha_{s_3})=(0.24, 0.30, 0.27)$,$((1-\alpha_s)\cdot r_s)_{s\in S}=(2\,506, 6\,350, 35\,230)$。集中式情况下,最优运力分配为拒绝订单$s_2$,接受订单$s_1$和$s_3$,且$f^1=(500, 0, 0, 0, 0)$,$f^3=(0, 1\,000, 1\,000, 1\,000, 1\,000)$。外包订单$s_2$,系统最优利润为28 130元。

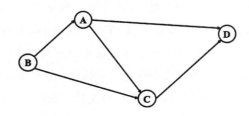

图 3.1　物流网络示意图

(来源:Lai et al.,2019a)

首先令$\varepsilon=0.5$,使用精确的停止准则(3.21)。表3.1解释了拍卖机制的迭代过程,其中$(b^l, p_l(t-1), \tilde{x}_l(t))$的值分别对应包、初始支付和当前分配。请注意,在表中第t次迭代更新的支付$p_l(t)$是第$t+1$次迭代的初始支付。包l由$b^l=(b^l_{AC}, b^l_{AD}, b^l_{BA}, b^l_{BC}, b^l_{CD})$表示。在机制迭代中产生了四个包$b^1=(500, 0, 0, 0, 0)$、$b^2=(0, 500, 0, 0, 0)$、$b^3=(0, 1\,000, 1\,000, 1\,000, 1\,000)$和$b^4=(500, 0, 0, 0, 500)$。

表 3.1　拍卖机制迭代的详细过程

t	$(b^l, p_l(t-1), \tilde{x}_l(t))$			$\theta_{s_1}(t)$	$\theta_{s_2}(t)$	$\theta_{s_3}(t)$	Δ_{eff}/%	Δ_{srp}/%
	货运代理1	货运代理2	货运代理3					
1	$(b^1, 1\,700, 0)$	$(b^2, 4\,800, 0)$	$(b^3, 24\,400, 0)$	1 700	4 800	24 400	41.19	0
2	$(b^1, 1\,700, 0)$	$(b^2, 4\,800, 0)$	$(b^3, 24\,400, 1)$	1 950	5 050	24 900	2.69	0
3	$(b^1, 1\,950, 1)$	$(b^2, 5\,050, 0)$	$(b^3, 24\,900, 1)$	1 950	5 300	25 400	0	2.49
4	$(b^1, 1\,950, 1)$	$(b^2, 5\,300, 0)$	$(b^3, 25\,400, 1)$	1 950	5 550	25 400	0	4.27
5	$(b^1, 1\,950, 1)$	$(b^2, 5\,550, 0)$	$(b^3, 25\,400, 1)$	1 950	5 800	25 400	0	4.27
6	$(b^1, 1\,950, 1)$	$(b^2, 5\,800, 1)$	$(b^3, 25\,400, 0)$	1 950	5 800	25 400	33.17	6.12
7	$(b^1, 1\,950, 1)$	$(b^2, 5\,800, 0)$	$(b^3, 26\,100, 1)$	1 950	6 050	26 400	0	6.76
8	$(b^1, 1\,950, 1)$	$(b^2, 6\,050, 0)$ $(b^4, 5\,650, 0)$	$(b^3, 26\,400, 1)$	1 950	6 300	26 400	0	7.82
9	$(b^1, 1\,950, 1)$	$(b^2, 6\,300, 0)$ $(b^4, 6\,300, 0)$	$(b^3, 26\,400, 1)$	1 950	6 550	26 400	0	7.82

(来源:Lai et al.,2019a)

拍卖执行 9 次迭代得到系统最优分配。个人利润为 $(\xi_i)_{i \in N} = (1\,348, 2\,722, 21\,860)$，预算盈余为 $\Delta_{\mathrm{srp}} = 7.82\%$。如表 3.1 所示，初始惩罚成本 u_s 太小，支付 p_l 无法覆盖货运成本，因此第 1 次迭代没有分配运力。然后，拍卖不断增加 u_s 并更新 p_l。注意，拍卖已经在 3 次迭代时找到了最优分配。然而，由于被拒绝的订单 s_2 的 $\theta_{s_2} = 5\,300 < (1 - \alpha_{s_2}) r_{s_2} = 6\,350$，拍卖持续增加包 b^2 的支付，直到第 6 次迭代被接受。第 6 次迭代结束时，拍卖将 p_{l_3} 更新为 26 100 元，而 s_2 在第 7 次迭代时再次被拒绝。第 8 次迭代时，为 s_2 生成了一个新的包，但是 s_2 仍然被拒绝。最后，$\theta_{s_2} = 6\,550 > 6\,350$，因此，$s_2$ 被外包给现货市场。此时满足准则 (3.21)，因此拍卖停止。

在迭代过程中成本 θ_s 是不会减少的。第 2 到 9 次迭代，随着订单 s_1 不断被接受，θ_{s_1} 保持非增。同时，为了争夺有限的容量，θ_{s_2} 和 θ_{s_3} 每次被拒绝时都增加。

考虑近似停止准则 (3.22)。令 $\epsilon = 0.5$，该机制将在第 4 次迭代满足停止准则，此时没有新的包产生且分配相同的，并达到系统最优分配。然而相对预算盈余只有 $\Delta_{\mathrm{srp}} = 4.27\%$，小于精确情况。在这种情况下，近似停止准则性能更好，预算盈余更低，迭代次数更少。

考虑递增竞价 ϵ 对拍卖机制的影响，我们使用停止准则 (3.22) 并令 ϵ 分别为 $\{0.1, 0.25, 0.5, 1, 1.5, 2, 2.5, 3, 4, 5\}$。在图 3.2 中，$\mathit{itern}$ 表示迭代次

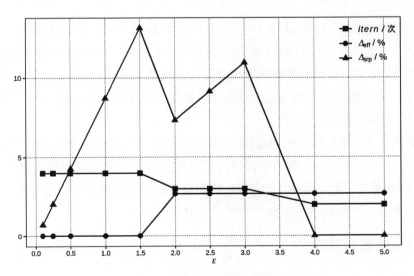

图 3.2　竞价增量对拍卖机制的影响

(来源：Lai et al.，2019a)

数，Δ_{eff} 表示效率损失，Δ_{srp} 表示预算盈余。在本算例中，当竞价增量较小时，效率损失为零，预算盈余较小；同时，随着 ϵ 增加，预算盈余急剧增加，效率损失变为正。因此，为实现低效率损失和预算盈余，设置适当小的竞价增量非常重要。

最后比较分析我们的机制和 VCG 机制。对本算例而言，VCG 机制下个人利润为 $(\xi_i^c)_{i \in N} = (1\,548, 2\,722, 22\,360)$，相对预算盈余为 $\Delta_{\text{srp}}^c = 5.33\%$。在近似停止准则下，相较于我们的拍卖机制，VCG 机制将产生更高的预算盈余。

3.5.2 激励分析与预算平衡

在该机制中，每个被接受的订单都分配了一个组合包的凸组合。如果问题（**CAP**）和（**DP**）之间不存在对偶缺口，根据条件 CS-P(1)，每个包 $l \in L_s^+$ 的支付必须等于 θ_s。然而，问题（**CAP**）很少存在这种情况，因此可以在问题（**RDP**）中添加此类约束。事实上，这个条件对于机制说真话是必要的。

引理 3.5 只有当所有获胜包 $l \in L_s^+$ 的支付都相同时，货运代理才愿意在迭代拍卖机制的第 4 步如实报告被接受订单 s 的盈利能力。

备注 3.5 如果允许一个订单的获胜包具有不同的支付 p_l，则货运代理可以通过连续报告 $\theta_s(t) \leqslant (1-\alpha_s)r_s$ 来增加被拒绝订单 s 的惩罚 u_s。这样，订单 s 就有可能获得分配，并从新的包中产生正利润。因此，该机制通常无法收敛或无效。

机制终止时满足引理 3.5 中的条件。对任意订单，虚假报告 $\theta_s(t) \leqslant (1-\alpha_s)r_s$ 会导致被拒绝或分配的利润降低，因此该机制是防范策略操纵的。通过迭代，所有组合包的盈利能力得以保持。当机制停止时，每个订单的利润不低于外包的利润。这表明该机制是个体理性的。弱预算平衡由约束（3.5）保证。总之，该机制具有以下性质：

定理 3.1 迭代拍卖机制是防范策略操纵的、个体理性的和弱预算平衡的。

在这个合作问题中，联盟可以保留预算盈余来支付管理以及其他间接费用。但是，预算盈余一定不能太大。否则，货运用分配的运力满足各自订单所获得的利润将太低。后面将通过大量的数值实验评估预算盈余。

3.5.3 收敛与效率

该机制迭代移除低利润订单，并通过最小化货运成本 $\sum_e \left[c_e \cdot \sum_{l \in L} b_e^l x_l + k_e y_e \right]$

来完成最终接受的订单。如果组合包的集合足够大,运力分配的可行区域可能包括系统最优分配,在这种情况下,该机制没有效率损失。

机制迭代生成新的组合包使更多的订单能够被接受。此外,拒绝无利可图的订单提高了该机制的效率。

定理 3.2 假设订单 s 在第 t 次迭代中,满足 $\tilde{z}_s(t-1)=0$、$\tilde{z}_s(t)=1$ 和 $\theta_s(t)>(1-\alpha_s)r_s$。如果另一订单 s' 被接受且满足 $\tilde{z}_{s'}(t-1)=1$ 和 $u_{s'}(t) \leqslant (1-\alpha_{s'})r_{s'}$,那么系统利润 $\tilde{\Pi}_N(t)$ 会增加,即 $\tilde{z}_{s'}(t)=0$。

在之前的迭代中,订单 s 是有利可图的且被机制接受;与此同时,另一个有利可图的订单 s' 被拒绝。上述定理指出,在更新支付 $\theta_s(t)$ 后,如果机制最优地拒绝订单 s 变得无利可图,那么可以通过接受另一个有利可图的订单 s' 来提高系统利润。对于这样的订单 s 和 s',有 $\theta_s(t-1) \leqslant (1-\alpha_s)r_s < u_s(t-1) = \theta_s(t)$,且 $u_{s'}(t) = \max\{u_{s'}(t-1), \theta_{s'}(t)\} \leqslant (1-\alpha_{s'})r_{s'}$。

当支付 θ_s 大于 $(1-\alpha_s)r_s$ 后不会增加,并且货运代理都说真话。引理 3.3 意味着最终可以满足停止准则(3.22),因此该机制是有限收敛的。根据一种极端情况可以给定最大迭代次数上限。在该情况下,只能接受一个订单,并且一次只增加一个订单的惩罚 u_s 来增加 θ_s。

定理 3.3 迭代拍卖机制是有限收敛的,并且能在 $\sum_{s \in S}[(1-\alpha_s)r_s/(w_s \cdot \epsilon)]$ 次迭代内达到停止条件。

在该机制中,多个被拒绝订单的惩罚会同时增加,且受限对偶定价模型可能会增加支付 θ_s。因此,该机制通常以比上限少得多的迭代次数收敛。

如果竞价增量 ϵ 足够小,惩罚 u_s 非常接近 $(1-\alpha_s)r_s$。因此,运力分配决策可能接近于系统最优。然而,ϵ 小通常会导致收敛过慢,ϵ 的选择必须通过真实数据模拟试错来确定。

该拍卖机制的主要计算负担来自求解 NP-难问题(**CAP**)以及迭代次数,问题(**BP**)和(**RDP**)只是线性规划。货运代理只需要检查盈利,计算负担很小。问题(**CAP**)只需要近似求解,其复杂度受 $|L|$ 的影响,迭代次数可以由 ϵ 的选择来控制。通过数值实验可以有经验地确定计算复杂度。

3.6 数值实验

下面通过数值实验来评估迭代拍卖机制的性能,并从计算结果讨论管理启示。

3.6.1 数据生成

首先生成一组随机测试算例。物流网络 (V, E) 是在大小为 $[0, 100] \times [0, 100]$ 的平面上随机生成的有向图,随机连接两个节点生成边。边 $e \in E$ 对应的单位可变成本 c_e 等于边的欧几里得距离,每条边的固定成本相同。在物流网络中,随机指定一个起始节点、目的节点和装运数量来生成一组货运订单。外包利润率 α_s 服从 $[0.2, 0.4]$ 的均匀分布。随机生成收入 r_s,使得当 $\pi_e = k_e/Q_e$ 时,容量分配的利润率总是高于 α_s。

在生成小型和中型算例时考虑六个因素:(1) 网络大小 $|V|$,$[50, 100]$ 或 $[150, 200]$;(2) 网络密度 $|E|/|V|$,$(2, 3]$ 或 $(3, 4]$;(3) 服务密度 $|S|/|V|$,$(1, 2]$ 或 $(2, 3]$;(4) 固定成本 k_e,$k_e = 50$ 或 $k_e = 500$;(5) 容量紧张度 $\rho_{\text{opt}} := \sum_{s \in S} \bar{z}_s / |S|$,在集中式模型中当 $\rho_{\text{opt}} < 0.15$ 时低,$\rho_{\text{opt}} \geqslant 0.15$ 时高;(6) 需求差异性 cv,$cv \in (0, 0.5]$ 或 $cv \in (0.5, +\infty]$,其中 $cv = \sqrt{|S|^{-1} \cdot \sum_{s \in S} (w_s - \bar{w})^2} / \bar{w}$,$\bar{w} = \sum_{s \in S} w_s / |S|$。6 个因素总计有 64 种组合。注意,整个物流网络的容量越少,集中式解决方案中被拒绝的订单也就越多 ($\bar{z}_s = 1$),因此,紧密度度量 ρ_{opt} 越大。对于每个组合,随机生成 20 个算例。

大规模算例的网络大小 $|V|$ 从六个范围中随机选择:$[200, 300]$、$[300, 400]$、$[400, 500]$、$[600, 700]$、$[700, 800]$ 和 $[800, 900]$。对每个规模的网络而言,随机生成 20 个算例,它们具有不同的网络密度、服务密度、固定成本、容量紧张度和需求变化。

在数值实验中,所有情况算例均使用停止准则 (3.22)。设置较小的竞价增量使得效率损失和预算盈余不会太大。所有算例的实验均为 MATLAB® (2018a) 编码,并在配置为 Intel Xeon E5-1607 v3 Processor (8 core, 3.10 GHz) 的工作站上运行。采用混合整数规划求解器 (IBM® ILOG CPLEX 12.7.0) 求解集中式问题 (**CP**) 和运力分配模型 (**CAP**);同时,利用 MATLAB (2018a) 的线性规划求解器求解组合包生成问题 (**BP**) 和对偶定价问题 (**RDP**)。两个求解器均使用默认设置。为了评估该机制的性能,记录迭代次数和计算时间 $timx$(单位:分钟),计算每个算例的组合包比 $|L|/|S|$、拒绝率 $\rho_{\text{auction}} := \sum_{s \in S} \tilde{z}_s / |S|$、相对系统效率损失 Δ_{eff}(单位:%)和相对预算盈余 Δ_{srp}(单位:%)。

首先总结所有随机生成算例的相关数据。表 3.2 给出了网络大小、网络密度、服务密度、需求变化和容量紧张度的平均值、标准差、最小值和最大值。我们认为这些随机算例可以广泛地涵盖运力共享问题。

表 3.2 随机生成算例的规模及参数统计

	小规模和中规模					大规模				
	$|V|$	$|E|/|V|$	$|S|/|V|$	cv	ρ_{opt}	$|V|$	$|E|/|V|$	$|S|/|V|$	cv	ρ_{opt}
平均值	123.44	2.98	2.08	0.43	0.15	563.55	2.6	1.92	0.42	0.11
标准差	50.05	0.42	0.5	0.17	0.04	214.5	0.12	0.43	0.15	0.03
最小值	50	2.37	1.37	0.1	0.04	243	2.4	1.48	0.11	0.05
最大值	200	3.72	2.77	0.64	0.28	886	2.81	2.76	0.59	0.2

(来源：Lai et al., 2019a)

在所有算例实验中，81.64%的算例在精确停止准则(3.21)之前满足近似停止准则(3.22)。因此，近似准则通常比精确准则快。

3.6.2 竞价增量选择

竞价增量 ϵ 对于拍卖机制的性能至关重要。下面考虑两种选择，$\epsilon=1.0$ 和 $\epsilon=2.5$。

首先，在中小规模算例上比较两种 ϵ 下的拍卖机制，结果如图 3.3 所示。箱线图描述了不同数据统计情况：水平线表示中位数；箱子表示第一四分位数和第三四分位数；须分别表示上、下四分位数的 1.5 倍；凹口表示对应中位数 $\pm(1.58 \cdot IQR\sqrt{n})$ 的极值，其中 n 为算例数；点表示异常值；方框表示平均数。在图 3.3(a)中，$\epsilon=1.0$ 对应的箱线图比 $\epsilon=2.5$ 的更长更高，说明机制在 ϵ 较小时需要更长的运行时间。图 3.3(c)中的箱线图几乎重叠，效率差别不显著。如图 3.3(b)和(d)所示，当 ϵ 更大时，需求拒绝率和预算盈余的中间值和凹口只略高，因此并不能推断出两种 ϵ 选择下的显著差异。

其次，针对大规模算例，$|E|$ 在[596,2452]之间，均值为 1469.5；$|S|$ 在[384,1500]之间，均值为 1046.2。表 3.3 报告了每列数据的平均值，结果与中小规模算例非常相似。

ϵ 较大时，基于停止准则(3.22)的拍卖机制可以更快地识别出低利润订单，容量也更有可能分配给高利润订单。平均而言，系统效率略有提高。当然，ϵ 不能设置得太大。否则，效率会变得更差，预算盈余会变得很高。另一方面，ϵ 也不能设置得太小，否则拍卖会很慢，效率可能得不到显著提高。

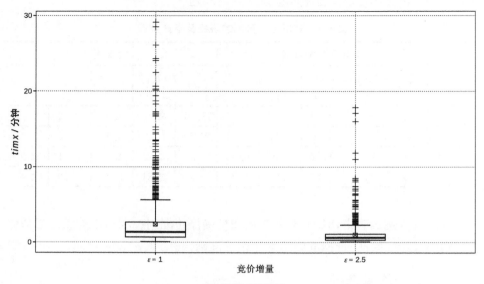

(a)运行时间分析

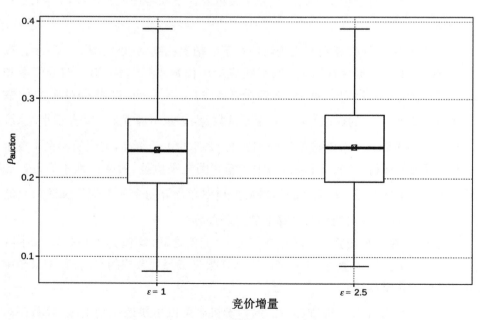

(b)需求拒绝率分析

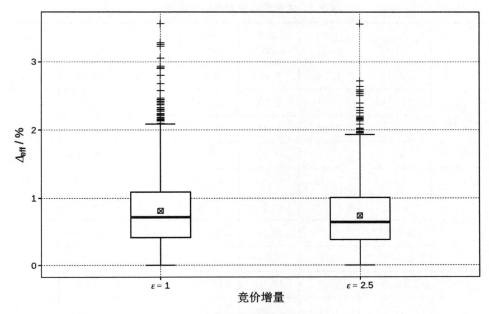

(c)系统效率损失分析

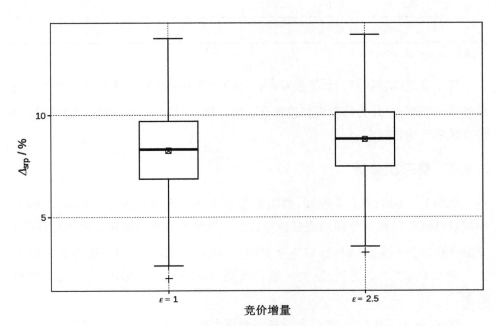

(d)预算盈余分析

图 3.3　竞价增量对拍卖机制性能的影响

(来源：Lai et al.，2019a)

表 3.3 大规模算例的平均计算结果

		$\lvert V \rvert$ 范围	[200, 300]	[300, 400]	[400, 500]	[600, 700]	[700, 800]	[800, 1 000]
基础数据		$\lvert E \rvert / \lvert V \rvert$	2.55	2.63	2.61	2.58	2.59	2.56
		$\lvert S \rvert / \lvert V \rvert$	2.74	2.08	2.63	2.15	1.95	1.62
		cv	0.44	0.41	0.37	0.44	0.48	0.46
		ρ_{opt}	0.11	0.12	0.1	0.1	0.11	0.11
$\epsilon = 1.0$		$timx$	15.11	27.11	45.16	63.54	78.77	98.82
		ρ_{auction}	0.17	0.19	0.16	0.16	0.18	0.18
		$\Delta_{\text{eff}}/\%$	0.6	0.59	0.51	0.58	0.59	0.57
		$\Delta_{\text{srp}}/\%$	6.6	7.11	6.58	6.45	7.13	6.45
$\epsilon = 2.5$		$timx$	6.36	13.03	19.99	28.01	33.49	42.5
		ρ_{auction}	0.17	0.18	0.16	0.16	0.18	0.17
		$\Delta_{\text{eff}}/\%$	0.56	0.52	0.47	0.49	0.53	0.48
		$\Delta_{\text{srp}}/\%$	6.83	7.25	6.71	6.59	7.2	6.51

(来源：Lai et al.，2019a)

综上所述，实验表明，如果想要在合理的计算时间内减少预算盈余并获得较高的系统效率，最好为拍卖机制选择合适的 ϵ 值。ϵ 的选择可以通过实际数据的仿真试错来确定。

3.6.3 复杂度分析

由图 3.3(a)和表 3.3 可知，拍卖机制的运行时间通常很短。90.37% 的中小规模算例可以在 5 分钟内完成计算；79.16% 的大规模算例可以在 60 分钟内完成计算。当 $\epsilon = 2.5$ 时，计算速度更快。下面进一步研究影响运行时间的因素。图 3.4 与图 3.3 类似，是关于迭代次数 $itern$ 和组合包率 $\lvert L \rvert / \lvert S \rvert$ 的箱线图。

首先，对于不同规模的算例，设置一个更大的 ϵ 可以使 $itern$ 显著减少，正如图 3.4(a)和(c)所示，$\epsilon = 2.5$ 时的箱线图明显短于和低于 $\epsilon = 1.0$ 时的箱线图。由此可知，可通过适度增加 ϵ 来有效地减少拍卖计算的复杂性。

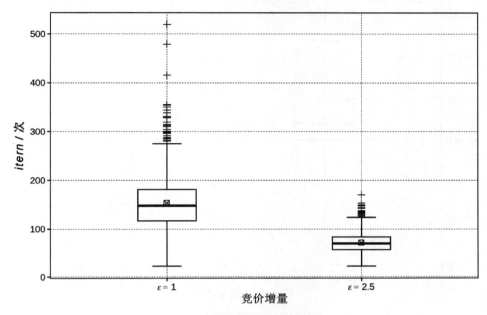

(a) 中小规模算例迭代次数分析

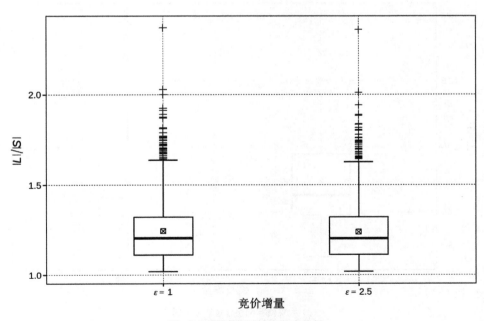

(b) 中小规模算例组合包比率分析

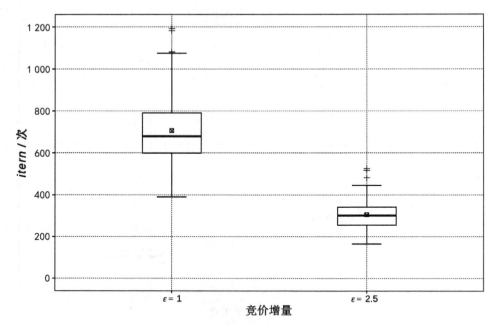

(c)大规模算例迭代次数分析

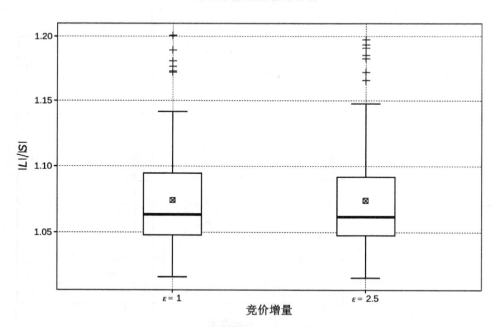

(d)大规模算例组合包比率分析

图 3.4　不同算例规模的计算复杂性比较

(来源：Lai et al.，2019a)

其次，$|L|$主要决定了NP-难问题（**CAP**）的复杂程度。在图3.4(b)和(d)中，箱线图几乎重叠，可知比率$|L|/|S|$在两种ϵ选择下非常接近。对比箱线图的分布，可进一步发现大规模算例中该比率明显小于中小规模算例的比率；同时，图3.3(c)和表3.3显示效率损失很小。这表明可以通过设置生成组合包的规模$|L|$的上界来进一步降低大规模算例中拍卖机制的复杂性。

为了检验限制$|L|$的效果，我们基于大规模网络分别为六类$|V|$另外随机生成20个算例。每个算例将$|L|/|S|$的上界设置为无限制情况下值的80%。结果以相同的方式展示在箱线图3.5中。与无限制情况相比，当$|L|/|S|$有限制时，从图3.5(a)可以看出$timx$的中位数、平均值和凹口都略低；从图3.5(b)可以看出，$itern$的箱线图明显偏高。这意味着限制生成组合包的数量将减少计算时间，然而，这可能以增加迭代次数为代价。如图3.5(c)和(d)所示，基于限制组合包规模$|L|$，效率损失虽然明显提高但还是很小，预算盈余差异不显著。

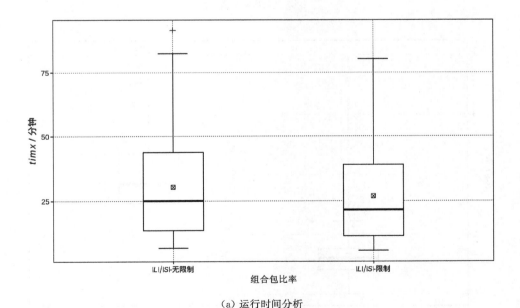

(a) 运行时间分析

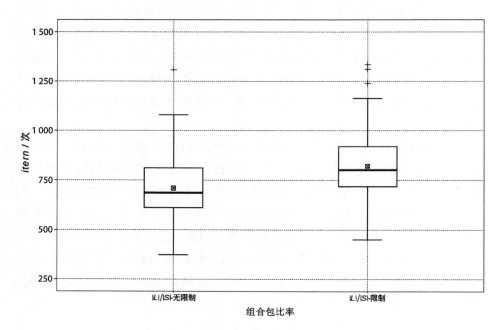

(b) 迭代次数分析

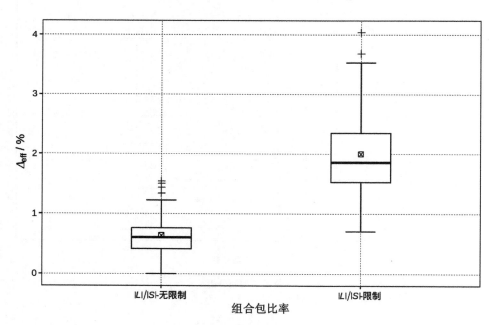

(c) 系统效率损失分析

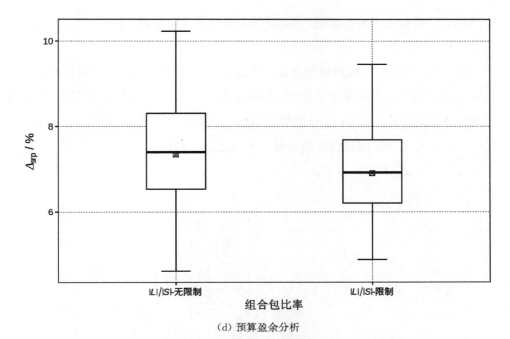

(d) 预算盈余分析

图 3.5　组合包比率对计算复杂性和拍卖机制性能的影响

(来源：Lai et al., 2019a)

虽然运行拍卖机制可能需要多次迭代，但为了实际使用，我们希望通过计算机化系统或互联网平台实现拍卖机制，以便：(1)组合包生成、临时运力分配和对偶定价的更新可以为拍卖商自动执行；(2)自动检查盈利能力并分配给货运代理；(3)拍卖商的分配和定价信息、货运代理的报告信息可以自动沟通。这样的分布式系统能够在不泄露私人信息的情况下自动协助货运代理做出决策。我们的工作提供了对应的理论依据。

3.6.4　机制性能分析

首先检查容量利用率、预算盈余和机制的效率，然后确定显著影响性能的因素。同时将我们的拍卖机制与 VCG 机制进行比较，假设用 CPLEX 求得问题 (**CP**) 的最优解。在下面的分析中，只研究 $\epsilon=1.0$ 时的中小规模算例。如图 3.3 和表 3.3 所示，其他情况下结果相似。

图 3.6(a)和(b)展示了拒绝率 $\rho_{auction}$ 和效率损失 Δ_{eff} 的分布。$\rho_{auction}$ 的均值和标准差分别为 0.24 和 0.06。效率损失 Δ_{eff} 的平均值和标准偏差分别为 0.81% 和 0.55%。如表 2 所示，$\rho_{auction}$ 略高于 ρ_{opt}。对于不同容量紧张度，容量

利用率水平接近系统最优情况,该机制的系统效率通常很高,在 99.59% 的算例中 $\Delta_{\text{eff}} \leqslant 3\%$。

图 3.6(c)和(d)比较预算盈余 Δ_{srp} 和 Δ_{srp}^c。Δ_{srp} 的均值为 8.24%,标准差为 1.95%;同时,Δ_{srp}^c 的均值为 3.98%,标准差为 2.52%。我们机制的平均预算盈余高于 VCG 机制。然而,VCG 的预算可能不平衡。有 2.85% 算例 $\Delta_{\text{srp}}^c < 0$。给定 $\epsilon = 1.0$,在 80.06% 的算例中预算盈余 Δ_{srp} 不超过 10%。

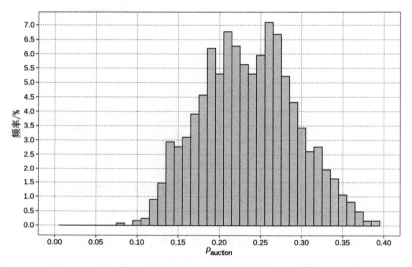

(a) 拍卖机制需求拒绝率

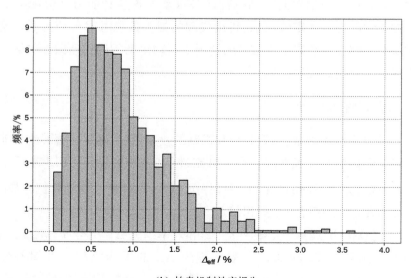

(b) 拍卖机制效率损失

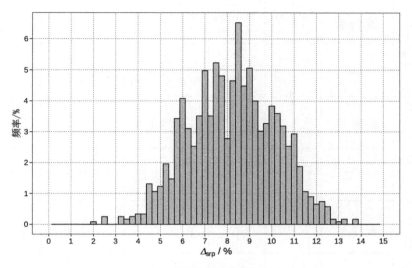

（c）拍卖机制预算盈余

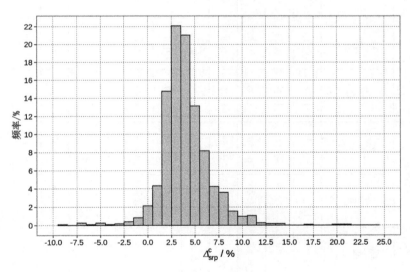

（d）VCG 机制预算盈余

图 3.6　拍卖机制与 VCG 机制的性能对比

（来源：Lai et al.，2019a）

总的来说，拍卖机制效率很高，预算盈余很小。大部分利益都由货运代理获得。接下来将研究这些参数如何影响机制的性能。我们固定了每个参数，计算 $intern$、$|L|/|S|$、$\rho_{auction}$、Δ_{eff} 和 Δ_{srp} 在对应算例中的平均值和标准差。对于每个参数，分别选择低水平和高水平来充分区分算例。结果见表 3.4。

表 3.4 迭代拍卖机制的结果

参数	$tim.x$ 均值	$tim.x$ 标准差	$item$ 均值	$item$ 标准差	$|L|/|S|$ 均值	$|L|/|S|$ 标准差	$\rho_{auction}$ 均值	$\rho_{auction}$ 标准差	$\Delta_{eff}/\%$ 均值	$\Delta_{eff}/\%$ 标准差	$\Delta_{srp}/\%$ 均值	$\Delta_{srp}/\%$ 标准差
$|V| \in [50, 100]$	0.91	0.98	128.76	46.1	1.28	0.19	0.24	0.06	0.81	0.62	7.92	1.9
$|V| \in [150, 200]$	3.78	3.89	177.54	48.41	1.21	0.14	0.23	0.06	0.81	0.47	8.55	1.95
$|E|/|V| \in [2, 3]$	1.34	0.88	175.25	61.02	1.09	0.05	0.19	0.05	0.55	0.42	6.66	1.68
$|E|/|V| \in [3, 4]$	3.52	4.64	134.45	39.53	1.42	0.2	0.27	0.05	1	0.63	9.32	1.83
$|S|/|V| \in (1, 2]$	2.38	3.9	144.14	55.08	1.34	0.22	0.25	0.06	0.76	0.63	7.81	1.94
$|S|/|V| \in (2, 3]$	2.37	2.65	160.77	50.34	1.17	0.1	0.23	0.06	0.91	0.54	8.72	2.01
$k_e = 50$	2.26	3.12	152.72	50.61	1.24	0.17	0.24	0.06	0.81	0.51	8.32	1.96
$k_e = 500$	2.45	3.24	153.83	55.71	1.24	0.18	0.23	0.06	0.81	0.59	8.15	1.93
$\rho_{opt} \in [0, 0.15)$	1.43	1.09	164.31	58.64	1.13	0.1	0.17	0.03	0.58	0.4	6.77	1.66
$\rho_{opt} \in [0.15, 1)$	3.17	4.34	145.76	47.43	1.34	0.19	0.28	0.04	0.94	0.62	9.24	1.67
$cv \in [0, 0.5)$	2.27	2.96	155.97	53.76	1.23	0.16	0.23	0.05	0.7	0.47	8.22	1.8
$cv \in [0.5, 1)$	2.42	3.32	154.22	55.14	1.26	0.18	0.25	0.06	0.91	0.6	8.37	2.02

(来源: Lai et al., 2019a)

第一,当网络密度、服务密度、容量紧张度或需求变化较大时,机制的效率损失通常较大。网络中的边越多,订单在网络中的路径越多,分配决策的可行空间就越大,寻找更好的分配就越困难。显然,给定更多的货运订单和更少的容量,容量竞争可能会更加激烈,因此,接受一个高利润的订单可能会导致拒绝其他几个订单。这样,该机制将需要更多迭代来生成更多的组合包来改善分配,从而可能降低系统效率。类似地,对于高需求的变化,接受一个高需求的订单可能导致拒绝几个低需求的订单。该机制将以更低的系统效率停止迭代。

第二,当网络密度或容量紧张度较高时,预算盈余明显较大。在这种情况下,该机制会搜索更多的组合包来改进分配,但执行更少的迭代次数。因此,支付的增加主要是受竞争的影响。为了减少预算盈余,最好设定一个较小的投标增量 ϵ。

第三,运行时间主要受网络大小(即节点数和边数)和容量紧张度的影响,其他因素影响较小。当网络规模较大或容量紧密度较高时,要么需要更多的迭代,要么需要生成更多的组合包来搜索改进的分配。适度增加竞价增量 ϵ 可以使该机制更快。

第四,请注意,固定收费 k_e 对机制的影响很小。拒绝率 ρ_{auction} 对除网络密度和容量紧密度以外的其他因素均不敏感。

3.7 总结

本章研究货运代理合作的运力共享问题。货运代理联盟在货运季节之前从货运市场承运商处预定总运力,然后在货运季节期间在货运代理之间分配运力和货运成本以满足货运订单。每个货运代理都有自己订单的收入和外包利润率的私人信息。对于此问题,即使集中式运力分配问题也是 NP-难问题。由于货运代理商在网络中的运力资源通常被认为是连续类型的资源,而且需要一个组合(由网络的若干边组成)的资源才能去完成客户的订单。对于这样的资源连续型且需求为组合型的资源分配问题,我们的研究首次提出了一个保证防范策略操纵性的迭代机制框架及实现的算法。计算结果表明,该机制的效率损失较小,通常小于3%;预算盈余较小,通常小于10%。

现有的文献,例如 Agarwal and Ergun (2010)、Houghtalen, Ergun, and Sokol (2011) 和 Zheng et al. (2015) 等研究了类似的问题,但是没有解决存在

不对称信息条件下的利益分配机制问题,而且限制参与者的行为以达到合作的目标,并不完全符合实际。这一机制的创新性主要体现为:

(1) 提出每个订单可以分配一个凸组合的网络运力,这样可以显著地减少搜索运力组合的计算复杂性;

(2) 提出每一个组合内的分配方案应支付的费用相同,且该费用在迭代过程中是单调非减的,这是保证防范策略操纵性的关键;

(3) 提出一种新的方法提高社会福利,其中每个订单的运力组合集不断增大,同时利用线性规划的原始-对偶方法搜索订单应支付的费用以不断逼近真实的收益损失。特别地,这一算法激励机制将联盟整体复杂的计算任务分解为个体的并行简单任务,极大地加快了运行速度,能被实际中的货运代理联盟高效应用。

基于理论分析和计算结果,我们的拍卖机制可以为实际应用提供以下管理启示。第一,为了确保机制说真话,同一接受订单的所有获胜组合包支付需相等。第二,在合理的计算时间内,可以通过仿真试验选择适当小的竞价增量以实现小的预算盈余和高的系统效率。第三,该机制通常以高系统效率运行,尤其当网络中的边或货运订单不密集时。如果容量紧张度适中,或货运订单具有相似的货运数量,该机制也能更好地工作,因为接受单个订单可能不会导致拒绝许多其他订单。第四,当网络密度或容量紧张度较高时,机制的预算盈余通常较大。因此,对于密集网络和容量紧张的情况,最好设置较小的竞价增量,以减少预算盈余。另一方面,对于大规模网络,在不增加太多的效率损失或预算盈余的情况下,适度增加竞价增量、设置合适的生成组合包数量上限可以显著地减少运行时间。

第 4 章　整车货运网络合作机制

尽管承运人可以通过合作减少整车运输中的空驶里程,但由于每个承运人的自利性,他们可能不愿意共享合作所必需的私人信息,因此难以实现合作。为此,本章提出了一种迭代拍卖方案,通过反复交换运输订单促使承运人达成合作。此迭代拍卖机制被证明是激励相容、个体理性、预算平衡、单调和收敛的。此外,计算实验表明,此机制效率损失很小,并能显著提高承运人利润。本章还提出了两种加速方法,并将拍卖扩展到更具一般性的问题。

4.1　引言

合作在物流行业中越来越受欢迎。通过资源共享,承运人可以通过合作减少整体运营费用和碳排放,提高资源利用率,为行业和社会创造双赢的解决方案。在竞争激烈的整车运输(TL)行业中,传统上承运人间独立运营缺乏合作,利润率较低。由于不同发货人的货运订单不平衡,空驶里程的成本进一步侵蚀了承运人的利润。据 The Economist(2016)报道,美国的卡车司机每年有 500 亿空驶里程,约占总行驶里程的 28%,欧洲 25% 的在途卡车集装箱空载。中国的公路货运卡车空驶率甚至高达 40%~50%。

本章考虑了整车运输中的承运人合作,其中货物运输受到整个卡车的空间或载重限制。具体来说,TL 承运人运营一支卡车车队来取货并交付客户的 TL 货运订单。一个 TL 货运订单包括在一个地点装载整车货物并运送到另一个地点。完成交付后,卡车通常在前往下一订单或回程的路上空载行驶。履行订单能够产生收入,但同时会面临完成交付后的空驶成本。为减少空驶里程,承运人可以通过联合创建一个减少单程运输和空驶里程的货运解决方案来达成战略合作(Barrera et al., 2015)。合作中的订单交换允许承运人出售或购买货运订单,以便每个承运人可以战略性地优化其取货和交付路径,从而提高各自利润。

本章研究受日益欢迎的承运人之间合作取货送货的行业实践启发,此研究问题的重要性在文献中也得到了广泛认可,如 Liu et al.（2010a）,Adenso-Díaz et al.（2014）,Li et al.（2012）,Hezarkhani et al.（2016）。U-TURN Project（2015）报告称,TL 承运人合作通常由合作物流网络数字化平台促进,如 LeanLogistics、Transplace 和 Hitachi Transport System。通过共享运输资源,承运人可以利用货运订单之间的协同效应获得更高利润。例如,LeanLogistics 的 GreenLanes 平台创造了资产的持续流动,并为运输网络中的承运人和承运人优化行驶路径。目前,GreenLanes 在美国每年优化超过 2 500 万个订单（The LeanLogistics,2009）,Journal of Commerce（2009）报告称在大多数情况下 GreenLanes 可以将空驶里程从 15%～20% 降低到 3%～5%。

然而,发挥承运人合作的最大效用是非常具有挑战性的。即使在集中式情形中,通常也很难找到最小化空驶里程的路径（Ropke and Pisinger,2006）。此外,正如 Agarwal et al.（2009）指出,有效的合作需要承运人分享他们的私有和敏感信息,例如运营成本效率和运输订单收入,这在实践中难以实现。因此,有必要设计一个适当的机制,以促进那些自利并旨在最大化自己利润的承运人之间的成功合作。

经典的 Vickrey-Clarke-Groves（VCG）机制要求找到所有参与者直接报告其私有敏感信息的集中式问题的精确最优解,然而这被 Barrera 和 Garcia 认为是不切实际或不适用的。在 VCG 机制中,一个参与者被授予的是他在这个合作系统中所有参与者的福利与他不在合作系统中的福利之间的差额。相比之下,众所周知迭代拍卖机制在求解计算困难的合作问题和保护私有敏感信息方面具有优势（Kalagnanam and Parkes,2004）。本章开发了一个具有多轮货运订单交换的迭代拍卖机制,在拍卖的每次迭代中,每个承运人可以依次决定购买和出售货运订单,该机制为每个承运人最优地分配买方(即从其他承运人那里获取订单的人)或卖方(即把自己的订单外包给其他人的人)的角色,并匹配供应和需求。在每次迭代中使用二价拍卖机制进行交换,即每个出售的货运订单的最高出价者获胜并支付第二高的价格。在迭代过程中,承运人可能被轮换到不同的角色,其利润单调递增,拍卖一直进行直到没有交换的可能性。

其他小节组织如下:第 4.2 节回顾了有关承运人合作运输的相关文献,第 4.3 节描述了合作 TL 运输取货和交付问题,并阐释了个体和集中优化模型,第 4.4 节提出了一个迭代拍卖机制,以促进存在私有信息时的合作,第 4.5 节分析了拍卖机制的属性,第 4.6 节进行计算实验分析拍卖机制并揭示启示,第 4.7 节将拍卖扩展到更一般性的场景,第 4.8 节详细讲解了加速方法,最后,第 4.9 节总结了主要结论。

这一研究成果发表于 Lai et al. (2017)和 Lai et al. (2019b)。所有理论结果的证明参见论文 Lai et al. (2017)。

4.2 文献综述

合作运输在物流中变得越来越重要,相关文献在过去十年中急剧增长。Gansterer and Hartl (2018a)以及 Zhang et al. (2017)对合作运输的知识现状进行了广泛的综述。主要的方法论包括集中式合作规划(Liu et al., 2010b; Adenso-Díaz et al., 2014; Wang et al., 2014; Gansterer et al., 2017; Kuyzu, 2017; Zhang et al., 2017)、合作博弈理论(Özener and Ergun, 2008; Agarwal et al., 2009; Hezarkhani et al., 2016; Guajardo and Rönnqvist, 2016)、非拍卖交换机制(Özener et al., 2011; Houghtalen et al., 2011; Wang and Kopfer, 2015)以及基于拍卖的交换机制(Berger and Bierwirth, 2010; Li et al., 2012; Xu et al., 2017),应用于多种运输模式的合作。由于本章内容是通过迭代拍卖促进合作来提高卡车货运承运人的盈利能力,因此在下文中将回顾有关零担运输(LTL)承运人合作和整车运输承运人合作机制设计的有关文献。有关其他类型的文献,请参阅 Gansterer and Hartl (2018a)、Lai et al. (2017)和 Zhang et al. (2017)。

合作运输的机制设计研究主要基于线路/订单或容量交换。通过交换,承运人能够外包自己利润低的货运订单,同时从他人那里获取利润高的订单。然后,通过转移支付在承运人之间分享合作利益。

4.2.1 零担合作

在 LTL 承运人合作的背景下,Krajewska and Kopfer (2006)是最早设计基于拍卖的交换机制的论文之一。Van Duin et al. (2007)使用模拟的方法研究了承运人在合作系统中的订单外包决策问题。Berger and Bierwirth (2010)将 Krajewska and Kopfer (2006)的单轮组合拍卖扩展到迭代组合拍卖框架。以下回顾的大多数 LTL 合作的机制设计研究都是基于他们的框架,该框架要求在出价阶段生成指数数量级的订单组合包。

为了降低计算复杂性，Dai and Chen（2011）开发了迭代拍卖机制，其中每个承运人首先根据最低利润率的想法选择一组要外包的订单，然后从订单池中对单个包出价。之后，在 Dai et al.（2014）提出的迭代拍卖中，拍卖人基于拉格朗日松弛迭代更新每个订单的服务价格，每个承运人根据拍卖人提供的当前价格来决定他们愿意出价的最佳订单组合包。Wang and Kopfer（2014）提出了一种迭代的基于路径的交换机制，其中每个承运人迭代生成卡车路径，并将订单分配给路径以最小化总运输成本。基于 Berger and Bierwirth（2010）、Li et al.（2012）、Gansterer and Hartl（2016，2018b）和 Schopka and Kopfer（2017）的框架，分别研究了出价生成问题、出价订单评估问题、包报价问题和报价订单预选问题。

Chen（2016）指出在以前的拍卖模型中，订单提供阶段和出价阶段是分开并按顺序进行的，而每个承运人既可以是买方也可以是卖方，因此，如果承运人中标，可能会面临次优甚至不可行的运输计划，Chen（2016）为 LTL 承运人合作设计了一种基于拉格朗日对偶的迭代组合时钟代理交换机制，其中承运人必须在每一轮中同时出价一组销售订单和一组购买订单。

另一种针对 LTL 合作的机制是基于容量交换的。Agarwal and Ergun（2010）为班轮运输中的承运人合作开发了一种容量交换机制。Houghtalen et al.（2011）考虑了类似的航空货运承运人联盟机制。Hernández et al.（2011）将他们的机制扩展到道路运输承运人的动态容量共享问题。Zheng et al.（2015）将该机制扩展到了一个更实用的班轮合作运输问题。

在 LTL 合作中，基于车辆的固定成本，承运人主要从规模经济中受益。合作提高了车辆利用率并增加了承运人的利润。在拍卖机制中，每个承运人必须首先选择要放入池中的订单集，而不考虑实际需求。此外，承运人可以同时是买方和卖方。因此，没有需求的订单必须由外部承运人履行或返回给所有者（Gansterer and Hartl，2018a）。相比之下，在本章研究的 TL 合作中，承运人从范围经济中受益，即 TL 订单/线路的协同作用，这导致空驶距离的减少。本章的拍卖机制允许承运人首先提交需求，然后决定订单的供应，因此不需要外部选项。此外，如 Chen（2016）类似的同时对订单组合包出价需要复杂且耗时的过程来平衡需求和供应。在本章拍卖机制中，由于承运人的供应决策是基于出价需求的，因此供应与需求的匹配总是可行的，而无需额外的迭代调整过程。

4.2.2　整车合作

在 TL 承运人合作的背景下，Figliozzi（2006）为承运人的动态合作开发了

VCG 机制,其中每个到达的订单都开放供交换,因此没有出售决策。Liu et al.(2010a) 研究了单个承运人在合作运输网络中的任务选择和路径规划问题。Özener et al. (2011)在规划连续移动路径中考虑了承运人合作,并在不同的信息共享要求和支付选项下开发了各种线路交换机制。Wang and Kopfer(2015)将 Wang and Kopfer(2014)提出的基于路径的订单交换机制扩展到了动态 TL 取货送货问题中的货运代理合作。

Özener et al. (2011)的迭代机制仅适用于一对一合作案例。目前尚不清楚如何将这些机制扩展到多承运人合作以优化系统效率,相比之下,本章为一般的多承运人合作问题开发了一种迭代拍卖机制。此外,Özener et al. (2011)和 Wang and Kopfer(2015)都开发了非拍卖交换机制,并假设代理在整个合作过程中是诚实的。Özener et al. (2011) 认为线路交换机制不能保证诚实性,承运人可能会为了自己的利益策略性地操纵机制。相比之下,在短视的最优响应条件下,我们证明了本章提出的拍卖机制是激励相容的。

Li et al. (2015)为 TL 取货送货问题中的承运人合作开发了一种迭代订单交换机制。在每一轮拍卖中,每个承运人首先提出出售订单,然后出价购买订单。正如计算实验所示,这种拍卖每次只允许交换一个订单,并且通常由于系统效率提升较低而提前停止。本章考虑的 TL 合作问题与他们类似,然而,本章的机制在以下两个方面与他们有显著不同:

(1)承运人首先提出需求,然后决定订单的供应;
(2)在出价的承运人保持诚实的情况下,允许一次交换多个订单。

计算实验表明,在几乎所有情况下,本章的机制在提高系统效率以及承运人个体收益方面都优于 Li et al. (2015)的机制。

最近,Xu et al. (2017)提出了一种通过线路双边交换的承运人合作的双重拍卖机制。在他们的拍卖模型中,每个承运人只能提供边际成本最高的灵活线路进行分包,但允许对多个线路组合包进行出价。承运人可以自主选择成为买方或卖方,但不可以同时充当两种角色。本章的机制与他们的也极具差异性:

(1)他们考虑的是在不需要车辆从车库出发和返回的合作线路覆盖模型,而本章研究的是每辆车必须从同一车库开始和结束的合作 TL 取货送货模型,此约束使研究问题变成了 NP-难问题,使得订单提供和出价的个体优化具有挑战性。

(2)在他们的拍卖模型中,每个承运人可能需要评估指数数量级的订单组合包。此外,承运人可以选择成为买方或卖方,但没有指明承运人如何决定选择哪种角色以及如何设定要价以优化系统效率。相比之下,在本章拍卖机制中,每个承运人首先作为买方,提出多个单一订单的出价,然后作为卖方通过求解优化问题来确定一个组合包出售,这避免了对指数数量级的订单组合包出价的难点。此外,本章的模型在每次迭代中的匹配问题中为每个承运人最优地分配角色,因此,我们的拍卖机制在实践中更容易实施。

4.3 整车承运人合作问题

我们考虑了多个承运人参与一个由第三方平台组织的合作运输网络。在合作之前,每个承运人运营一支卡车车队,为其客户的 TL 货运订单提供服务。每个订单指定一对取货和送货地点,完成后为承运人带来收入。任何卡车的路径都必须从其车库开始和结束。给定一条路径,卡车首先前往一个订单的取货地点,然后直接移动到订单的交付地点;之后,卡车继续移动去完成下个订单的取货,或者返回车库。由于卡车在 TL 送货期间可能会空驶,因此,承运人通过平台交换其货运订单进行合作以减少空驶距离将是有益的。通过合作,承运人可以从其他承运人处获得新的订单和/或将自己的订单外包给其他承运人。平台实行匹配交换供需的机制,并确定转移支付,目标是为所有承运人提供双赢的求解方案。

令 N 表示承运人的集合,每个承运人 $i \in N$ 需要服务一组 TL 货运订单 L_i,令 $L = \bigcup_{i \in N} L_i$ 包含所有的订单。承运人 i 的订单 $l \in L_i$ 表示为 (o_l, d_l),指定取货点 o_l 和送货点 d_l。如果完成了订单 l 的交付,将为承运人 i 产生收入 r_l^i。为满足这些订单,承运人 $i \in N$ 需要安排一组路径,这些路径开始并结束于车库 D_i,并将订单分配给这些路径。设 V 表示所有节点的集合,节点 v 到节点 v' 的距离用 $a_{(v,v')}$ 表示。对于每个承运人 i,一辆满载的卡车从节点 v 运输货物到节点 v' 的运输成本是 $c_i \cdot a_{(v,v')}$;与此同时,空驶卡车从节点 v 到节点 v' 的行驶成本为 $\rho_i \cdot c_i \cdot a_{(v,v')}$,其中 $0 < \rho_i \leqslant 1$ 表示空驶系数。

为专注于阐述本章机制设计的基本特征,在模型中提出了以下模型简化且常用的假设:

(1) 每个承运人 i 运营自己的车库 D_i,并使用同质的卡车车队来满足订单,任何订单都可以由承运人的任意卡车服务 (Liu et al., 2010; Li et al., 2015; Gansterer et al., 2017)。每个承运人的卡车数量不受限制。

(2) 每个 TL 订单没有时间窗要求,可以在卡车行程中的任何时间提供服务;同时,卡车的行驶距离不能超过给定的限制(Liu et al.,2010b;Polat et al.,2015;Li et al.,2015;Gansterer and Hartl,2016)。每个 TL 订单不可分割,必须由同一辆卡车取货送货。

(3) 运输网络中存在三角不等式,即对于任意节点 $v_1, v_2, v_3 \in V$,有 $a_{(v_1,v_2)} + a_{(v_2,v_3)} \geqslant a_{(v_3,v_1)}$,这使得建模时易于排除子回路(Ropke and Pisinger,2006;Liu et al.,2010b)。

(4) 货运订单收入 r_l^i、单位运输成本 c_i 和空驶系数 ρ_i 是承运人 i 的私有信息。对于每个承运人 i,订单组合 L_i 是公开信息,并且完全可以交换(Wang and Kopfer,2014)。

值得注意的是,上述假设并非限制性的,这种简化仅仅是为了便于说明。考虑有限数量的卡车、时间窗口的限制、自我保留的要求等更一般的问题也可纳入本章的机制框架,将在第 4.1.7 小节讨论这些扩展。

图 4.1 中的小规模案例可用于说明合作带来的好处。图 4.1 所示的运输网络中,节点位于 $[0,50] \times [0,50]$ 平面中,10 个货运订单分别是 (A, D)、$(A,$

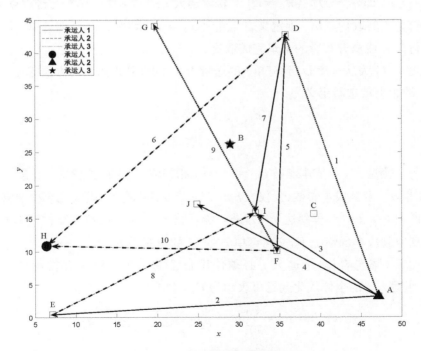

图 4.1　小规模整车合作案例

(来源:Lai et al.,2017)

$E)$、(A,I)、(A,J)、(D,F)、(D,H)、(D,I)、(E,I)、(F,G) 和(F,H)。有三个承运人,车库分别为 H、A 和 B。最初,$L_1=\{2,3,4,5,7\}$,$L_2=\{6,8,10\}$,$L_3=\{1,9\}$。如果单独工作,承运人1将通过路径 $H \to A \to E \to H$ 服务订单(A,E),承运人2将通过路径 $A \to E \to I \to A$ 服务订单(E,I),卡车在边 HA、EH、AE 和 IA 上空载行驶。现在,如果承运人1可以向承运人2出售订单(A,E),空载行驶距离将被显著减少。

然而,承运人在合作中是自私和策略性的。在合作过程中,每个承运人可能不会如实报告自己的私有信息(r_i^l, c_i, ρ_i),只追求最大化自己的利润。我们将设计一个激励机制来促进合作(第4.4节)。在此之前,我们首先定义个体优化问题(第4.3.1节),然后研究集中优化问题(第4.3.2节)。将这两个模型作为机制设计研究的基准。

4.3.1 个体优化问题

我们采用 Ropke and Pisinger (2006) 和 Li et al. (2015) 的模型来描述 TL 订单取货送货问题。为了便于说明,为每个承运人 i 引入由 0 表示的虚拟订单 (D_i, D_i),即 $o_0 = D_i$ 且 $d_0 = D_i$。若承运人 i 的卡车从订单 k 的送货点 d_k 行驶到订单 l 的取货点 o_l,则定义二元变量 $x_{kl}^i = 1$,其中 $k \neq l$,即订单 l 被刚刚交付订单 k 或离开车库的卡车完成取货。

定义 f_l^i 为从车库 D_i 到订单 l 的送货点 d_l 的行驶距离。为方便起见,从 d_k 到 o_l 的距离被重新定义为:

$$a_{kl} = \begin{cases} a_{(d_k, o_l)}, & \text{若 } d_k \neq o_l; \\ 0, & \text{若 } d_k = o_l. \end{cases}$$

每个变量 x_{kl}^i 与成本参数 $c_{kl}^i = c_i \cdot a_{kl}$ 相关联,代表行驶费用。在默认情况下,变量 x_{kl}^i 及其成本参数 c_{kl}^i 仅在 $k \neq l$ 时在本章中有效,因此在模型中将不再特别说明 $k \neq l$。卡车到达 o_l 后,进一步行驶 $a_{(o_l, d_l)}$ 的距离去交付订单 l。在不包括空驶成本的情况下,交付订单 $l \in L_i$ 的利润是 $p_l^i := r_l^i - c_i \cdot a_{(o_l, d_l)}$。

如果不参与合作,承运人 i 必须使用自己的卡车交付所有货运订单 $l \in L_i$。承运人 i 的个体优化问题可表示为 P_i^0,公式如下:

$$\Pi_i^*(L_i) = \max \sum_{l \in L_i} p_l^i - \rho_i \cdot \sum_{k \in L_i \cup \{0\}} \sum_{l \in L_i \cup \{0\}} c_{kl}^i x_{kl}^i$$

$$(P_i^0) \quad \text{s.t.} \quad \sum_{k \in L_i \cup \{0\}} x_{kl}^i = 1, \quad \forall l \in L_i; \tag{4.1}$$

$$\sum_{k \in L_i \cup \{0\}} x_{kl}^i - \sum_{k \in L_i \cup \{0\}} x_{lk}^i = 0, \quad \forall l \in L_i \cup \{0\}; \tag{4.2}$$

$$f_0^i = 0; \tag{4.3}$$

$$f_k^i + a_{kl} + a_{(o_l, d_l)} - M \cdot (1 - x_{kl}^i) \leqslant f_l^i, \quad \forall k \in L_i \cup \{0\}, l \in L_i; \tag{4.4}$$

$$f_l^i + a_{l0} - M \cdot (1 - x_{l0}^i) \leqslant F, \quad \forall l \in L_i; \tag{4.5}$$

$$f_l^i \leqslant F, \quad \forall l \in L_i;$$

$$x_{kl}^i \in \{0, 1\}, \quad \forall k, l \in L_i \cup \{0\};$$

$$f_l^i \geqslant 0, \quad \forall l \in L_i.$$

在上述模型中，M 是一个足够大的正数。约束条件(4.1)要求每个订单都必须得到满足。约束(4.2)为每个订单和车库施加平衡条件，这意味着如果卡车到达订单的取货点，则它必须从该订单的送货点离开。约束(4.3)至(4.5)追踪每辆卡车的行驶距离，其中足够大的正数 M 用来保持可行性，总行驶距离不能超过 F。约束(4.4)意味着子回路消除条件（Ropke and Pisinger，2006；Li et al.，2015），因此每辆卡车的路径必须从车库开始并在车库结束。

目标是使承运人的利润最大化。由于每个订单都必须满足，并且总收入是一个常数，因此目标相当于最小化总空驶距离。在完成订单 k 送货后，如果存在满足 $o_l = d_k$ 的订单 l，则 $a_{kl} = 0$，也就是说，在这种情况下，卡车前往订单 l 取货时不会空载行驶。

4.3.2 集中优化问题

考虑集中式情况下的合作问题，平台将承运人的订单集中在一起，并在承运人之间重新分配所有订单，以使承运人的总利润最大化。如果订单 l 被分配给承运人 i，则定义二元变量 $y_l^i = 1$。如 (P_i^0) 问题，定义变量 x_{kl}^i 和 f_l^i。集中式模型如下。

$$\Pi_N^*(L) = \max \sum_{i \in N} \Big[\sum_{l \in L} p_l^i y_l^i - \rho_i \cdot \sum_{k \in L \cup \{0\}} \sum_{l \in L \cup \{0\}} c_{kl}^i x_{kl}^i \Big]$$

$$(\text{CP}) \quad \text{s.t.} \quad \sum_{i \in N} y_l^i = 1, \quad \forall l \in L; \tag{4.6}$$

$$\sum_{k \in L \cup \{0\}} x_{kl}^i = y_l^i, \quad \forall l \in L, i \in N; \tag{4.7}$$

$$\sum_{k \in L \cup \{0\}} x_{kl}^i - \sum_{k \in L \cup \{0\}} x_{lk}^i = 0, \quad \forall l \in L \cup \{0\}, i \in N; \tag{4.8}$$

$$f_l^i \leqslant F \cdot y_l^i, \quad \forall l \in L, i \in N; \tag{4.9}$$

$$(4.3)—(4.5), \quad \forall k \in L \cup \{0\}, l \in L, i \in N;$$

$$x_{kl}^i, y_l^i \in \{0,1\}, \quad \forall k, l \in L \cup \{0\}, i \in N;$$

$$f_l^i \geqslant 0, \quad \forall l \in L_i, i \in N.$$

约束(4.6)要求每个订单只分配给一个承运人,约束(4.7)要求分配给承运人 i 的每个订单都必须得到服务,约束(4.9)确保如果订单 l 未分配给承运人 i,则行驶距离为 0。对于分配给承运人 i 的任何订单,承运人从自己的车库 D_i 调度卡车来服务订单,同时满足约束(4.3)、(4.4)、(4.5)、(4.8)和(4.9)。

如 Ropke 和 Pisinger(2006)所指出,不对称 TSP 问题是 TL 取货送货问题中的一种特殊情况。因此,问题(P_i^0)和(**CP**)均一般为 NP - 难问题。

4.4 机制设计问题

本章研究了 TL 承运人合作问题的机制设计。由于个体优化问题和集中优化问题的计算复杂性,VCG 机制和组合拍卖都不合适,因此,我们提出了一种易于计算的迭代拍卖机制,过程如算法 4.1 所示。

在拍卖中,每个承运人依次决定购买订单(作为买方)和出售订单(作为卖方)。然后,机制将供给与需求相匹配。在下文中,我们首先确定转移支付规则(第 4.4.1 节),然后研究买方问题(4.4.2 节)和卖方问题(4.4.3 节),设计匹配模型(4.4.4 节),最后给出完整的拍卖算法(4.4.5 节)。

算法 4.1　迭代拍卖机制框架

指定转移支付规则和分配规则
while 未满足停止条件时 **do**
　　每个承运人作为买方提出多个单一订单的出价,并将出价提交给平台;
　　为每个出价订单设定销售价格;
　　每个承运人作为卖方决定出售的订单,并将出售订单组合包提交给平台;
　　平台求解匹配问题,为每个承运人最优地分配买方/卖方角色,并执行订单的交换;
end while

4.4.1 转移支付规则

在此机制中,平台收取买方的付费,在交易后支付给卖方。转移支付规则如下。

作为买方,各承运人 i 提出以价格 b_l^i 收购订单 l,定义 N_l 为订单 l 的投标人集合。给定出价 b_l^i,每个订单 l 的销售价格设为

$$\pi_l = \begin{cases} \max\{b_l^{i'} : i' \in N_l \setminus \{i\}, i \in \mathop{\mathrm{argmax}}_{j \in N} b_l^j\}, & |N_l| > 1; \\ 0, & \text{其他}. \end{cases} \quad (4.10)$$

当多个承运人为 l 出价,即 $|N_l|>1$ 时,价格由出价第二高的承运人给出,否则,价格为 0(最终可能不存在供给)。

对于每个承运人 i,买方的转移支付为

$$t_l^i = \begin{cases} -\pi_l, & \text{出价被接受且} |N_l| > 1; \\ 0, & \text{其他}. \end{cases} \quad (4.11)$$

负号表示该支付是买方的采购成本,只有出价最高的投标人才能从获得订单 l 中受益。

正如 4.4 节所示,只有出价最高的买方才能获胜,在每次迭代中买方不需要支付他的出价,而使用第二高价格进行交易,因为第一价格拍卖通常不满足激励相容性(Narahari et al., 2009)。

交换匹配后,平台从买方收款并支付给卖方。对于每个承运人 i,卖方的转移支付为

$$t_l^i = \begin{cases} \pi_l, & \text{承运人 } i \text{ 成功出售订单 } l; \\ 0, & \text{其他}. \end{cases} \quad (4.12)$$

上述为承运人 i 作为卖方时的收入。

预算平衡条件要求 $\sum_{l \in L} \sum_{i \in N} t_l^i = 0$,即买方的付款必须等于卖方的收入。

4.4.2 买方问题

在每次迭代中,每个承运人 i 的初始订单组合包是 L_i。承运人 i 可以通过提交多个订单的出价来获得补充现有订单并增加利润的新订单。承运人可以同时为多个订单单独出价,但最多只能被分配到一个订单。

如果获得订单 $l \notin L_i$，则利润增额为

$$b_l^i := \Pi_i^*(L_i \bigcup \{l\}) - \Pi_i^*(L_i), \qquad (4.13)$$

其中，$\Pi_i^*(L_i \bigcup \{l\})$ 是给定订单组合包 $L_i \bigcup \{l\}$ 的 (P_i^0) 问题的最优解。

每个承运人只愿意为能提高其利润的订单出价。因此，承运人 i 的单订单竞标为

$$L_i^b := \{l \notin L_i : b_l^i > 0\}.$$

如果不存在增加承运人 i 利润的订单，则 $L_i^b = \emptyset$。交换的需求为 $L^b = \bigcup_{i \in N} L_i^b$。

对于买方问题，L_i^b 不是订单组合包，即 L_i^b 中的订单不是全部竞拍或出售的。对于每个订单 $l \in L_i^b$，该机制要求承运人出价为支付意愿，即订单 $l \in L_i^b$ 的竞标价格等于边际利润 b_l^i。

备注 4.1 一方面，鉴于评估需要求解复杂的优化问题 (P_i^0)，设置多个单订单出价避免了为买方评估指数数量订单组合包的计算困难。另一方面，如果只允许为一个订单出价，则很可能需求无法满足，无法实现交换。

在支付规则(4.11)下，每个承运人通过获得新的订单而获得更好的收益。

引理 4.1 若 $l \in L_i^b$，则 $t_l^i \leqslant \Pi_i^*(L_i \bigcup \{l\}) - \Pi_i^*(L_i)$。

4.4.3 卖方问题

如果订单 l 成功售出，卖方将从平台获得收入 π_l。只有在价格足够高时承运人才愿意出售订单 l。我们假设每个承运人在每次迭代中提交最优的出售订单组合包，与当前的出售价格有关，而不考虑拍卖的未来状态。也就是说，每个作为卖方的承运人采用短视的最佳响应策略。这种短视最佳响应策略的假设常见于迭代机制设计的文献中（Parkes and Ungar, 2000; Kalagnanam and Parkes, 2004; Kwon et al., 2005; Guo et al., 2007）。该方法不仅便于理论分析，而且考虑到策略操纵在实际应用中的计算挑战，具有一定的合理性。

定义二元变量 y_l^i，如果订单 $l \in L_i \bigcap L^b$ 被选择为出售，则该二元变量 $y_l^i = 1$，否则为 0。问题 (P_i^0) 中定义了二元变量 x_{kl}^i 和 f_l^i。给定当前迭代中的出售价格 π_l 和 L^b 中的需求订单，我们将承运人 i 的卖方问题表述如下。

$$\max \sum_{l \in L_i \setminus L^b} p_l^i + \sum_{l \in L_i \cap L^b} p_l^i \cdot (1 - y_l^i) + \sum_{l \in L_i \cap L^b} \pi_l \cdot y_l^i - \rho_i \cdot \sum_{k \in L_i \bigcup \{0\}} \sum_{l \in L_i \bigcup \{0\}} c_{kl}^i x_{kl}^i$$

$$(P_i^s) \quad \text{s.t.} \quad \sum_{l \in L_i \cap L_j^*} y_l^i \leqslant 1, \quad \forall j \in N \setminus \{i\}; \quad (4.14)$$

$$\sum_{k \in L_i \cup \{0\}} x_{kl}^i = 1 - y_l^i, \quad l \in L_i \cap L^b;$$

$$\sum_{k \in L_i \cup \{0\}} x_{kl}^i = 1, \quad l \in L_i \setminus L^b;$$

$$(4.2)-(4.5), \quad \forall k \in L_i \cup \{0\}, l \in L_i;$$

$$f_l^i \leqslant F \cdot (1 - y_l^i), \quad \forall l \in L_i \cap L^b;$$

$$f_l^i \leqslant F, \quad \forall l \in L_i \setminus L^b;$$

$$x_{kl}^i, \quad y_l^i \in \{0, 1\};$$

$$f_l^i \geqslant 0.$$

在上述模型中,L_j^* 是 L^b 中承运人 j 是所有出价者中最高的出价者的订单集合。由于每个出价者最多只能被分配一个订单,并且拍卖将把订单分配给最高出价者(第 4.4.4 节),向同一个最高出价者出售超过一个订单无效。因此,约束(4.14)确保卖方只能向每个最高出价者出售一个订单,这也意味着出售订单的数量不超过出价者的数量。

在 (P_i^s) 问题中,每个承运人被允许向买方出售一组订单。然而,那些没有需求的订单在当前迭代中不能被出售。在求解问题 (P_i^s) 后,承运人 i 愿意提供以下候选出售订单组合包以进行交换:

$$L_i^s := \{l \in L_i : y_l^{i,*} = 1\},$$

其中,$(y_l^{i,*})_{l \in L_i}$ 是问题 (P_i^s) 的最优解。值得注意的是,对于所有的 $l \in L_i$,如果 L_i^s 中订单的售价低于他的边际利润,则 L_i^s 可以为空集,即 $\pi_l < \Pi_i^*(L_i) - \Pi_i^*(L_i \setminus \{l\})$。订单交换的总供给可表示为 $L^s := \bigcup_{i \in N} L_i^s$。

根据支付规则(4.11)和(4.12),每个承运人通过出售订单组合包变得更好,如引理 4.2 所示。

引理 4.2 若 $L_i^s \neq \emptyset$,则 $\sum_{l \in L_i^s} \pi_l \geqslant \Pi_i^*(L_i) - \Pi_i^*(L_i \setminus L_i^s)$。

在特殊情况 $L_i^s = \{l\}$ 下,当且仅当 $\pi_l \geqslant \Pi_i^*(L_i) - \Pi_i^*(L_i \setminus \{l\})$ 时,承运人 i 才愿意出售 l。同样,一定存在另一个承运人 i' 出价 $b_l^{i'} \geqslant \Pi_i^*(L_i) - \Pi_i^*(L_i \setminus \{l\})$。这样,交换后,订单 l 被重新分配给另一个出价更高边际利润的

承运人，有效地提高了承运人的总利润。

引理 4.2 由 (P_i^s) 问题的最优解 $(y_l^{i,*})_{l \in L_i}$ 推导得到。出售任何订单的子集 $R \subset L_i^s$ 代表问题 (P_i^s) 的可行求解方案，它甚至可能比不出售的求解方案产生更少的利润，即 $\sum_{l \in R} \pi_l + \Pi_i^*(L_i \backslash R) < \Pi_i^*(L_i)$，因此，$L_i^s$ 必须整体交换。由于每个承运人只选择具有销售需求的订单，因此如果机制将承运人 i 指定为卖方，则将 L_i^s 整体交易总是可行的。如果没有被指定为卖方，则 L_i^s 中的所有订单都必须返回给承运人，类似于 Berger and Bierabeth（2010）以及 Gansterer and Hartl（2018b）。

请注意，约束条件(4.14)对于拍卖机制的成功至关重要。

备注 2 在没有约束条件(4.14)的情况下，卖方可能会提出销售包，其中多个订单拥有相同的最高出价者。在本章的拍卖机制中，销售包必须整体交换，而每个买方最多能分配到一个订单，因此，包中的某些订单必须分配给第二高出价者，后者按其出价支付。在这种情况下，出价者可能不会如实报告价格。因此，拍卖机制通过约束条件(4.14)强制要求每个销售包中的订单有不同的最高出价者。

4.4.4 匹配问题

在收到交换订单的供应包 L^s 和需求包 L^b 后，平台需要将买方/卖方的角色分配给每个承运人，并将买方的需求与卖方的供应进行匹配，匹配规则如下：

（1）每个承运人只能是卖方或买方，不能同时两者都是。

（2）对于每个卖方，必须充分交换整个销售订单组合包，并且每个销售订单只能分配给出价最高的竞标者。

（3）每个买方最多只能分配到一个订单。

（4）匹配的目标是尽可能提高系统利润。

规则(1)出于出售订单和购买订单的决策分开进行。如果违反这一规则，交换后一些承运人的利润甚至可能会减少（Chen，2016；Xu et al.，2017）。

对于每个订单 $l \in L^s$，如果 $l \in L_i^s$ 则定义 $A_l^i = 1$，否则为 0。类似地，对于每个订单 $l \in L^b$，如果 $l \in L_i^b$ 则定义 $B_l^i = 1$，否则为 0。A 和 B 分别是供应和需求的指标矩阵。

定义二元变量 w_l^i，如果承运人 i 被分配为买方且对订单 $l \in L_i^b$ 的出价被接受，则该变量等于 1，否则为 0。定义二元变量 z_i，如果承运人 i 被分配为卖方且

订单组合包 L_i^s 被选择进行交换,则该变量等于 1,否则为 0。当前迭代的匹配问题如下所述:

$$\max \sum_{l \in L^b} \sum_{i \in N} B_l^i b_l^i \cdot w_l^i - \sum_{l \in L^s} \sum_{i \in N} A_l^i \pi_l \cdot z_i$$

(MP) s.t. $B_l^i \cdot w_l^i + z_i \leqslant 1, \quad \forall l \in L^b, i \in N;$ (4.15)

$$\sum_{j \in N} B_l^j \cdot w_l^j = z_i, \quad \forall i \in N, l \in L_i^s; \quad (4.16)$$

$$w_l^j = z_i, \quad \forall j \in \underset{i' \in N}{\text{argmax}} B_l^{i'} \cdot b_l^{i'}, i \in N, l \in L_i^s; \quad (4.17)$$

$$\sum_{l \in L^b} B_l^i \cdot w_l^i \leqslant 1, \quad \forall i \in N; \quad (4.18)$$

$$\sum_{j \in N} B_l^j \cdot w_l^j = 0, \quad \forall l \in L^b \backslash L^s; \quad (4.19)$$

$$w_l^i, z_i \in \{0, 1\}.$$

约束条件(4.15)确保每个承运人只能被分配到一个角色,即匹配规则(1)。约束条件(4.16)和(4.17)对应匹配规则(2),同时约束条件(4.18)对应匹配规则(3),约束条件(4.19)确保没有供应的情况下不会交易。目标函数最大化社会福利,即交易盈余。

在匹配规则(1)至(3)下,若 L_i^s 成功交换,则必须存在 $\sum_{l \in L_i^s} \sum_{j: w_l^j = 1} b_l^j - \sum_{l \in L_i^s} \pi_l \geqslant 0$。从引理 4.2 得到 $\sum_{l \in L_i^s} \sum_{j: w_l^j = 1} [\Pi_j^*(L_i \cup \{l\}) - \Pi_i^*(L_j)] \geqslant \Pi_i^*(L_i) - \Pi_i^*(L_i \backslash L_i^s)$,即

$$\sum_{l \in L_i^s} \sum_{j: w_l^j = 1} \Pi_j^*(L_i \cup \{l\}) + \Pi_i^*(L_i \backslash L_i^s) \geqslant \sum_{l \in L_i^s} \sum_{j: w_l^j = 1} \Pi_j^*(L_j) + \Pi_i^*(L_i).$$

令 $(\widetilde{w}_l^i, \widetilde{z}_i)_{l \in L, i \in N}$ 表示(MP)问题的最优解,最优解具有以下性质:

引理 4.3 在(MP)问题的最优解中,①对于任意 $i \in N$ 且 $b_l^i < \pi_l, \widetilde{w}_l^i = 0$;②目标值为正时,系统利润增加。

从以上引理可以得到,投标人当且仅当 $b_l^i \geqslant \pi_l$ 才能获得订单 l,并且(MP)问题的目标函数具有匹配规则(4)所要求的提高系统利润的效果。

在交换过程中,每个订单 $l \in L^b$ 从各自的卖方重新分配给获胜的买方。因此,获胜买方的订单集扩大,而卖方的订单集减小。交换后,每个买方根据规则(4.11)付款,而每个卖方根据规则(4.12)收款。

定义 $\Pi_i(j)$ 为迭代 j 结束时承运人 i 的个体利润，个体利润更新为

$$\Pi_i(j) = \begin{cases} \Pi_i^*(L_i \backslash L_i^s) + \sum_{l \in L_i^s} \pi_l - \Pi_i^*(L_i) + \Pi_i(j-1), & 若 \widetilde{z}_i = 1; \\ \Pi_i^*(L_i \cup \{l\}) - \pi_l - \Pi_i^*(L_i) + \Pi_i(j-1), & 若 \widetilde{w}_l^i = 1; \\ \Pi_i(j-1), & 其他. \end{cases} \quad (4.20)$$

最初，对于所有 $i \in N$，令 $\Pi_i(0)$ 为个体优化问题中的个体最优利润。

从引理 4.1 和引理 4.2 可以进一步推断每个承运人在迭代过程中利润得到改善。

引理 4.4 对于每个承运人 $i \in N$，个体利润在迭代过程中是非递减的，即 $\Pi_i(j) \geqslant \Pi_i(j-1), \forall j \geqslant 1$。

迭代 j 结束时的单个订单集更新为

$$L_i = \begin{cases} L_i \backslash L_i^s, & 若 \widetilde{z}_i = 1; \\ L_i \cup \{l\}, & 若 \widetilde{w}_l^i = 1; \\ L_i, & 其他. \end{cases} \quad (4.21)$$

在下一次迭代中，承运人可能会根据新订单之间的协同作用继续交换订单。只要有可能提高承运人的总利润，拍卖就必须继续进行。如果在某个迭代中没有交易，那么拍卖就不能再提高利润，此时应该停止迭代。

4.4.5 迭代拍卖

算法 4.2 描述了 TL 取货送货中承运人合作的迭代拍卖。

算法 4.2 迭代拍卖

0 初始化。输入每个承运人 L_i 的订单组合包 $i \in N$。

1 竞价。给定初始集 L_i，每个承运人 i 向平台提交具有出价 b_l^i 的密封的单一订单投标包 L_i^b。总需求为 $L^b = \bigcup_{i \in N} L_i^b$。根据公式(4.10)确定销售价格 π_l。

2 出售。给定需求 L^b 和销售价格 π_l，每个承运人 i 求解卖方问题 (P_i^s)，并提交出售的候选订单组合包 L_i^s。

3 匹配。给定总供应 L^s 和总需求 L^b，平台求解（MP）匹配问题，得到最优交换方案 $(\widetilde{w}_l^i, \widetilde{z}_i)$。

4 实现交换。根据匹配的求解方案进行交换，每个买方根据规则(4.11)付款，而每个卖方根据规则(4.12)付款。更新单个订单集 L_i 为(4.21)。

5 停止准则。检查（MP）问题的最优解是否为正。如果是则转到步骤 1，否则停止。

4.5 机制分析

本小节分析了迭代拍卖的激励属性、预算平衡性、效率和收敛性。首先给出图 4.1 所示的示例来说明拍卖过程。

令 $itern$ 表示拍卖的总迭代次数。在迭代 j，将与集中式最优解的效率损失定义为 $\Delta_{\text{gap}} = 100\% \times \dfrac{\Pi_N^*(L) - \sum_{i \in N} \Pi_i(j)}{\Pi_N^*(L)}$，机制的效率为 $\Delta_{\text{eff}} = 100\% \times \dfrac{\sum_{i \in N} \Pi_i(j) - \sum_{i \in N} \Pi_i(0)}{\Pi_N^*(L) - \sum_{i \in N} \Pi_i(0)}$，平均每个承运人从合作中获益 $\Delta_{\text{bnf}} = 100\% \times \dfrac{1}{|N|} \sum_{i \in N} \dfrac{\Pi_i(j) - \Pi_i(0)}{\Pi_i(0)}$。效率 Δ_{eff} 衡量该机制获得了多少潜在的合作收益。

4.5.1 演示例子

将图 4.1 中示例的数据设置如下，可通过图中所示的坐标计算得到距离 a_{kl}。对于每一个 l，$(r_l^i)_{l \in L} = (438.75, 490.97, 443.61, 451.40, 540.56, 557.40, 497.11, 393.23, 447.53, 371.19)$ 对于 $i \in N$，收益 r_l^i 相同。运营成本效率为 $(c_i)_{i \in N} = (3.25, 2.76, 3.00)$，对于 $i \in N$，空载效率为 $\rho_i = 0.8$。最大行驶距离为 $F = 250$。

在集中式最优解中，所有订单被重新分配给承运人 2，系统最优利润为 3 357.3 元。在去中心化情况下，拍卖的迭代过程如表 4.1 所示。

表 4.1 拍卖的详细迭代过程

迭代	订单	买方	卖方	b_i^l/元	π_l/元	Π_1/元	Π_2/元	Π_3/元	Δ_{eff}/%	Δ_{bnf}/%
0	—	—	—	—	—	1 506.6	850.4	453.9	0	0
1	4	2	1	383.86	322.92	1 632.5	911.4	572.0	55.80	13.85
	5	3	1	520.94	402.87					
2	1	2	3	329.47	309.79	1 632.5	931.0	594.1	63.45	16.24
3	3	2	1	345.91	335.96	1 632.2	941.0	618.6	75.18	19.09
	7	3	1	399.37	374.90					

(续表)

迭代	订单	买方	卖方	b_i^l/元	π_l/元	Π_1/元	Π_2/元	Π_3/元	Δ_{eff}/%	Δ_{bnf}/%
4	2	2	1	312.21	267.76	1 704.4	985.4	618.6	91.05	21.76
5	—	—	—	—	—	1 704.4	985.4	618.6	91.05	21.76

(来源：Lai et al.，2017)

在每次迭代中，我们显示交换订单的 ID、各自的获胜买方和卖方、投标价格 b_i^l、销售价格 π_l、个体利润 Π_i 以及拍卖的绩效指标。拍卖在 5 次迭代后终止。单个订单集为 $L_1 = \emptyset$，$L_2 = \{1, 2, 3, 4, 6, 8, 10\}$，$L_3 = \{5, 7, 9\}$。交换后的最优路径如图 4.2 所示。用不同的灰度颜色表示不同承运商的车辆路径，分别用实线和虚线表示满载和空载的边。承运人 2 的三辆卡车除从仓库出发和返回仓库时，其余情况都载重连续移动。

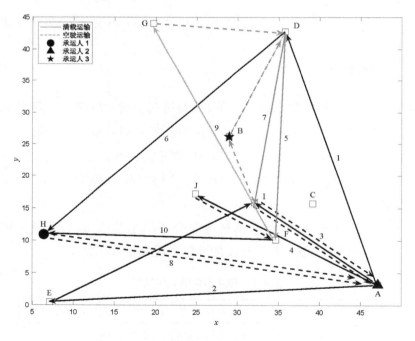

图 4.2 合作运输路径

(来源：Lai et al.，2017)

通过迭代，拍卖交换了 6 个订单，显著提高了承运人的利润。效率损失 Δ_{gap} 仅为 1.48%，效益 Δ_{eff} 高达 91.05%。承运人的平均个体效益 Δ_{bnf} 为 21.76%。显然，承运人从合作中获得了可观的收益。

4.5.2 理论分析

本章中拍卖设计的目的是提高承运人的总利润。因此,拍卖会迭代地将订单从一个边际利润低的承运人重新分配给另一个边际利润高的承运人。交换后更新每个承运人的订单集,然后在下一次迭代中重新开始拍卖,寻找新的改进。

在拍卖过程中,每个承运人 i 需要向平台提交竞标 (L_i^b, b_i^i) 和订单组合包 L_i^s。其中,每个订单 l 只有一个卖方,N_l 是为订单 l 出价的买方集合。因此,卖方不存在竞争,而买方存在竞争。由于转移支付规则和匹配规则,我们有以下激励属性。

定理 4.1 对于每个承运人 i,按照真实值出价 b_i^i 是占优策略。

因此,迭代拍卖是激励相容的。引理 4.4 意味着每个承运人的利润在迭代中是非递减的。显然,在拍卖结束时,个体利润不会低于单独承运时的利润。

定理 4.2 迭代拍卖是个体理性的。

在每次迭代中,根据转移支付规则(4.11)和(4.12),买方的付款等于每个交易订单的售价。因此,每次交换的转移支付总额总为零。

定理 4.3 迭代拍卖是预算平衡的。

从引理 4.4 可以推断,承运人的总利润是非递减的。由于利润不能无限增加,所以拍卖是收敛的。我们可以进一步证明拍卖在有限步内收敛。

定理 4.4 迭代拍卖是单调的,即承运人总利润在迭代中是非递减的,并且收敛。

拍卖的效率将通过计算系统利润改进 Δ_{impr}、效率损失 Δ_{gap} 和计算实验中的效率 Δ_{eff} 来评估。

4.5.3 机制的加速

在迭代拍卖机制中,每个承运人必须对其他承运人的所有订单进行迭代评估,并解决销售问题;然而,由于出价和销售问题都是 NP-难问题,因此对于大规模问题,该机制的实施将非常耗时。本节提出了两种基于插入启发式的加速方法。

我们首先介绍插入启发式算法。对于承运人 i,假设用于服务 L_i 中订单的现有最优路径是 $R_1, R_2, \cdots, R_k$。每条路径由一个订单序列和车库表示,例如,路径 $R = (0, l_1, \cdots, l_q, 0)$ 表示一辆从车库 D_i 驶出的卡车首先服务 l_1,其次服务 l_2,最后服务 l_q,然后返回车库 D_i。

在不破坏现有订单的顺序的前提下在路径中插入一个新的订单 $k \notin L_i$，例如，路径 R 中共有 $q+1$ 个位置点，对路径 R 中的每一个位置点计算利润增量，表示为 $v_R^{m,k}$，并计算在位置 m 处插入订单 k 的新的总行驶距离 $d_R^{m,k}$。图 4.3 展示了在路径的第一个位置插入的情况，还可以构造一条只有一个插入位置新的路径 $R_0 = \{0, k, 0\}$。

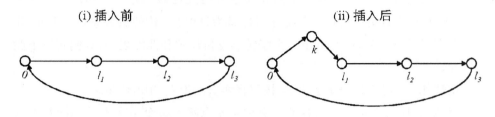

图 4.3　插入启发式案例

（来源：Lai et al.，2017）

所有的插入必须是可行的，即对于任何位置和任何路径 $R \in \{R_0, R_1, \cdots, R_k\}$，$d_R^{m,k} \leqslant F$。将承运人 i 的订单 k 的近似出价定义为

$$\widetilde{b}_i^k := \max_{(R,m)} \{v_R^{m,k} : d_R^{m,k} \leqslant F\} \tag{4.22}$$

该出价为所有可行插入中的最大利润增量。

现在介绍出价阶段的两种加速方法。在加速方法 1 中，该机制只允许每个承运人竞标不超过 $\max B$ 数量限制的订单，每个承运人根据估计值 $\widetilde{b}_i^k$ 对订单进行递减排序，然后选择前 $\max B$ 个最高的订单出价，其中投标价格为公式(4.13)。这种方法减少了每次迭代时的投标订单量，并且该机制将比算法 4.2 更快地收敛。在这种加速方法下，定理 4.1～4.2 的理论结果仍然成立。然而，由于交换的订单可能会更少，将导致效率损失更大。

在加速方法 2 中，该机制要求每个承运人竞标所有其他承运人的订单，但提交近似出价 $\widetilde{b}_i^k$。这种方法在竞标阶段大大减少了计算需求，并且该机制会比算法 4.2 更快收敛。显然，$\widetilde{b}_i^k \leqslant b_i^k$，也就是说，近似出价通常低于订单的出价，因此销售价格 π_l 会低于算法 4.2 中的销售价格。通过这种加速，卖方可能无法在较低的销售价格中增加其利润，效率损失可能会高于算法 4.2；同时，个体理性、预算平衡性和单调性仍然成立。然而，每个承运人可能不会如实报告 $\widetilde{b}_i^k$，同时也不会超过确切值 b_i^k。针对大规模实例，因为得到所有的 b_i^k 计算成本较高，因此，假设承运人如实出价 $\tilde{b}_i^k$ 是合理的。

我们将在计算实验中测试这两种加速方法。

4.6 计算实验

在先前文献中，并没有针对 TL 合作问题的标准测试数据。我们首先使用 SINTEF Applied Mathematics(2017)发布的 Li & Lim 的 LTL PDPTW 基准问题的数据集来生成 30 个大规模测试实例。每个 Li & Lim 基准实例都指定了货运订单的一对取货和送货点。然而，一些订单的取货和送货点之间的距离非常小，甚至不到 1，这不太可能为 TL。因此，在每个数据案例中，我们随机选择 100～250 个距离超过 20 的订单作为 TL 订单。

为了进一步检验显著影响我们机制性能的因素，我们还在 $[0,200] \times [0,200]$ 的平面上随机生成了 200 个规模较小的实例。任意一对节点之间的距离被设定为欧几里得距离。通过随机指定一个取货点和一个送货点来生成一组货运订单。考虑有 $|L| \in [30, 40]$ 和 $|L| \in [60, 80]$ 订单被选择，概率为 $1/2$。

对于大规模和小规模的情况，随机数量(至少 3 个)的点被选为车库，然后尽可能均匀地将订单随机分配给承运人。成本 $c_i \sim U[2.5, 3.5]$，$\rho_i = 0.8$，所有承运人的收入 r_l 相同，通过确保订单的营利性而随机生成。通过这种方式，生成不同问题规模的随机实例 $|L|$，承运人密度 $\left(\frac{|L|}{|N|}\right)$，运营成本效率差异 $\left(cv = \frac{1}{|N|} \frac{\sqrt{\sum_{i \in N}(c_i - \bar{c})^2}}{\bar{c}}, \text{其中} \bar{c} = \frac{1}{N} \sum c_i\right)$，以及行驶距离上限 F。以上四个因素在每个实例是随机选择的。

在每个实例中，我们测试了出价为 b_i^l 的精确迭代拍卖(用下标或上标 e 表示)和出价为 $\tilde{b}_i^l$ 的近似迭代拍卖(用下标或上标 a 表示)。特别地，对于大规模的实例，设置竞标数量限制 $\max B = 30$，本节还将此机制与 Li et al.(2015)的迭代拍卖进行了比较(用下标或上标 c 表示)，其中转移支付由第二高出价确定。对于每种机制 $j \in \{e, a, c\}$，我们展示了迭代次数 $itern_j$，运行时间 t_j，交换的订单数量 n_j，效率提升 $\Delta_{\text{impr}}^j := 100\% \times \frac{\sum_{i \in N} \Pi_i(j) - \sum_{i \in N} \Pi_i(0)}{\sum_{i \in N} \Pi_i(0)}$，效率损失 Δ_{gap}^j，

机制的系统效率 $\Delta_{\mathrm{eff}}^{j}$ 和个体平均成本节约 $\Delta_{\mathrm{bnf}}^{j}$。

计算实验通过一台装有 Intel(R) Core(TM) i7-4790 处理器(4核, 3.6 GHz)的台式电脑完成,所有的优化模型通过 Matlab$^{©}$(版本 R2016b)的混合整数规划求解器来求解。将在第 4.6.1 节评估拍卖机制的效率,第 4.6.2 节分析影响拍卖机制的关键因素。

4.6.1 拍卖的效率

首先,机制在大规模实例上的测试结果如表 4.2 所示。在基础数据栏中,$\Pi(0) := \sum_{i \in N} \Pi_i(0)$ 表示初始系统利润,单位是 10^4 元。由于机制的复杂性,我们没有求解集中式问题,而是简单地使用 $\Delta_{\mathrm{impr}}^{j}$ 评估机制的效率。运行时间的单位是分钟。

对于大多数大规模实例,精确拍卖(加速方法1)设置竞标数量限制 $\max B = 30$ 可以显著提高系统利润,通常超过 5%。计算时间合理,同时每个实例交换了大量订单。因此,承运人平均获得高达 5.90% 的显著合作收益。近似拍卖(加速方法2)没有设置竞标上限,产生的系统利润和个人收益的增量接近甚至高于加速方法1,通常在更少的计算时间内完成。因此,对于大规模实例,应用我们的迭代拍卖与加速方法2效率更高。无论是有竞标数量限制的精确拍卖还是近似拍卖,在效率和个人收益方面都比对比机制表现更好,这是因为在对比机制下只有少量订单可以交换。其次,本小节使用 95% 置信水平的统计箱线图检验机制在小规模实例上的性能,在这些小规模实例中,精确拍卖没有设置竞标数量限制 $\max B$,求解了集中式问题。图 4.4 比较了三种机制的效率损失和有效性,图 4.5 比较了交换订单的数量和个体平均成本节约值。显然,没有竞标数量限制 $\max B$ 时,精确拍卖在效率和个人收益方面都优于其他两种拍卖。效率损失 $\Delta_{\mathrm{gap}}^{e}$ 的平均值和标准差分别为 2.93% 和 1.04%,系统效率 $\Delta_{\mathrm{eff}}^{e}$ 的平均值和标准差分别为 67.06% 和 12.90%,个体收益 $\Delta_{\mathrm{bnf}}^{e}$ 的平均值和标准差分别为 7.21% 和 2.61%。另一方面,如图 4.6 所示,精确拍卖通常需要更多的迭代次数,并且比其他两种拍卖需要更多的计算时间,这是因为精确拍卖的出价阶段占据了大部分计算时间。

值得注意的是,尽管近似拍卖不如没有竞标数量限制的精确拍卖效率高,但与对比机制相比,在相似的计算下仍能获得更多的潜在收益,损失与精确拍卖相比并不显著。

表 4.2 大规模实例结果

ID	基础数据					精确拍卖				近似拍卖				对比机制			
	$|N|$	$|L|$	cv	F	$\Pi(O)$ $(10^4 元)$	$iter_e$	n_e	Δ^e_{impr} /%	Δ^e_{bnf} /%	$iter_a$	n_a	Δ^a_{impr} /%	Δ^a_{bnf} /%	$iter_c$	n_c	Δ^c_{impr} /%	Δ^c_{bnf} /%
LR121	12	145	0.06	0.73	11.74	9.43	39	3.8	3.88	4.37	23	2.28	7.54	1.77	5	0.81	0.66
LR122	11	142	0.06	0.72	11.35	10.42	25	2.76	2.63	9.31	16	1.6	3.23	3.69	5	0.71	0.59
LR123	6	121	0.04	0.66	8.82	10.93	8	1.29	1.12	3.87	3	0.52	0.43	1.88	1	0.14	0.1
LR124	6	108	0.09	0.66	5.63	10.62	10	20.81	36.23	9.68	8	1.33	1.53	2.34	2	19.5	34.8
LR125	13	127	0.09	0.73	11.69	4.51	60	6.23	6.16	0.19	68	6.11	6.18	0.46	7	0.44	0.42
LR221	11	137	0.06	0.64	8.02	9.13	52	7.05	6.94	10.53	16	2.43	2.48	6.63	24	3.08	3.1
LR222	9	108	0.1	0.54	8.15	7	29	4.23	4.38	2.25	10	2.09	2.49	2.44	14	2.09	1.88
LR223	12	145	0.06	0.78	11.71	9.11	51	5.63	6.03	5.87	17	2.25	4.43	4.95	13	2.58	2.26
LR224	11	142	0.06	0.77	11.21	9.91	36	4.32	4.6	5.08	16	1.71	2.36	0.95	3	0.25	0.16
LR225	12	145	0.06	0.75	10.59	9.09	38	4.24	7.74	4.24	18	1.81	6.89	2.06	14	1.75	3.14
LRC221	11	142	0.06	0.68	11.1	9.71	34	3.75	3.77	10.35	37	2.57	2.8	1.34	3	0.32	0.3
LRC222	9	121	0.04	0.72	6.94	10.82	23	4.23	7.16	9.32	18	2.19	5.35	6.71	11	2.16	5.94
LRC223	10	147	0.05	0.67	9.42	9.23	20	3.09	3.94	9.92	18	2.78	4.46	6.28	11	3.21	3.21
LRC224	15	134	0.04	0.7	7.53	3.98	66	11.2	10.87	1.1	47	6.35	6.15	0.4	6	1.77	1.6
LRC225	12	145	0.06	0.75	10.59	9.09	38	4.24	7.74	4.24	18	1.81	6.89	2.06	14	1.75	3.14
LRC221	11	142	0.06	0.68	11.1	9.71	34	3.75	3.77	10.35	37	2.57	2.8	1.34	3	0.32	0.3
LRC222	9	121	0.04	0.72	6.94	10.82	23	4.23	7.16	9.32	18	2.19	5.35	6.71	11	2.16	5.94
LRC223	10	147	0.05	0.67	9.42	9.23	20	3.09	3.94	9.92	18	2.78	4.46	6.28	11	2.16	3.21

(续表)

ID	基础数据					精确拍卖				近似拍卖				对比机制			
	$\|N\|$	$\|L\|$	cv	F	$\Pi(O)$ (10^4元)	$iter_e$	n_e	Δ^e_{impr}/%	Δ^e_{bnf}/%	$iter_a$	n_a	Δ^a_{impr}/%	Δ^a_{bnf}/%	$iter_c$	n_c	Δ^c_{impr}/%	Δ^c_{bnf}/%
LRC224	15	134	0.04	0.7	7.53	3.98	66	11.2	10.87	1.1	47	6.35	6.15	0.4	6	1.77	1.6
LRC225	11	103	0.1	0.65	7.89	6.72	31	8.41	7.88	2.89	18	3.51	3.98	1.63	17	3.93	3.46
LR141	18	234	0.12	0.94	22.29	9.36	36	3.04	3.02	9.19	27	1.77	1.77	9.09	16	0.83	0.79
LR142	19	204	0.05	0.87	17.45	9.1	62	5.98	5.65	6.97	55	4.27	4.22	2.91	26	1.66	1.67
LR143	16	237	0.06	0.93	22.92	11.19	24	1.37	1.4	9.11	19	1.3	1.28	6.47	10	0.65	0.67
LR144	19	227	0.1	0.96	19.32	8.52	64	4.67	4.59	2.43	78	5.01	5.02	1.94	20	1.41	1.4
LR145	17	237	0.12	0.94	23.21	10.77	35	2.42	2.46	9.57	23	1.56	1.61	5.41	19	0.89	0.87
LR241	16	208	0.11	0.92	23.86	9.05	41	3.93	3.83	9.1	23	1.35	1.3	8.21	22	2.21	2.08
LR242	19	245	0.06	1.06	24.55	9.16	55	4.3	3.9	9.79	36	2.24	2.01	5.9	12	1.29	1.28
LR243	16	208	0.11	0.94	21.69	9.06	36	3.97	4.04	10.46	25	2.37	2.36	2.64	4	0.51	0.45
LR244	24	232	0.1	0.93	24.65	5.91	90	7.37	7.37	3.34	54	3.9	4.52	1.56	16	2.14	2.08
LR245	24	245	0.06	0.97	19.95	6.34	81	7.21	6.83	1.95	28	2.6	2.62	4.12	31	3.02	3.53
LRC241	19	204	0.05	0.97	18.34	10.05	54	6.42	6.03	6.17	43	4.52	4.43	3.13	13	2.19	2.2
LRC242	16	237	0.06	0.99	23.31	9.27	24	2.26	2.1	10	20	1.56	1.47	9.34	14	0.77	0.75
LRC243	16	237	0.06	0.96	23.31	11.68	23	2.02	1.97	9.61	18	1.28	1.21	5.05	6	0.73	0.7
LRC244	24	245	0.06	0.99	22.29	9.28	71	6.49	6.22	5.07	45	4.14	4.36	5.11	21	2.66	2.9
LRC245	19	204	0.05	0.96	19.1	9.65	54	5.16	4.39	6.16	30	3.29	3.02	4.35	13	1.34	1.16

(来源：Lai et al.,2017)

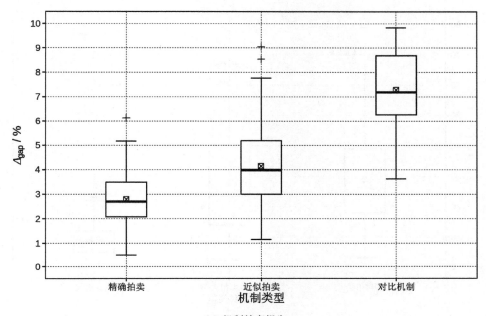

(a) 机制效率损失

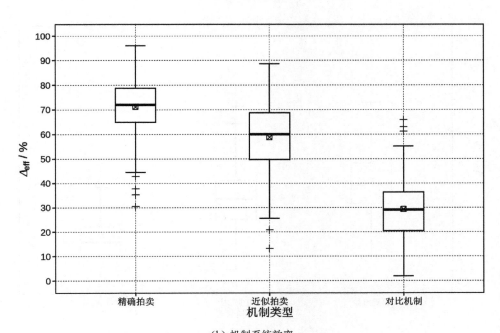

(b) 机制系统效率

图 4.4　不同机制的效率对比

（来源：Lai et al.，2017）

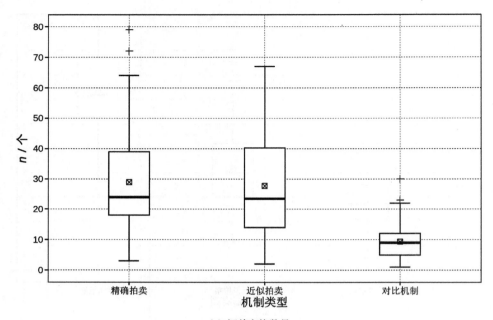

(a) 订单交换数量

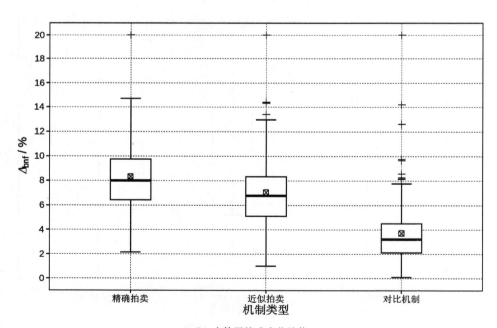

(b) 个体平均成本节约值

图 4.5　不同机制的合作收益对比

(来源：Lai et al., 2017)

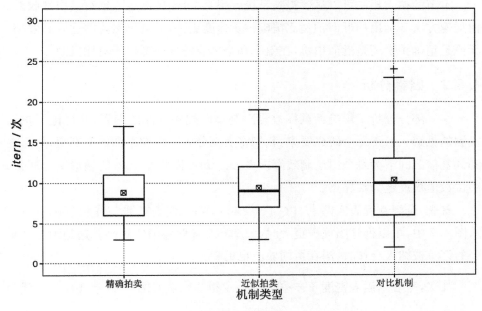

(a) 算法迭代次数

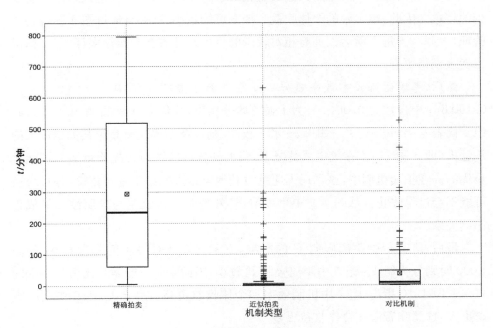

(b) 算法运行时间

图 4.6　不同机制的计算复杂性对比

（来源：Lai et al.，2017）

本节的拍卖机制可以显著提高系统效率,为参与的承运人创造实质性收益。由加速方法 2 给出的近似拍卖比精确拍卖速度更快,并且仍然能够达到高效率。无论是精确拍卖还是近似拍卖,在效率和个体收益方面都优于对比机制。

4.6.2 因素分析

这一部分分析了影响无竞标数量限制精确拍卖性能的因素,并讨论了拍卖机制的见解。对于每个研究要素,我们将实例分为高级别组和低级别组,然后在 95% 置信区间下为每个组绘制效率损失 Δ_{gap}^e 和个体收益 Δ_{bnf}^e 的箱形图。通常,中位数值被设定为临界点。

首先,令组 0 代表实例 $|L| \in [30, 40]$,组 1 代表实例 $|L| \in [60, 80]$。从图 4.7 中,可以得到当规模更大时,效率和个体收益通常更高。这是因为当更多的订单被纳入合作时,潜在协同效应也更高。

其次,考虑承运人密度 $\frac{|L|}{|N|}$ 的影响,令组 0 代表实例 $\frac{|L|}{|N|} < 10$,组 1 代表另一种实例。在组 1 中,承运人的数量相对于组 0 较少,每个承运人只需交换较少的订单。因此,组 1 中的个体收益和提升可能较小,这一点通过图 4.8 得到了验证。因此,当每个承运人拥有相对较少的订单并且需要交换较多订单时,精确拍卖表现得更好。

然后,考虑运营成本效率差异 cv,在所有小规模实例中 $cv \in [0.0017, 0.1608]$,中位数为 0.0649。为了显著区分实例,令组 0 代表实例 $cv \leqslant 0.05$,组 1 代表实例 $cv > 0.1$。如果 cv 水平较高,则存在效率显著高于其他承运人的承运人(即 c_i 较低)。在集中式情况下,将大部分订单重新分配给承运人可能是最优的。在拍卖机制中,该承运人愿意对其他承运人的订单进行竞价,并且交换可能不会过早停止。从图 4.9 中可以看出,效率和个体收益与异质性水平成正比例关系。

最后,研究行驶距离限制 F 的影响,$F < 1000$ 时将实例分为组 0,$F \geqslant 1000$ 时则分为组 1。组 0 中距离限制 F 较小,因此卡车只能满足比组 1 更少的订单。图 4.10 指出,组 0 中机制效率和个体收益更高。直觉上,组 0 中空驶距离更大,这意味着潜在合作收益更多。

综上所述,当系统中订单较多,每个承运人的订单较少,运营成本效率差异较高,行驶距离限制较小时,精确拍卖表现得更好。在这些情况下,潜在的合作收益更高,精确拍卖有效地实现了大部分收益。

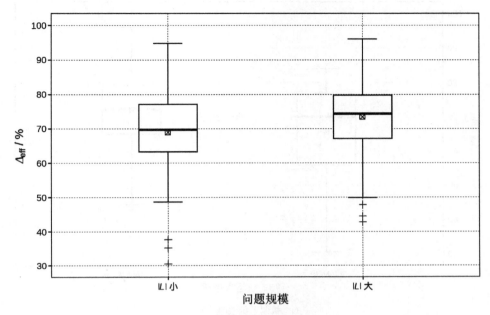

(a) 机制系统效率分析

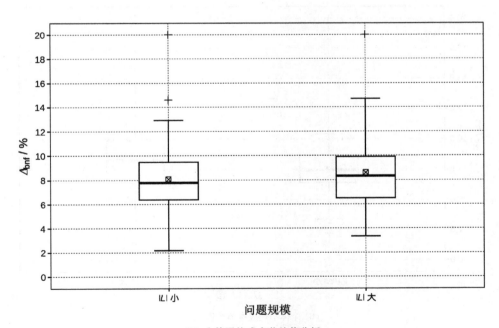

(b) 个体平均成本节约值分析

图 4.7 不同问题规模对机制效率的影响

(来源：Lai et al., 2017)

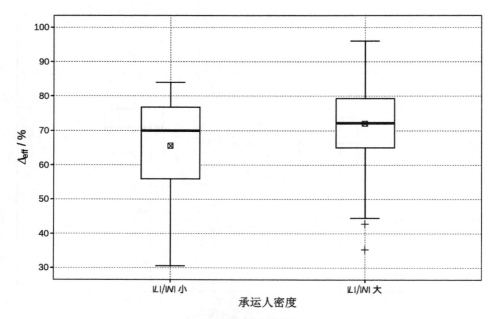

(a) 机制系统效率分析

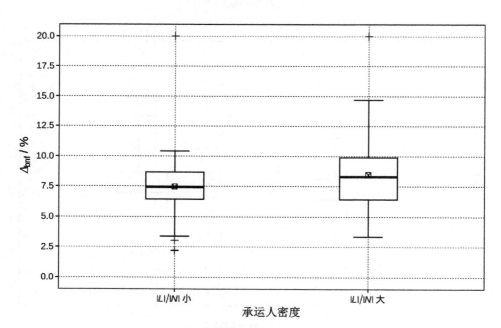

(b) 个体平均成本节约值分析

图 4.8　承运人密度 $\left|\dfrac{L}{N}\right|$ 对机制效率的影响

(来源：Lai et al., 2017)

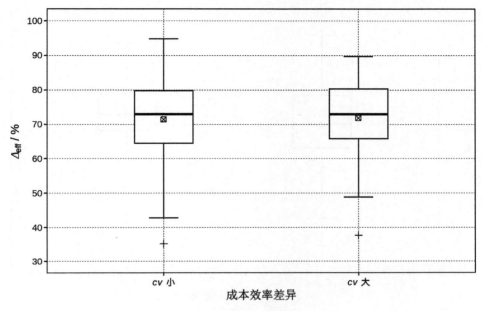

(a) 机制系统效率分析

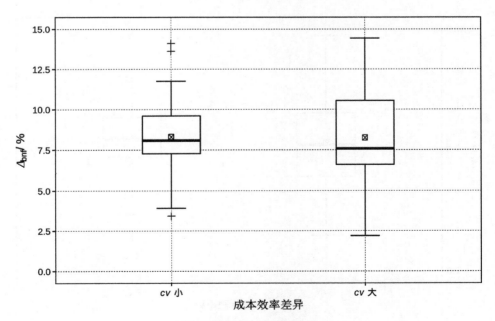

(b) 个体平均成本节约值分析

图 4.9　成本异质性对系统效率的影响

(来源：Lai et al.，2017)

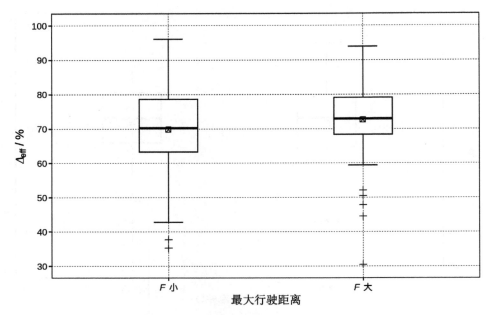

(a) 机制系统效率分析

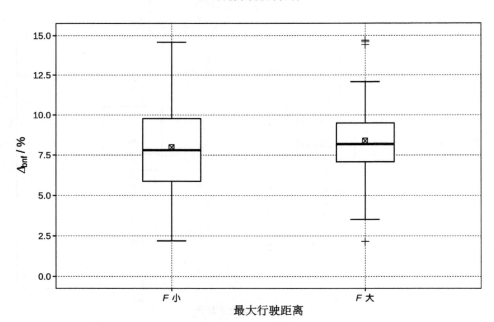

(b) 个体平均成本节约值分析

图 4.10　最大行驶距离 F 对机制效率的影响

(来源：Lai et al., 2017)

4.7 扩展

本部分将讨论将基本机制扩展到更一般的以及存在交易成本的情况,并指出拍卖机制的主要变化。

4.7.1 附加约束

本小节展示了如何将基本机制框架与 TL 合作问题的附加约束相结合,以卡车数量有限、存在时间窗口约束和自保留订单为例。

假设每个承运人 i 拥有的卡车数量有限,表示为 K_i,并且只能用自己的卡车运送订单。每个承运人具有表示为 L_i^O 的预留订单组合包,作为对客户的承诺,这些订单必须由承运人自己履行,不具有可交换性。承运人 i 的可交换订单组合包为 $L_i^E := L_i \backslash L_i^O$。然后在合作中,只有可交换的订单是所有承运人的公开信息(Berger and Bierwirth, 2010; Li et al., 2015; Chen, 2016; Xu et al., 2017),每个承运人的保留订单集都是私有信息。此外,正如 Gronalt et al. (2003) 所述,每个 TL 订单 l 存在最早取货时间 T_l^P、最晚送货时间 T_l^D、服务时间 T_l^S、取货点 o_l 的装货时间、边 (o_l, d_l) 的路径时长以及送货点 d_l 的卸货时间。假设所有卡车的行驶速度都是常数 γ,则订单 k 和 l 之间的运输时间为 $T_{kl} := \dfrac{a_{kl}}{\gamma}$。

为简化问题,假设卡车可以在时间窗开始前到达某个地点,但必须等到时间窗开始才能进行服务(Ropke and Pisinger, 2006)。最初,对于每个承运人来说,使用自己的卡车服务 L_i 中的所有订单是可行的,$\Pi_i(0)$ 是有意义的。

我们现在首先将三个约束条件建模到问题 (P_i^0) 中,车队容量约束表示为

$$\sum_{l \in L_i} x_{0l}^i \leqslant K_i \tag{4.23}$$

定义 t_l^i 为承运人 i 的卡车对订单 l 的交付时间,时间窗约束如下:

$$t_0^i = 0; \tag{4.24}$$

$$t_k^i + T_{kl} + T_l^S - M(1 - x_{kl}^i) \leqslant t_l^i, \quad \forall k \in L_i \cup \{0\}, l \in L_i; \tag{4.25}$$

$$T_l^P + T_l^S \leqslant t_l^i \leqslant T_l^D, \quad \forall l \in L_i; \tag{4.26}$$

其中公式(4.24)设定了卡车从仓库出发的时间，公式(4.25)强化了连续服务订单之间的时间优先关系，公式(4.26)表示服务订单 l 的可行时间。

接下来将约束条件(4.23)~(4.26)添加到 (P_i^0) 问题中。考虑买方的问题，每个买方只能在 $\bigcup_{j\neq i} L_j^E$ 中出价一个订单。因此，在卖方问题中 $L_i \cap L^b \subseteq L_i^E$，将约束条件(4.23)—(4.26)添加到 (P_i^s) 问题中，而对于订单 $l \in L_i \cap L^b$ 将(4.26)修改为

$$(T_l^P + T_l^S) \cdot (1 - y_l^i) \leqslant t_l^i \leqslant T_l^D \cdot (1 - y_l^i), \quad \forall l \in L_i \cap L^b.$$

上述约束只影响个体优化，即买方和卖方的优化问题，转移支付规则、出价规则以及机制的匹配规则不需要任何改变，所有的理论结果都是成立的。然而，存在这些额外约束后，潜在的合作利益会受到限制。鉴于本章研究重点为机制如何提高系统利润，因此没有在基本模型中包含这些约束。

4.7.2 交易成本

在实践中，平台可能会对交易收取佣金，手续费可以看作交换的交易成本。假设对于每个成功交换的订单，平台都会收取 η_l，买方支付 π_l 给卖方，然后卖方支付佣金 η_l 给平台。为解决此合作问题，进行了以下细微更改。

首先，在卖方 (P_i^s) 问题中，出售订单 l 的净收入变成 $\pi_l - \eta_l$，因此，卖方以 $\pi_l - \eta_l$ 来确定 L_i^s 中包含哪些订单。其次，在匹配问题中，将目标函数修改为

$$\max \sum_{l \in L^b} \sum_{i \in N} B_l^i b_l^i \cdot w_l^i - \sum_{l \in L^s} \sum_{i \in N} A_l^i \pi_l \cdot z_i + \sum_{l \in L^s} \sum_{i \in N} A_l^i \eta_l \cdot z_i$$

也就是说，社会福利还包括平台的总佣金费用。

显然，买卖双方之间的转移支付规则和分配规则并没有改变，仍然是出价最高者胜出。因此，除拍卖弱预算平衡 $\sum_{l \in L} \sum_{i \in N} t_l^i \leqslant 0$ 外，之前的理论结果在新问题中仍然成立。但是，由于交易成本，此时 $\pi_l - \eta_l < \pi_l$，因此供应量减少，匹配率可能降低，并且效率损失可能变大。

请注意，佣金的最优定价问题不在研究范围之内。由于供应取决于 η_l 且定价是非线性整数规划问题，很难计算出最优的 η_l。

4.8 扩展模型

对于大规模运输网络，计算确切的出价非常耗时，因为买方出价问题 (P_i^{eval})

是 NP - 难问题,并且出价的数量很大。除大规模的特性外,协同物流的优化模型通常由于普遍存在的非凸成本和组合结构而是 NP - 难问题。因此,精确算法往往因为太慢而变得不可行,并且基于精确最优设计的机制也不适用。因此,基于本章提出的迭代拍卖机制,本节根据插入启发式算法设计了两种加速的近似方法以出价,求解各个子问题,并使用大规模实例进行计算实验,表明本节的机制优于现有机制。

4.8.1 买方出价问题

采用双索引公式对单个承运人的取送问题进行建模,具体参考 4.3 节。

如果不参与合作,承运人 i 必须使用自己的卡车交付所有货运订单 $l \in L_i$,订单 k 和订单 l 间的行程时间为 $T_{kl} := \dfrac{a_{kl}}{\gamma}$。承运人 i 的个体优化问题表示为 P_i^{eval},公式如下:

$$\Pi_i^*(L_i) = \max \sum_{l \in L_i} p_l^i - \rho_i \cdot \sum_{k \in L_i \cup \{0\}} \sum_{l \in L_i \cup \{0\}} c_{kl}^i x_{kl}^i$$

$$(P_i^{\text{eval}}) \quad \text{s. t.} \quad \sum_{k \in L_i \cup \{0\}} x_{kl}^i = 1, \quad \forall l \in L_i; \tag{4.27}$$

$$\sum_{k \in L_i \cup \{0\}} x_{kl}^i - \sum_{k \in L_i \cup \{0\}} x_{lk}^i = 0, \quad \forall l \in L_i \cup \{0\}; \tag{4.28}$$

$$f_0^i = 0; \tag{4.29}$$

$$f_k^i + a_{kl} + a_{(o_l, d_l)} - M \cdot (1 - x_{kl}^i) \leqslant f_l^i, \quad \forall k \in L_i \cup \{0\}, l \in L_i; \tag{4.30}$$

$$f_l^i + a_{l0} - M \cdot (1 - x_{l0}^i) \leqslant F, \quad \forall l \in L_i; \tag{4.31}$$

$$f_l^i \leqslant F, \quad \forall l \in L_i; \tag{4.32}$$

$$t_0^i = 0; \tag{4.33}$$

$$t_k^i + T_{kl} + T_l^S - M(1 - x_{kl}^i) \leqslant t_l^i, \quad \forall k \in L_i \cup \{0\}, l \in L_i; \tag{4.34}$$

$$T_l^P + T_l^S \leqslant t_l^i \leqslant T_l^D, \quad \forall l \in L_i; \tag{4.35}$$

$$x_{kl}^i \in \{0,1\}, \quad \forall k, l \in L_i \bigcup \{0\}; \tag{4.36}$$

$$f_l^i, t_l^i \geqslant 0, \quad \forall l \in L_i.$$

在上述模型中，M 是一个足够大的正数。约束条件(4.27)要求每个订单都必须得到满足。约束(4.28)为每个订单和仓库施加平衡条件，这意味着如果卡车进入订单的取货点，则它必须从该订单的送货点离开。约束(4.29)—(4.32)追踪每辆卡车的行驶距离，其中足够大的正数 M 用来保持可行性，总行驶距离不能超过 F。约束(4.30)意味着子回路消除条件(Ropke and Pisinger，2006；Li et al.，2015)，因此每辆卡车的路径必须从车库开始并在车库结束。约束(4.33)规定了卡车从仓库出发的时间，约束(4.34)强制了连续服务订单之间的时间优先关系，约束(4.35)规定了服务请求 l 的可行时间，约束(4.36)施加了变量 x_{kl}^i 的完整性。

在迭代拍卖机制中，每个承运人必须对其他承运人的所有订单进行迭代评估，并解决销售问题。然而，由于出价和销售问题都是 NP-难问题，因此对于大规模问题，该机制的实施将非常耗时。因此提出了两种基于插入启发式的加速方法。

在加速方法 1 中，机制只允许每个承运人竞标不超过 $\max B$ 数量限制的订单；每个承运人根据近似价格 $\tilde{b}_i^k$ 对订单进行排名，然后选择前 $\max B$ 最高价值的订单进行出价，其中出价价格仍然按照公式(4.2)计算。

在加速方法 2 中，机制要求每个承运人对其他承运人的订单进行出价，但提交近似价格 $\tilde{b}_i^k$。这种方法大大减少了出价阶段的计算需求。显然，我们有 $\tilde{b}_i^k \leqslant b_i^k$，也就是说，估计的出价价格通常低于订单的实际价值，因此价格 π_l 会降低。近似效果将在计算上进行检验。

值得注意的是，近似问题（P_i^{eval}）和出售问题（P_i^{sell}）为混合整数规划问题，机制的主要计算负担来自求解这些（P_i^{eval}）和（P_i^{sell}）NP-难问题。与此同时，由于约束条件的结构，(**MP**) 问题可以由商业整数规划求解器（如 Matlab 和 Cplex）快速求解。已为出价预估问题提出了两种加速方法，而（P_i^{sell}）问题只需通过混合整数规划算法近似求解。

在分配和支付规则下，每个承运人（无论是作为买方还是卖方）在迭代过程中的交换后都会变得更好。证明了迭代机制是 DSIC（占优策略激励相容）、IR（个体合理性）、BB（预算平衡）、有限收敛的，并且系统利润在迭代过程中是单调不减的。当使用近似价格 $\tilde{b}_i^k$ 出价时，承运人可能不会真实地报告 $\tilde{b}_i^k$，同时也不

会超过确切值 b_i^k。然而，对于大规模实例，可以合理地假设承运人会真实地按照 $\tilde{b}_i^k$ 出价，因为计算所有出价 b_i^k 的计算成本非常高。

因此，迭代机制成功地将寻找系统性改进的搜索分解为分布式的个体计算任务，这大大减轻了大规模网络中集中模型的计算困难。

4.8.2 卖方问题

定义二进制变量 y_l^i，如果订单 $l \in L_i \cap L^b$ 被选择为出售，则该二进制变量 $y_l^i = 1$，否则为 0。问题（P_i^{eval}）中定义了二元变量 x_{kl}^i 和 f_l^i。给定当前迭代中的出售价格 π_l 和 L^b 中的需求订单，我们将承运人 i 的卖方问题表述如下：

$$\max \sum_{l \in L_i \setminus L^b} p_l^i + \sum_{l \in L_i \cap L^b} p_l^i \cdot (1 - y_l^i) + \sum_{l \in L_i \cap L^b} \pi_l \cdot y_l^i - \rho_i \cdot \sum_{k \in L_i \cup \{0\}} \sum_{l \in L_i \cup \{0\}} c_{kl}^i x_{kl}^i$$

$$(P_i^{\text{sell}}) \quad \text{s.t.} \quad \sum_{l \in L_i \cap L_j^*} y_l^i \leqslant 1, \quad \forall j \in N \setminus \{i\}; \tag{4.37}$$

$$\sum_{k \in L_i \cup \{0\}} x_{kl}^i = 1 - y_l^i, \quad l \in L_i \cap L^b;$$

$$\sum_{k \in L_i \cup \{0\}} x_{kl}^i = 1, \quad l \in L_i \setminus L^b;$$

$$(4.28)\text{—}(4.35), \quad \forall k \in L_i \cup \{0\}, l \in L_i;$$

$$f_l^i \leqslant F \cdot (1 - y_l^i), \quad \forall l \in L_i \cap L^b; \tag{4.38}$$

$$(T_l^P + T_l^S) \cdot (1 - y_l^i) \leqslant t_l^i \leqslant T_l^D (1 - y_l^i), \quad \forall l \in L_i \cap L^b; \tag{4.39}$$

$$x_{kl}^i, \quad y_l^i \in \{0, 1\};$$

$$f_l^i, t_l^i \geqslant 0.$$

在上述模型中，L_j^* 是 L^b 中的订单集，其中承运人 j 是所有出价者中最高的出价者。由于每个出价者最多只能被分配一个订单，并且拍卖将把订单分配给最高出价者，向同一个最高出价者出售多个订单是徒劳的。因此，约束（4.37）确保卖方只能向每个最高竞标者出售一个请求，并且出售的请求数量不超过竞标者的数量。约束（4.38）~（4.39）规定，如果订单 l 被出售，则该订单未被实现,因此 $f_l^i = t_l^i = 0$。

问题（P_i^{eval}）只需近似求解。显然,不进行销售（即对于所有 $l \in L_i : y_l^i = 0$）是（P_i^{sell}）问题的一个可行解。因此,任何近似最优解 y_l^{i*} 都可以通过销售提高承运人 i 的利润。

请求交换机制、匹配问题及迭代拍卖机制的完整算法详见本章第一节。

4.8.3 计算实验

本节使用了 SINTEF Applied Mathematics（2017）发布的 Li & Lim 的 LTL PDPTW 基准问题数据集来生成 25 个大规模测试实例。Li & Lim 基准的每个实例都指定了货运订单的一对提货和交货点。然而,一些订单的起点和终点之间的距离非常小,甚至小于 1,这不太可能是整车运输。因此,在每个数据案例中,移除了距离小于 5 的订单,并选择剩余的订单作为整车订单。

对于每个实例,随机选择了一些节点作为仓库,然后将订单尽可能均匀地随机分配给承运人,生成了成本 $c_i \sim U[2.5, 3.0]$ 且 $\rho_i = 0.8$。所有承运人的收入 r_l 是相同的,这通过确保订单的盈利性而随机生成的。通过这种方式,我们生成了不同问题规模 $|L|$、承运人密度（$|L|/|N|$）、异质性运营成本（$cv = \sqrt{\sum_{i \in N}(c_i - \bar{c})^2}(|N| \times \bar{c})$,其中 $\bar{c} = c_i/|N|$）和行驶距离限制（F）的随机实例。这四个因素的水平是为每个实例随机选择的。因为 Li & Lim 的基准问题中的距离数据不是真实的,度量也不明确,因此随机选择行驶距离限制 F。选择了较小的限制在 [600, 1 000] 范围内的代表在拥挤的城市地区的行驶,以及一个较大的限制在 [1 000, 1 500] 范围的代表在郊区的行驶。为了简化,在所有实验中都没有考虑订单的时间窗要求。

在每个实例中,我们测试了（受限的）精确迭代拍卖（用下标/上标 e 表示）,其中出价为 b_i^l,以及近似迭代拍卖（用下标/上标 a 表示）,其中出价为 $\tilde{b}_i^l$。对于精确和近似拍卖,我们分别设置 $\max B$ 和 $\max H$ 作为竞标数量限制。我们将我们的机制与 Li et al.（2015）的机制（用下标/上标 c 表示）进行了比较,这是框架算法 1 的一个例子。

记录计算时间 t_m（单位：分钟）、迭代次数 $itern_m$、交换订单的数量 n_m、效率提升 $\Delta_{\text{impr}}^m := 100\% \times \left(\sum_{i \in N} \Pi_i(m) - \sum_{i \in N} \Pi_i(0)\right) \left(\sum_{i \in N} \Pi_i(0)\right)$ 以及个体平均成本节约值 $\Delta_{\text{bnf}}^m := 100\% \times \left(\sum_{i \in N} \Pi_i(m) - \sum_{i \in N} \Pi_i(0)\right) (|N| \times \Pi_i(0)]$,其中 $\Pi_i(m)$ 是对于每个机制 $m \in \{e, a, c\}$ 承运人 i 在机制 m 结束时的个体利润。由于复杂

性显著,本小节没有求解集中问题,而是简单地使用 Δ_{impr}^m 来评估机制的效率。

计算研究基于一台搭载 Intel(R) Core(TM) i7-4790 处理器(4 核,3.6 GHz)的台式电脑。所有的优化模型通过调用 CPLEX(版本 12.7)混合整数规划求解器来近似求解,求解器的最大分支节点数设置为 3 000。检查求解器计算出的解决方案的可行性,每当违反可行性时,在当前迭代中移除相应承运人的出价和出售。计算实验表明,不可行的情况很少发生,节点数设置为 3 000 足够。

4.8.4 参数选择

本节通过对 Li & Lim 的小规模和中规模实例进行测试,评估了精确机制和近似机制 $\max B$ 和 $\max H$ 的选择,考虑了 $\max B \in \{30, 50\}$ 以及 $\max H \in \{100, 200\}$。实验一共选择 30 个实例,我们比较了每种机制 m 在两种选择下的平均运行时间 t_m、效率提升 Δ_{impr}^m 和个体平均成本节约值 Δ_{bnf}^m。图 4.11 和图 4.12 中的箱线图清楚地表明,当设置更高的竞标数量限制时,两种机制通常都能产生更高的成本节约和个体收益,但这以增加计算时间为代价。

若增加的计算时间可以接受,建议使用较大的竞标数量限制,即 $\max B = 50$ 和 $\max H = 200$。

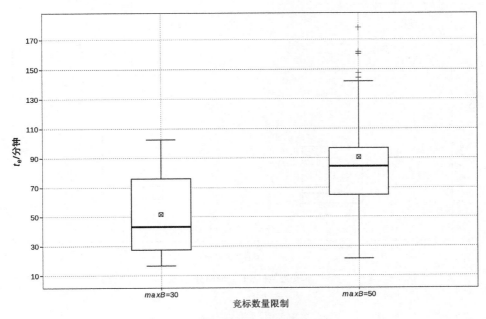

(a) 精确拍卖运行时间分析

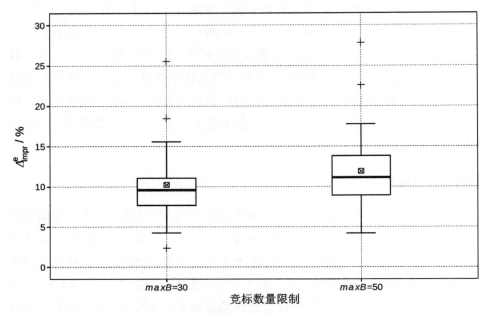

(b) 精确拍卖有效性分析

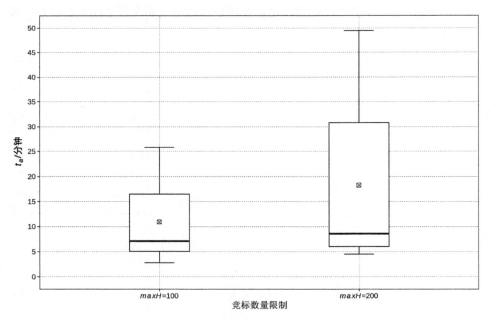

(c) 近似拍卖运行时间分析

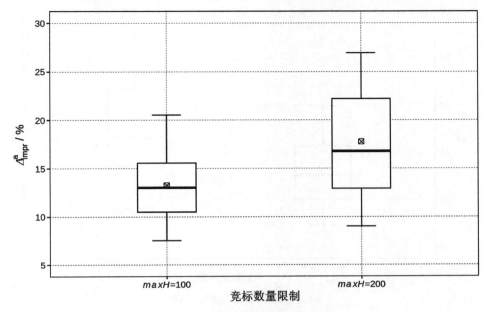

(d) 近似拍卖有效性分析

图 4.11　竞标数量限制对机制效率的敏感性分析

(来源：Lai et al.，2019b)

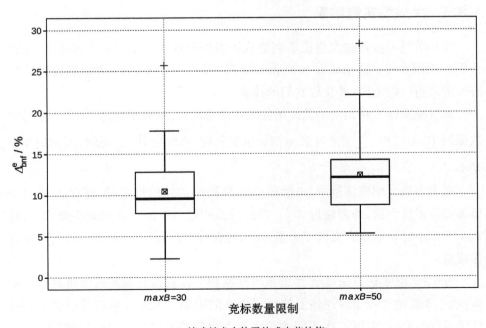

(a) 精确拍卖个体平均成本节约值

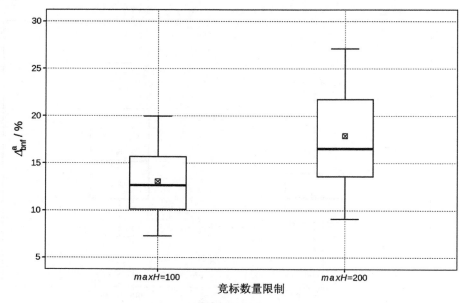

(b) 近似拍卖个体平均成本节约值

图 4.12　竞标数量限制对不同拍卖机制的个体收益影响

(来源：Lai et al.，2019b)

4.8.5　大规模实例结果

本小节进一步通过大规模实例检验机制的有效性。正如第 4.8.4 节，实验分别为机制 e 和 a 设 $\max B=50$ 和 $\max H=200$。此外，为三种机制设置了 90 分钟的运行时间上限，并比较它们的性能。

大规模实例中机制的检验结果如表 4.3 所示，订单数量高达 1 000。在基本数据列中，$\Pi(0):=\sum_{i\in N}\Pi_i(0)$ 表示初始系统利润，单位为 10^4 元，运行时间的单位是小时。

在大多数大规模实例中，出价有 $\max B$ 限制的精确拍卖(加速方法 1)可以显著提高系统利润，通常超过 3%。经过一系列近似后的计算时间是合理的，通常少于 5 小时。承运人交换了大量订单，并获得了高达平均 5.56% 的实质性合作收益。

近似拍卖(加速方法 2)产生的系统利润和个体效益的提高远远超过精确拍卖，这主要是由于在出价评估上使用了更大的限制。承运人可以通过交换大量订单，其中一项订单可能在不同的买卖双方之间交换多次，平均获得超过 10% 的合作收益。然而，计算时间仅比受限的精确拍卖略长。

表 4.3 大规模实例结果

ID	基础数据					精确拍卖				近似拍卖				对比机制			
	$|N|$	$|L|$	cv	F	$\Pi(O)$ $(10^4$ 元$)$	$iter_e$	n_e	$\Delta^e_{impr}/\%$	$\Delta^e_{bnf}/\%$	$iter_a$	n_a	$\Delta^a_{impr}/\%$	$\Delta^a_{bnf}/\%$	$iter_c$	n_c	$\Delta^c_{impr}/\%$	$\Delta^c_{bnf}/\%$
LC265	30	570	0.01	659	31.19	10	71	6.81	6.86	86	749	25.68	25.44	101	65	4.73	3.06
LC2610	30	556	0.01	689	33.72	13	95	7.76	7.99	92	767	24.2	24.06	174	99	3.07	3.26
LR1610	30	568	0.01	848	38.92	11	96	5.61	5.71	80	633	21.49	21.57	112	67	3.41	3.01
LRC165	31	486	0.03	810	30.28	12	115	7.02	7.36	111	715	26.94	25.37	212	116	2.83	3.32
LC181	17	438	0.01	884	34.73	6	26	2.43	2.38	87	523	19.25	18.36	110	58	1.31	1.92
LC185	32	468	0.01	1 004	40.65	13	122	7.25	8.84	106	903	26.49	25.75	263	136	1.64	3.77
LC1810	21	540	0.04	1 019	46.68	9	60	4.97	4.73	66	520	15.79	15.44	90	53	2.04	2.06
LC281	25	744	0.01	834	57.19	6	42	3.02	3.04	52	496	12.35	12.26	36	27	2.44	2.47
LC1101	31	586	0.03	1 350	70.96	9	76	4.14	4.17	122	1 081	22.16	21.94	230	119	1.13	3.06
LC1105	42	616	0.01	1 333	74.23	7	74	4.63	4.51	116	1 386	28.17	27.85	189	108	3.56	4.45
LC11010	24	712	0.03	1 307	89.91	6	49	3.58	3.62	91	768	24.99	24.98	39	39	3.98	2.42
LC2101	34	944	0.01	1 161	93.51	4	41	2.5	2.44	72	870	15.16	15.23	29	29	3.16	3.43
LC2105	64	950	0.01	1 212	89.3	5	75	3.8	3.55	76	1 012	19.25	18.39	25	25	2.66	6.79
LC21010	56	944	0.01	1 150	90.27	6	80	6.6	6.79	79	1 177	24.98	25.17	39	39	5.82	5.89
LR1101	59	936	0.01	1 422	102.52	4	67	3.68	3.75	82	1 089	24.4	23.73	34	34	3.13	6.11

(来源: Lai et al., 2019b)

在相同的计算时间限制下,精确拍卖和近似拍卖在效率和个体收益方面都优于对比机制。对比精确拍卖和近似拍卖,我们得到的结论为,对于大规模运输网络的合作,使用具有足够高出价评估限制的近似拍卖更为合适。

4.9 结论

本章研究了整车提送货的承运人合作问题。为减少空驶里程,承运人可以通过利用协同效应交换他们的订单。考虑到集中式问题通常是 NP-难问题,且承运人拥有私有信息,本章提出了一个易于计算的迭代拍卖机制以促进合作。每个承运人可以依次决定购买和出售的订单。拍卖机制为每个承运人最优地分配买方和卖方的角色,并匹配供应和需求。我们证明了拍卖是激励相容的、个体理性的、预算平衡的、单调的,并且是有限收敛的。广泛的计算实验表明,拍卖可以显著提高承运人的总利润,每个承运人都从合作中获得了实质性的收益。对于大规模问题,基于插入启发式算法开发了两种加速方法,还将拍卖扩展到更一般的问题,考虑了额外的约束和交易成本。

本章针对取货送货中承运人合作提出的迭代拍卖机制可总结为以下特点:

(1) 首先,本研究提出的拍卖机制易于计算,并为拍卖过程的出价引入灵活性。此拍卖机制承运人无需如 Xu et al. (2016) 般对出售或购买订单组合包进行指数级评估,从而减少了计算工作量。此外,拍卖不限制每个承运人一次只能对一个运输订单进行出价,这通常会过早地停止并导致高效率损失(Li et al., 2012)。相反,每个承运人被允许对多个订单出价,并提出捆绑出售,以实现需求与供应的高匹配率、低效率损失。此外,拍卖机制将承运人的购买和出售决策划分开,因此不存在卖方方面的竞争,只存在买方方面的竞争,出价过程被简化,并保证每个供应有需求。

(2) 其次,此拍卖机制被证明是激励相容、个体理性的和预算平衡的。除此之外,拍卖可以单调地增加承运人的总利润,并在有限的步骤内收敛,这通过理论证明和计算实验得到了说明。小规模实例的计算结果表明,拍卖可以获得大部分潜在的合作收益,效率损失平均为 2.93%,个体利润平均增加 7.21%。

(3) 最后,本研究展示了针对大规模问题的拍卖可以通过基于插入启发式的两种方法加速;此外,拍卖可以扩展到更一般的问题设置(包括额外的约束和交易成本),模型只需进行较小改动,而理论结果仍然成立。

基于计算结果和理论分析,为实际使用机制提供了以下管理启示。首先,对于大规模实例,最好应用迭代拍卖与加速方法 2,它通常可以在快速的时间内实现高效率。其次,当系统中有更多的货运订单、每个承运人拥有少量订单、运营成本异质、行驶距离限制较低时,潜在的合作利益通常会很高,精确拍卖可以有效获得大部分利益。最后,如果平台为交换订单收取佣金费用,供应可能会减少,此时拍卖机制可能会产生较少的效率改进。

第 5 章　零担货运网络协同集货运输机制

本章以托运人联盟的形式研究协同集货运输问题,该联盟由第三方数字化物流提供商(3PL)通过转运仓/集货仓运输网络运营。3PL 负责在实际装运之前规划联合装载,雇用和安排承运人执行装运工作,并将成本分配给联盟中的各托运人。托运人可以从整车运输中节省大量成本。然而,实现集货运输模式并获得效益需要解决两个基本问题:(1)如何在包含许多货物订单的大型运输网络中找到近似最优的集货运输方案;(2)如何确定激励托运人进行集货运输合作的公平成本分配规则,并确保预算平衡,同时最大限度地降低对联盟稳定性的破坏。针对这两个问题,本章在零担货运费率的增量式折扣和全量式折扣两种成本结构下建立该问题的时空网络流模型,并基于迭代局部搜索提出了一种高效启发式算法。本章进一步应用合作博弈理论对托运人成本分配问题进行建模,通过全模性和凹性来分解和线性化优化模型的拉格朗日对偶问题,并从线性化对偶模型中提出了一种可高效计算的成本分配规则。对偶规则确保了合作的稳定性,但可能存在分配不足即对偶缺口。为了弥补分配不足,进一步开发了预算覆盖程序并定义了具有理想性质的 ϵ-核近似公平分配规则。通过大量的计算实验,我们发现托运人联盟在大多数情况下通过合作能带来 40%以上的总运输成本节约;同时,对于小型网络,ϵ-核分配通常在核内,而对于大型网络,其稳定性最高可达 5%,平均可为单个托运人产生 50%以上的成本节约。

5.1　引言

在零担货运(LTL)中,运输成本背后的一个核心原则是,每单位运输成本会随着数量的增加而下降。在先进技术(如物联网、云计算、机器人和自动化)的支持下,托运人之间通过建立合作伙伴关系来降低货运成本已成为物流行业的发展趋势。C. H. Robinson（2016）总结了五种常见的零担运输托运人合作形式，从最容易到最难实施排序分别为——模式优化、聚合、多站点式整车运输、集中配送和托运人联盟（Shipper Consortium）。本书研究托运人联盟这一合作形式。

根据 C. H. Robinson（2016）可知，在一个托运人联盟中，几家公司合作将他们的货物组合成更大的货物，并尽可能从零担货运转为整车货运（TL）模式，以降低处理时间和运输成本。正如 Creemers et al.（2017）在案例研究中指出的，托运人联盟与传统零担货运的不同之处在于，托运人甚至可以通过重新安排其个别货物的时间来主动同步装运，并且在实际运输之前计划合并装载。时间上的灵活性可以节省更多潜在成本。对于那些拥有重叠线路和交货时间窗口的小型货物并同意作为长期战略的一部分加入联盟的公司而言，这尤其有利（Creemers et al.，2017）。这些通常是重量在 2 000～5 000 磅（1 磅≈0.45 千克）之间的常规零担货运货物，或者很多是最低收费货物（即小于 500 磅）。

由于实施的复杂性，最常见的托运人联盟是由运营转运仓/集货仓运输网络的第三方数字化物流平台（Third-party Logistic，3PL）提供商组织实施（Robinson，2014）。3PL 负责雇用和安排承运人、跟踪运费、处理运费账单支付和审计，并将成本分配给联盟中的托运人。通常，货物可能首先被发送到转运仓，与其他货物合并成一个 TL 货物，从转运仓运输到另一个集货仓进行拆分，最后通过 LTL 运送到各自目的地。这些小型货物因此可以绕过相对昂贵的长途 LTL 网络。

一些领先的物流供应商已经建立了托运人联盟计划。一个突出的例子是 CT Logistics 的 TranSaver 计划。CT Logistics 可以汇集并安排所有托运人的出仓和入仓货物，从而获得和较大托运人一样的公路和航空货运价格优势。TranSaver 分别为州际和州内货运提供了高达 58% 和 56% 的成本节约，在过去 30 年中为托运人节省了 20 多亿美元（CT Logistics，2017）。另一个例子是自 2003 年以来由 CaseStack 运营的零售整合计划。通过与领先的零售商密切合作，CaseStack 通过整合中心网络或转运仓来整合供应商每周的 LTL 采购订单，并向供应商提供成比例的整车定价，而不是昂贵的 LTL 费率。参与的供应商在满足零售商交货时间窗口的同时，比预付 LTL 节省了 15%～50% 的成本（CaseStack，2015）。

尽管一些托运人联盟几十年来运作良好，但事实证明托运人联盟的运作非常具有挑战性，许多其他联盟已经解散。C. H. Robinson（2016）指出，除非每个参与者都全力以赴并愿意将托运人联盟作为长期战略的一部分，不然成员可能会对托运人的贡献、定价以及成本分配产生分歧。托运人联盟的有效合作需要解决这些重要的实际问题。

本章研究由3PL组织的托运人联盟运营优化和公平成本分配问题。具体而言,考虑以下合作进程:

(1) 一组托运人加入由3PL协调和实施的托运人联盟。

(2) 根据托运人在给定时期(例如一年)内的货运需求估计,3PL代表托运人提前和承运人协商更好的LTL费率以及TL费率。

(3) 3PL预先指定了若干时间段(例如,三到五天或一周)作为计划周期。在每个计划期开始时,联盟中的托运人将他们的货物信息提交给3PL,这些货物必须在计划期结束时完成交付。

(4) 3PL最优地选择一部分提交的货物通过转运仓/集货仓运输网络,计划网络中的货物整合,以最大限度地节省总运输成本。

(5) 3PL雇佣承运人交付整合的货物,并根据既定合同向托运人收取运输费用;然后,3PL根据一定的分配规则将总成本分配给每个货物。考虑两种LTL成本结构,即增量式折扣和全量式折扣。

本章内容结构如下:在5.2节回顾LTL协同物流和网络流合作博弈的相关文献;在5.3节正式定义协同集货运输的集中式优化问题;在5.4节解决集中式优化问题及其拉格朗日对偶问题;在5.5节应用合作博弈研究托运人合作问题;在5.6节报告计算数值实验结果;在5.7节总结本章的结果、对管理托运人联盟的算法的重要见解以及一些未来研究建议。

这一研究成果发表于 Lai et al.(2022)。所有理论结果的证明参见论文 Lai et al.(2022)。

5.2 文献综述

协同物流变得越来越重要,相关文献在过去十年中也急剧增长。最近的调查广泛回顾了协同物流理论和实践的最新进展(Guajardo and Rönnqvist, 2016; Gansterer and Hartl, 2018a; Cleophas et al., 2019; Pan et al., 2019; Ferrell et al., 2019; Gansterer and Hartl, 2020),总结研究进展和差距。Cleophas et al.(2019)回顾了合作博弈成本分配方法并将其分为两类:基于成熟概念的传统方法,例如Shapley值、核仁(Nucleolus)、比例规则(Proportional rule)和对偶规则(Dual rule);依赖于问题背景的特定方法,例如核(Core)和 ϵ-核。这些文献评述都是最新的,因此我们仅调查与本研究最相关的托运人 LTL 合作和带容量约束的网络流博弈问题,并强调文献中的成本分配方法。

5.2.1 托运人合作

大多数文献都研究承运人的合作,而很少考虑托运人的合作(Gansterer and Hartl, 2020)。然而,早期关于基本车辆路径博弈和其变体问题的研究也是与之相关的,其中核心问题是在所服务的客户之间分配联合成本。Göthe-Lundgren et al. (1996)和 Göthe-Lundgren et al. (2004)考虑了车辆路径博弈中成本分配的核、核仁和沙普利值。Özener et al. (2013)扩展了他们的博弈模型并提出了确定性库存路径博弈,开发了基于比例规则、基于路径和基于对偶的 ϵ-核规则,用于成本分配。Osicka et al. (2020)提出了一种合作选址-路径博弈并研究了几种变体,在小规模随机算例上测试了成本分配的 Shapley 值、核仁和字典序平均法(Lexicographic Equal Profit Method)等。

后期关于托运人合作研究了更一般的 LTL 运输问题。我们首先回顾集中式优化研究,然后回顾成本分配博弈研究。Chabot et al. (2018)研究多站点式整车或捆绑运输合作的规划,其中托运人同步其货物以共享一条线路。Arslan et al. (2020)提出了托运人的合作战略网络设计问题,其中边上的流量成本具有增量式折扣结构。这可能是第一个关于集货运输问题的集中式优化研究,但是他们只研究了集中规划的优化算法。

由于托运人合作问题具有复杂的非凸成本结构,相关的合作博弈通常具有空核。因此,文献通常使用传统的分配方法,如 Shapley 值和比例规则,这可能会进一步限制联盟的规模。在托运人协同捆绑运输的成本分配问题中:Vanovermeire et al. (2014)和 Vanovermeire and Sörensen (2014a)都只使用了 Shapley 值;同时,在两个托运人联盟的特殊情况下,Vanovermeire and Sörensen (2014b) 比较了 Shapley 值、核仁和等价收费方法,Tinoco, et al. (2017) 则比较了三种比例规则。基于具有相同散货目的地的托运人易腐 LTL 货运合作博弈,Nguyen et al. (2014) 研究了基于体积的比例规则。类似地,Ramaekers et al. (2017) 研究了多式联运驳船运输中的集货合作博弈,选择比例规则、Shapley 值和等利润方法进行成本分配。Yilmaz and Savasaneril (2012) 是开发特定方法的一个例外,它构建了一个线性程序来找仅满足预算平衡和个人理性条件的分配。

由于通常核是空的，一方面，一些文献研究联盟结构或联盟形成（Kaewpuang et al.，2017；Guajardo et al.，2018）；另一方面，只有少数研究将激励机制设计方法应用于托运人合作问题。针对具有一个集运中心和共同目的地的集货运输系统，Zhang et al.（2018）为托运人成本共享问题设计了一种说真话的 Moulin 机制，近似保证预算平衡。

Gansterer and Hartl（2020）指出，绝大多数研究并未为合作运输提供新思路，而是应用了成熟的分配方法（主要是 Shapley 值）。然而，任何沙普利类型或核仁类型的成本分配都将非常耗时（Özener and Ergun，2008），并且沙普利值可能不稳定（Shapley，1971）或不满足个体理性（Vanovermeire and Sörensen，2014b）。我们通过开发基于易于计算的拉格朗日对偶 ϵ -核分配来为这一领域做出贡献，该方法与 Özener et al.（2013）使用集合划分/覆盖模型的线性松弛方法形成鲜明对比。他们的模型需要生成足够多的路径，然而这对于大规模问题来说并不容易。此外，托运人协同捆绑运输问题与本研究的集货运输问题显著不同，其中 LTL 货物通过多站点式整车运输整合，不需要任何中间转移。

5.2.2　带容量约束的网络流博弈

在带容量约束的网络流合作博弈（Capacitated Network Flow Games，CNFG）中，参与者集中并共享自己的资源。根据容量的类型，该类文献可分为基于节点的博弈和基于边的博弈。

基于节点的 CNFG 问题通常在网络通信的背景下开展研究，其中参与者在节点处提供其通信能力以跨网络广播内容。当联盟价值由凸优化问题给定，Markakis and Saberi（2005）证明核是非空的。在更一般的非凸情况下，Altan and Özener（2019）通过使用源于线性规划松弛模型的基于对偶和划分的规则开发 ϵ -核分配规则。

在基于边的 CNFG 问题中，参与者通过交换网络边上的容量进行合作来提高利润。Agarwal and Ergun（2008）提出了服务网络联盟的线性多商品流动博弈，表明对偶规则和逆向优化的容量交换机制都在核内。在班轮航运联盟中，由于运力收费固定，核心通常是空的，因此 Agarwal and Ergun（2010）限制性地假设航线固定，并采用逆优化技术设计运力交换机制。Zheng et al.（2015）将他们的机制扩展到更实用的班轮运输协同中。以航空货运联盟为例，在控制行为有限和线性成本结构条件下，Houghtalen et al.（2011）同样应用逆向优化方法定义了在核内的容量交换机制。

CNFG 问题和我们的合作博弈本质上是不同的。参与 CNFG 的动机是汇集共享容量。我们的问题显然不是这种情况,其中容量是外生的,激励主要来自 TL 费率的成本节约。此外,Altan and Özener (2019) 中基于节点 CNFG 的 ϵ-核分配是通过放大对偶规则推导出来的,并且需要生成足够多的划分集合,而忽略了个体理性和参与者对系统的实际贡献;基于边 CNFG 的容量交换机制需要限制参与者的行为。在我们的问题中,参与是完全自愿的,没有任何限制。因此,这些分配方法都不适用于我们的问题。

5.3 协同集货运输问题

小写字母表示标量,如 x;粗体小写字母表示向量,如 $\boldsymbol{x}$;大写字母表示矩阵,例如 A;花体大写字母表示集合,如 $\mathcal{A}$。另外,$x^+ := \max\{x, 0\}$,$x^- := \min\{x, 0\}$。

我们研究给定 T 单位时间计划范围内的合作问题。为了便于建模,假设时间离散为 $1, 2, \cdots, T$。每个时间段的长度可以是一天或若干个小时,这取决于所需的运营计划粒度。

令 $\mathcal{N}$ 表示由 3PL 组织、多个托运人构成的集货运输联盟。在计划期内托运人提交的 LTL 货物订单集用 $\mathcal{S}$ 表示。每个货物 $s \in \mathcal{S}$ 信息包含起点 o_s、目的地 d_s、重量 w_s(单位:磅)、可用时间 t_s^o 和截止时间 t_s^d。3PL 只选择一部分货物订单进入转运仓/集货仓(Cross-docking/Pooling,CD-PL)运输网络来最大化节省总运输成本,因为通过集货运输所有 LTL 货物可能并不经济。如果 s 没有被选入网络,其单独直接运输的成本为 R_s。

3PL 计划尽可能通过 CD-PL 网络将 LTL 货物整合为 TL 货物。下面,我们首先介绍运输网络(5.3.1 节)和货运成本(5.3.2 节),然后将运输网络扩展为时空网络(5.3.3 节),最后定义集中式模型(5.3.4 节)。

5.3.1 运输网络

CD-PL 网络通常具有枢型辐射型结构。我们遵循 Caleres (2007) 和 iGPS (2019) 的建议来定义这个运输网络。转运仓充当配送中心,在这里入库货物被转移到进一步配送。集货仓通常靠近客户目的地,充当这些客户货物的拆分中心。在这个网络中,每个目的地地点通常由唯一的集货仓提供服务,而每个起点则可能被分配给多个转运仓。

用有向图 $(\mathcal{V},\mathcal{A})$ 表示 CD-PL 网络,其中 $\mathcal{V}$ 是节点集合,$\mathcal{A}$ 是连接节点的边集合。节点集合 $\mathcal{V}$ 包含货物的起点和终点、转运仓和集货仓。集合 $\mathcal{A}$ 包括以下有向边:(1) (o_s, v_c) 连接每个起点 o_s 及其分配的转运仓 v_c,(v_p, d_s) 连接唯一分配的集货仓 v_p 与对应的目的地节点 d_s;(2) (v_c, v_p) 连接每对存在潜在流的转运仓 v_c 和集货仓 v_p;(3) 如果从起点发送流到集货仓是经济的,则构造连接边 (o_s, v_p)。类型(1)称为本地边,而类型(2)和(3)称为集货边。每条边 e 对应一个行程时间 a_e,包括在途运输时间和装卸时间。

根据 Caleres(2007)和 Robinson(2014),由 3PL 组织的集货运输流程可以描述如下。货物订单如果被选入,首先利用入库车辆将其送到转运仓卸货,然后与其他待处理货物订单整合重新装载到出库车辆上等待进一步分配,以便在可能的情况下构成 TL 货物。随后将出库货物运往集货仓,在集货仓按目的地对整合的货物进行拆分和分类,然后重新装载到本地卡车上,通过 LTL 进行最终交付。如果同一起点运往同一集货仓服务区域内的货物足够多,则可以立即通过 TL 将货物运送到集货仓,然后进行拆分并利用 LTL 实现最终交付。显然,每个货物的路线最多可以访问一个转运仓或集货仓。

图 5.1 是运输网络的一个小实例,其中有六个货物、两个转运仓和两个集货

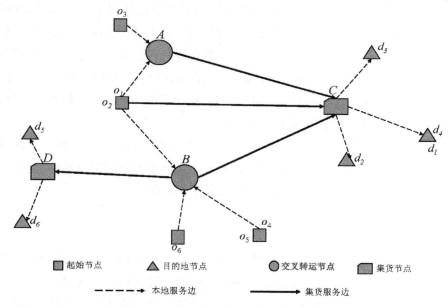

图 5.1　CD-PL 运输网络实例

(来源:Lai et al.,2022)

仓。一些货物共享相同的起点或目的地。在集货运输场景中,货物 s_1 和 s_2 可以发送到转运仓 A 与 s_3 合并,或者它们可以一起直接运往集货仓 C。

网络 $(\mathcal{V}, \mathcal{A})$ 中每一个货物的整个路线可能分成三段(即从始发地到转运仓、从转运仓到集货仓的长途运输、从集货仓到目的地)或两段(即从起点到集货仓的长途运输以及从集货仓到目的地的配送)。所有运输环节均由 3PL 代表托运人委托承运人提供服务。在实践中,这三个部分通常会由不同的承运人来完成交付,且这些承运人可以在各自的当地市场提供有竞争力的运费。

尽管订单拆分会进一步节约成本,但我们不允许这样做,因为这样会导致跟踪和管理上不必要的困难(Li et al.,2012),并且这在 LTL 行业并不常见。

假设 5.1 托运人可以将货物留在起始地等待延迟提货,也允许迟于截止时间交货,但延迟交货会产生罚款。所有货物的交付不可拆分。

相比之下,转运仓和集货仓从不持有库存。入库货物直接从入库码头移到出库码头,无需入库和拣货,同步发货以实现快速中转。

5.3.2 货运成本

只有少数货物会在本地边上整合,因此本地边上采用 LTL 运输模式。另外,集货边上的传输方式一般要求为 TL(Robinson,2014),否则运营转运仓/集货仓基础设施将不经济。

对于集货边 e, U_e 表示该边上运输车辆的容量,即卡车的最大载重;每个 TL 的运输成本是统一费率 f_e。

对于每条本地边 e,运输成本函数是 LTL 费率。我们考虑两种成本结构,即增量式折扣和(修改的)全量式折扣。两者在文献中都有很好的记载(Russell and Krajewski,1992;Diaby and Martel,1993;Croxton et al.,2003)。

假设 5.2:

(a) 在增量式折扣情况下,对于每条本地边 e,运输成本依赖于总流量 x,由函数 $c_e(x)$ 给出:

$$c_e(x) = r_e^l x + b_e^l, \quad 若 Q_e^{l-1} \leqslant x < Q_e^l 且 1 \leqslant l \leqslant K, \quad (5.1)$$

其中 $1 \leqslant l \leqslant K$ 是一个分段式 LTL 费率,$r_e^1 \geqslant r_e^2 \geqslant \cdots \geqslant r_e^k \geqslant 0$,$0 = Q_e^0 \leqslant Q_e^1 \leqslant \cdots \leqslant Q_e^k$,$b_e^1 = 0$,且当 $l \geqslant 2$ 时,$b_e^l = \sum_{k=1}^{l-1}(r_e^k - r_e^{k+1})Q_e^k$。等效地,成本函数满足分段线性凹性:

$$c_e(x) = \min_{1 \leqslant l \leqslant K} \{r_e^l x + b_e^l\}, \quad \forall x \geqslant 0. \tag{5.2}$$

(b) 在全量式折扣情况下，对于每条本地边 e，运输成本依赖于总流量 x，由函数 $c_e(x)$ 给出：

$$c_e(x) = \begin{cases} 0, & \text{若 } x=0; \\ r_e^l x + b_e^l, & \text{若 } Q_{l-1} < x \leqslant Q_l, 1 \leqslant l \leqslant K. \end{cases} \tag{5.3}$$

其中，$1 \leqslant l \leqslant K$ 是一个分段 LTL 费率，K 是一个偶数，且 $0=Q_0<Q_1<\cdots<Q_{K-1}<Q_K$。斜率和截距满足：对于递增段（$k$ 是奇数），$r_e^2 > r_e^4 > \cdots > r_e^K > 0$，$b_e^2 = b_e^4 = \cdots = b_e^K = 0$；对于平坦段（$k$ 是偶数），$r_e^1 = r_e^3 = \cdots = r_e^{K-1} = 0$，$0 < b_e^1 < b_e^3 < \cdots < b_e^{K-1}$；$b_e^1$ 是最低收费率。Q_l 是递增段 $l+1$ 的断点，$l=1,3,\cdots,K-1$；Q_l 是连续递增段 l 和 $l+2$ 之间的无差异点，$l=2,4,\cdots,K-2$。

根据定义，$c_e(x)$ 是一个连续单调非减的函数。图 5.2 给出了两种 LTL 费率结构示例。对于大多数承运人而言，TL 货运量通常在 20 000 到 45 000 磅之间，而 LTL 货运通常小于 20 000 磅（Lojistic，2019；Unishippers Global Logistics，2019）。然后，我们在前两种成本结构中设置 $Q_e^K = 20\,000$ 和 $Q_K = 20\,000$。此外，托运人的支付成本函数 $c_e(x)$ 仅取决于他们自己在边上的货物量。这意味着承运人是否将非会员托运人的货物与他们的货物混合在一起并不重要，这是实际 LTL 定价的标准。

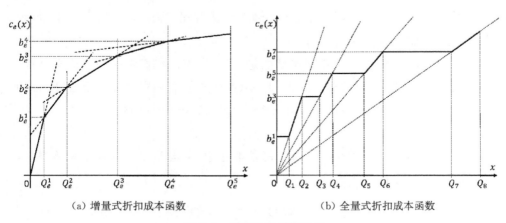

(a) 增量式折扣成本函数　　　　(b) 全量式折扣成本函数

图 5.2　运输成本函数示例

（来源：Lai et al.，2022）

此外，同步发货也不是免费的。我们将 h_s 设置为订单 s 等待提货每单位时间每磅的持有成本，并将 u_s 设置为订单 s 延迟交付每单位时间每磅的惩罚成本。

5.3.3 时空网络

为了对不同出发时间的货物进行建模,我们构建了一个时空网络 $(\overline{\mathcal{V}}, \overline{\mathcal{A}})$,顶点集 $\overline{\mathcal{V}}$ 包括 (v,t),其中 $v \in V, t \in \{1,2,\cdots,T\}$。如果边 $e=(v_1,v_2)$ 位于物理运输网络 $(\mathcal{V}, \mathcal{A})$ 且满足 $t_2=\min\{1 \leqslant t \leqslant T: t \geqslant t_1+a_e\}$,那么边 (v_1, t_1) 和边 (v_2, t_2) 由一个有向服务边连接。每个边 $[(v_1,t_1),(v_2,t_2)]$ 表示在周期 t_1 末从 v_1 出发,且在周期 t_2 末之前到达 v_2。对于每一个货物 s,(o_s, t_s^o) 是货物的源顶点;对所有 $t \geqslant t_s^o$,用一个有向的等待边连接 (o_s, t) 和 $(o_s, t+1)$,表示订单 s 在原点停留一段时间;添加虚拟顶点 $\hat{d}_s$ 作为订单 s 的汇顶点,并用有向交付边连接每个 (d_s, t) 与 $\hat{d}_s$,表示订单 s 在周期 t 内交付,其中 $t \geqslant t_s^o + 1$。最后添加一个从 (o_s, t_s^o) 到 $\hat{d}_s$ 的有向虚拟边,表示直接运输。对于每个 $s \in S$,在时空网络中我们只构建从源起点 (o_s, t_s^o) 到接收点 $\hat{d}_s$ 可行路径上的边。在图 5.3 中,我们展示图 5.1 中货物 $s_1 = (o_1, d_1, 1, 5, w_1)$ 对应顶点和边的构造。

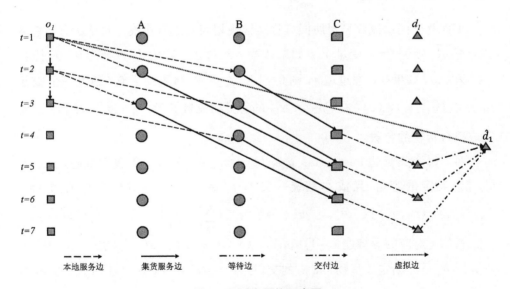

图 5.3 时空网络示意图

(来源:Lai et al.,2022)

令 $\overline{\mathcal{A}}_{\text{service}}$、$\overline{\mathcal{A}}_{\text{ground}}$、$\overline{\mathcal{A}}_{\text{delivery}}$ 和 $\overline{\mathcal{A}}_{\text{dummy}}$ 分别表示时空网络中的服务边、等待边、交付边和虚拟边的集合,$\overline{\mathcal{A}} = \overline{\mathcal{A}}_{\text{service}} \cup \overline{\mathcal{A}}_{\text{ground}} \cup \overline{\mathcal{A}}_{\text{delivery}} \cup \overline{\mathcal{A}}_{\text{dummy}}$。时空网络是一个有向无环图。令 $I(v)$ 和 $O(v)$ 分别表示扩展网络中顶点 v 的入边和出

边集合。服务边根据对应的物理边类型进一步分类,分别用 $\overline{\mathcal{A}}^C_{\text{service}}$ 表示集货边集合,用 $\overline{\mathcal{A}}^L_{\text{service}}$ 表示本地边集合。

在这个问题中,货物 s 的可行交付路径是时空网络从 (o_s, t^o_s) 到 $\hat{d}_s$ 的路径。假设每个货物都有一条可行的交付路径。引入虚拟顶点 $\hat{d}_s$ 只是为了方便表示交付路径,使货物 s 的所有路径具有相同的"最终目的地"。通过网络流量平衡条件表示可行路径也变得更容易。Farvolden and Powell (1994) 也使用了同样的结构。

通常,在每个周期 t 中,集货边 $e = (v_1, v_2)$ 上至多会建立一个 TL。然而,在某些情况下,可以在时间段 t 内构建多个 TL,并构建必要数量连接 (v_1, t) 和 (v_2, t') 的平行边。然后,同一时间段内在物理边 e 上调度多个 TL,在每条平行边上用单个 TL 流表示。从现在开始,通过分析每个集货边的潜在流量,我们假设在时空网络中已经构建了所有必要的平行边。

5.3.4 集中式模型

下面基于网络流模型对协同集货运输规划问题进行建模。对于所有 $s \in \mathcal{S}$ 和 $e \in \overline{\mathcal{A}}$,定义 0-1 变量 x^s_e,如果货物 s 经过边 e 则为 1,否则为 0。对任意 $e \in \overline{\mathcal{A}}^C_{\text{service}}$,如果 TL 通过边 e,则 0-1 变量 y_e 为 1,否则为 0。通过一个服务边 $e = [(v_1, t_1), (v_2, t_2)] \in \overline{\mathcal{A}}_{\text{service}}$ 的总货物流量等于 $\sum_{s \in \mathcal{S}} w_s x^s_e$,表示承运人完成整合货物的负载。

对于每个集货边 $e = [(v_1, t_1), (v_2, t_2)] \in \overline{\mathcal{A}}^C_{\text{service}}$,负载不得超过 $U_e := U_{(v_1, v_2)}$ 给定的容量,且成本是统一费率 $f_e := f_{(v_1, v_2)}$。对每个本地边 $e = [(v_1, t_1), (v_2, t_2)] \in \overline{\mathcal{A}}^L_{\text{service}}$,成本函数为 $c_e(\sum_{s \in \mathcal{S}} w_s x^s_e) := c_{(v_1, v_2)}(\sum_{s \in \mathcal{S}} w_s x^s_e)$。货物 s 对应的等待边 $e = [(o_s, t), (o_s, t+1)] \in \overline{\mathcal{A}}_{\text{ground}}$ 的成本由等待成本 $h^s_e = h_s \cdot w_s$ 给定。货物 s 对应的交付边 $e = [(d_s, t), \hat{d}_s] \in \overline{\mathcal{A}}_{\text{delivery}}$ 的成本由延迟成本 $u^s_e = u_s \cdot (t - t^d_s)^+ \cdot w_s$ 给定。虚拟边 $[(o_s, t^o_s), \hat{d}_s]$ 的成本由直接运输成本 R_s 给定。所有的运输成本、等待成本和延迟成本都由托运人自己支付。

目标是确定最优流量 $x := (x^s_e)_{e \in \overline{\mathcal{A}}, s \in \mathcal{S}}$ 和 $y := (y_e)_{e \in \overline{\mathcal{A}}^C_{\text{service}}}$,使总运输成本最小化。

$$(\mathbf{CP}) \min \varGamma(x, y, \mathcal{S}) := \sum_{e \in \overline{\mathcal{A}}_{\text{service}}^{C}} f_e y_e + \sum_{e \in \overline{\mathcal{A}}_{\text{service}}^{L}} c_e \left(\sum_{s \in \mathcal{S}} w_s x_e^s \right) + \sum_{e \in \mathcal{A}_{\text{ground}}} \sum_{s \in \mathcal{S}} h_e^s x_e^s +$$

$$\sum_{e \in \mathcal{A}_{\text{delivery}}} \sum_{s \in \mathcal{S}} u_e^s x_e^s + \sum_{e \in \mathcal{A}_{\text{dummy}}} \sum_{s \in \mathcal{S}} R_s x_e^s \tag{5.4}$$

$$\text{s.t.} \sum_{e \in \mathcal{I}(v)} x_e^s - \sum_{e \in \mathcal{O}(v)} x_e^s = q_v^s, \quad \forall v \in \overline{\mathcal{V}}, s \in \mathcal{S}; \tag{5.5}$$

$$\sum_{s \in \mathcal{S}} w_s x_e^s \leqslant U_e y_e, \quad \forall e \in \overline{\mathcal{A}}_{\text{service}}^{C}; \tag{5.6}$$

$$x_e^s \leqslant y_e, \quad \forall e \in \overline{\mathcal{A}}_{\text{service}}^{C}, s \in \mathcal{S}; \tag{5.7}$$

$$x_e^s, y_e \in \{0, 1\}, \quad \forall e \in \overline{\mathcal{A}}, s \in \mathcal{S}. \tag{5.8}$$

其中，q_v^s 定义为货物 s 在顶点 $v \in \overline{\mathcal{V}}$ 的需求：

$$q_v^s = \begin{cases} -1, & \text{若 } v = (o_s, t_s^o) \\ 1, & \text{若 } v = \hat{d}_s \\ 0, & \text{其他.} \end{cases}$$

在目标函数 $\varGamma(x, y, \mathcal{S})$ 中，这五项分别代表总 TL 成本、总 LTL 成本、总等待滞留成本、总延迟成本和总直接运输成本。目标显然等同于最大化总成本节约 $\sum_{s \in \mathcal{S}} R_s - \varGamma(x, y, \mathcal{S})$。约束(5.5)保证网络流平衡，约束(5.6)要求在每个集货边上的 TL 运输不能超过车辆容量限制，约束(5.7)要求只有当货物通过该边时，TL 才会沿着该边运输；约束(5.8)说明流量变量是 0−1 变量，保证货物不拆分交付，每个(平行)集货边上至多只有一个 TL。

备注 5.1 在增量式折扣情况下，如果 LTL 成本函数 $c_e(x)$ 有固定收费，即 $b_e^1 > 0$，我们可以添加一个小范围的新段 $[0, \overline{Q}_e^1]$，其中 $\overline{Q}_e^1 = \min\{\min_{s \in \mathcal{S}} w_s, Q_e^1\}$，该段的斜率和截距分别为 $\overline{r}_e^1 = (r_e^1 \overline{Q}_e^1 + b_e^1)/\overline{Q}_e^1$ 和 $\overline{b}_e^1 = 0$。修改后的成本函数用 $\bar{c}_e(x)$ 表示。对于所有的 $x \geqslant \overline{Q}_e^1$，$\bar{c}_e(x) = c_e(x)$ 且 $\bar{c}_e(0) = c_e(0) = 0$。由于不允许拆分运输，所以任何本地边上的货物流量要么为 0，要么不小于 $\min_{s \in \mathcal{S}} w_s \geqslant \overline{Q}_e^1$。在这种情况下模型(**CP**)仍然有效。从现在开始，对于所有本地边，我们隐式地假设 $b_e^1 = 0$。

由于所有货物都通过虚拟边是可行的解决方案，所以问题(**CP**)总是可行的。用 (x^*, y^*) 表示(**CP**)问题的最优解，用 $\varGamma(\mathcal{S}) := \varGamma(x^*, y^*, \mathcal{S})$ 表示最优成本。

5.4 求解算法

已知可变规模的装箱问题是 NP - 难问题,其中 NP 代表"不确定性多项式时间"(Friesen and Langston,1986)。我们可以证明该问题可归约为我们问题的一个实例。

定理 5.1 托运人联盟集中优化问题(**CP**)一般是 NP - 难问题。

根据定理 5.1,我们无法在多项式时间内找到(**CP**)问题的精确算法。

在 5.4.1 节中,我们开发了一种原始近似算法来找到一个较优的局部最优解,它给出了最优成本的上界。在第 5.4.2 节中,我们通过使用次梯度搜索求解(**CP**)问题的拉格朗日对偶问题,以获得最优成本的下界。原始最优和拉格朗日对偶最优之间的差是对偶缺口。

5.4.1 原始问题近似算法

我们提出了一种多起点局部搜索启发算法(**MSLS**),它重复调用局部搜索函数 **SPLS** 来找一系列局部最优解,并选择最好的一个作为最终解。这里,**SPLS** 是启发式算法 **MSLS** 的子程序。启发式算法 **MSLS** 和函数 **SPLS** 的伪代码分别显示在算法 5.1 和 5.2 中。

算法 5.1　启发式 算法 MSLS 的伪代码

1　构造一个初始可行解 (x^0, y^0)
2　初始化局部最优解 $(\tilde{x}, \tilde{y}) = (x^0, y^0)$
3　**while** 不满足停止条件 **do**
4　　基于 (x^0, y^0) 应用局部搜索函数 **SPLS** 找新的局部最优解 (x, y)
5　　**if** $\Gamma(x, y, \mathcal{S}) < \Gamma(\tilde{x}, \tilde{y}, \mathcal{S})$ **do**
6　　　更新 $(\tilde{x}, \tilde{y}) \leftarrow (x, y)$
7　　**end if**
8　　随机扰动 $(\tilde{x}, \tilde{y})$ 生成新的初始可行解 (x^0, y^0)
9　**end while**
10　返回最优的局部最优解 $(\tilde{\mathbf{x}}, \tilde{\mathbf{y}})$

启发式算法 **MSLS** 操作如下:

(1) 初始化。在第1、2行,依次为每个货物分配一条随机交付路径,同时确保每条集货边上的总流量不超过容量约束。由虚拟边表示的直接运输路径对于每个货物也是可行的。

(2) 局部搜索。在第4行,算法重复调用最短路径局部搜索函数(**SPLS**)改进给定的初始解(x^0,y^0)。该函数的伪代码如算法5.2所示。在这个子程序中,为一个货物寻找最短路径,同时保持其他货物的路径不变;如果找到一个总成本低于初始解决方案的新解,则更新当前解并重复搜索过程,否则考虑另一个不同的货物;如果解无法进一步改进即$\Omega=\emptyset$,则找到局部最优解。

具体来说,构造最短路径问题如下。首先,计算时空网络中边的增量成本为:

$$\Delta c_e = \begin{cases} f_e, & 若 e \in \overline{\mathcal{A}}^C_{\text{service}} 且 \sum_{s' \neq s} w_{s'} x_e^{s'} = 0; \\ 0, & 若 e \in \overline{\mathcal{A}}^C_{\text{service}} 且 0 < \sum_{s' \neq s} w_{s'} x_e^{s'} + w_s \leq U_e; \\ +\infty, & 若 e \in \overline{\mathcal{A}}^C_{\text{service}} 且 \sum_{s' \neq s} w_{s'} x_e^{s'} + w_s > U_e; \\ c_e(\sum_{s' \neq s} w_{s'} x_e^{s'} + w_s) - \\ \quad c_e(\sum_{s' \neq s} w_{s'} x_e^{s'}), & 若 e \in \overline{\mathcal{A}}^L_{\text{service}}; \\ h_e^s, & 若 e \in \overline{\mathcal{A}}_{\text{ground}}; \\ u_e^s, & 若 e \in \overline{\mathcal{A}}_{\text{delivery}}; \\ R_s, & 若 e \in \overline{\mathcal{A}}_{\text{dummy}}. \end{cases}$$

(5.9)

然后,在时空网络中以边成本Δc_e搜索从起点(o_s, t_s^o)到终点$\hat{d}_s$的最短路径。

令货物s对应最短路的新流为$\bar{x}_e^s$,同时对其他所有货物s'保持$\bar{x}_e^{s'} = x_e^{s'}$,然后对于所有边$e \in \overline{\mathcal{A}}^C_{\text{service}}$有$\bar{y}_e = \max_{s \in S} \bar{x}_e^s$。

(3) 随机扰动。在第8行,给定当前最优的解决方案,随机选择n个货物,其中n是一个预先给定的数字。在保持未选择货物路径不变的情况下,对于每一个选定的货物,在不违反任何容量约束的情况下随机生成一条可行的交付路径。

(4) 停止准则。在第5-7行中,不断记录连续非改进迭代的次数。如果搜索时间达到预定限制MAXP或非改进迭代次数超过预定次数NUM,则停止迭代;否则,随机扰动得到的新初始解重新开始搜索。

算法 5.2 函数 SPLS 的伪代码

```
1    function SPLS (x⁰, y⁰)
2        令 Ω = S，初始化局部最优解 (x, y) = (x⁰, y⁰)
3        while Ω ≠ ∅ do
4            随机选择一个订单 s ∈ Ω
5            固定其他订单的运输路径，解决货物 s 的最短路径问题
6            从最短路径确定一个新的解决方案 (x̄, ȳ)
7            if Γ(x̄, ȳ, S) < Γ(x, y, S) do
8                更新 (x, y) ← (x̄, ȳ), Ω ← S
9            else
10               令 Ω ← Ω\{s}
11           end if
12       end while
13       返回局部最优解 (x, y)
14   end function
```

显然，MSLS 是一种单轨迹搜索算法。性能取决于参数 $MAXP$、NUM 和 n 的规格，这些参数可由经验确定。至于扰动大小 n，可以在早期迭代中使用较大的值，使搜索多样化以避免陷入局部最优，然后使用较小的值在有希望的解空间中加强搜索。MSLS 算法的输出 $(\tilde{x}, \tilde{y})$ 提供了精确最优系统成本的近似值 $\tilde{\Gamma}(S) := \Gamma(\tilde{x}, \tilde{y}, S)$。

在托运人联盟中使用算法 MSLS 可以证明是合理的。

备注 5.2 正如文献（Croxton et al.，2003；Gendron and Gouveia，2017；Arslan et al.，2020）所述，我们可以为成本函数的每个部分引入一组二元变量，将（CP）问题重新表述为一个多选择的整数规划（MCIP）模型。Gendron and Gouveia（2017）开发了一种具有强化有效不等式的分支定界精确算法，并在规模高达 25 个节点、150 条边和 100 种商品的随机网络上进行了测试。然而，我们的模型是基于时空网络的。即使是小规模的运输网络（例如不超过 50 种商品），相应的规模也会迅速增长成由数百个顶点和边组成的时空网络。然后（MCIP）模型会变得很大且非常消耗内存，使得该模型和相关的精确算法不切实际。因此，我们不选择这个模型或文献中的精确算法，而是使用简单的路径枚举算法来精确解决小规模算例。我们专注于开发一种基于局部搜索启发式近似算法来解决一般算例。

5.4.2 拉格朗日对偶界

考虑如下拉格朗日松弛问题，放松约束(5.5)和(5.7)。对于每个约束(5.5)，首先在不等式两边乘以 w_s，然后将 λ_v^s 定义为这个等效约束的对偶变量。对于所有 $e \in \overline{\mathcal{A}}_{\text{service}}^C$，定义 γ_e 为约束(5.7)的对偶变量。由于对偶变量的尺度不同，这种修正是必要的。此外，为简单起见，将 $\lambda_{(o_s, t_s^o)}^s$ 写为 $\lambda_{\text{source}}^s$，并将 $\lambda_{d_s}^s$ 写为 λ_{sink}^s。

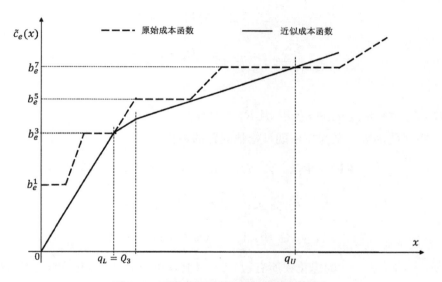

图 5.4　近似全量式折扣成本函数示意图
(来源：Lai et al.，2022)

在增量式折扣情况下，本地边 $e \in \overline{\mathcal{A}}_{\text{service}}^L$ 的成本函数 $c_e(x)$ 是分段线性凹的。然而，在全量式折扣情况下，原始 LTL 费率函数 $c_e(x)$ 通常既不凸也不凹，这对拉格朗日松弛问题的优化提出了重大挑战。因此，我们使用分段线性凹函数 $\tilde{c}_e(x)$ 来近似每个本地服务边 $e \in \overline{\mathcal{A}}_{\text{service}}^L$ 的成本函数 $c_e(x)$。具体来说，对于 (CP) 问题在边 e 上的所有可行流 x，有 $\tilde{c}_e(x) = \min_{1 \leqslant l \leqslant K_e} \{\tilde{r}_e^l x + \tilde{b}_e^l\}$ 且 $\tilde{c}_e(x) \leqslant c_e(x)$，其中 K_e 是 $\tilde{c}_e(x)$ 的段数，$\tilde{r}_e^l$ 和 $\tilde{b}_e^l$ 是线段 l 的斜率和截距。对于图 5.2 中的全量式折扣成本函数，其近似函数如图 5.4 中的实线所示。

定义拉格朗日松弛函数，其中原始成本函数在全量式折扣情况下被下界估计函数 $\tilde{c}_e(x)$ 代替，在增量式折扣情况下下界估计函数 $\tilde{c}_e(x) \equiv c_e(x)$。

$$L(x, y, \lambda, \gamma, \mathcal{S}) = \sum_{s \in \mathcal{S}} w_s (\lambda_{\text{sink}}^s - \lambda_{\text{source}}^s)$$

$$+ \sum_{e=(v_1, v_2) \in \overline{\mathcal{A}}_{\text{service}}^C} \left[(f_e - U_e \gamma_e) y_e + \sum_{s \in \mathcal{S}} w_s (\lambda_{v_1}^s - \lambda_{v_2}^s + \gamma_e) x_e^s \right]$$

$$+ \sum_{e=(v_1, v_2) \in \overline{\mathcal{A}}_{\text{service}}^L} \left[\tilde{c}_e (\sum_{s \in \mathcal{S}} w_s x_e^s) + \sum_{s \in \mathcal{S}} w_s (\lambda_{v_1}^s - \lambda_{v_2}^s) x_e^s \right]$$

$$+ \sum_{e=(v_1, v_2) \in \overline{\mathcal{A}}_{\text{ground}}} \sum_{s \in \mathcal{S}} w_s (\bar{h}_e^s + \lambda_{v_1}^s - \lambda_{v_2}^s) x_e^s$$

$$+ \sum_{e=(v_1, v_2) \in \overline{\mathcal{A}}_{\text{delivery}}} \sum_{s \in \mathcal{S}} w_s (\bar{u}_e^s + \lambda_{v_1}^s - \lambda_{v_2}^s) x_e^s$$

$$+ \sum_{e=(v_1, v_2) \in \overline{\mathcal{A}}_{\text{dummy}}} \sum_{s \in \mathcal{S}} w_s (\bar{R}_s + \lambda_{v_1}^s - \lambda_{v_2}^s) x_e^s$$

(5.10)

其中，$\bar{h}_e^s := h_e^s w_s$，$\bar{u}_e^s := u_e^s w_s$，且 $\bar{R}_s := R_s w_s$。

将对偶函数定义为拉格朗日松弛问题的最优解：

$$(\mathbf{RP}) \quad \Psi(\lambda, \gamma, \mathcal{S}) = \min_{x, y} L(x, y, \lambda, \gamma, \mathcal{S})$$

$$\text{s.t.} \quad x_e^s \leqslant y_e, \quad \forall e \in \overline{\mathcal{A}}_{\text{service}}^C, s \in \mathcal{S};$$

$$x_e^s, y_e \in \{0, 1\}, \quad \forall e \in \overline{\mathcal{A}}, s \in \mathcal{S}.$$

$L(x, y, \lambda, \gamma, \mathcal{S})$ 的优化在所有边 $e \in \overline{\mathcal{A}}$ 上是可分解的，因此该问题比（**CP**）问题更容易解决。

给定对偶变量 (λ, γ)，令 $(x(\mathcal{L}), y(\mathcal{L}))$ 表示问题（**RP**）的最优松弛解。由于拉格朗日松弛问题（**CP**）在边上是可分解的，所以可以分别为每条边求 $x_e^s(\lambda, \gamma)$，如下面程序所示：

第一，对于每条边 $e = (v_1, v_2) \in \overline{\mathcal{A}}_{\text{service}}^C$，松弛子问题为

$$\min (f_e - U_e \gamma_e) y_e + \sum_{s \in \mathcal{S}} w_s (\lambda_{v_1}^s - \lambda_{v_2}^s + \gamma_e) x_e^s$$

$$\text{s.t.} \quad x_e^s \leqslant y_e, \quad \forall s \in \mathcal{S};$$

$$x_e^s, y_e \in \{0, 1\}, \quad \forall s \in \mathcal{S}.$$

比较两种可行解：(1) 对于所有 $s \in \mathcal{S}$，$x_e^s = y_e = 0$；(2) 对于所有 $s \in \mathcal{S}$，当 $y_e = 1$ 时，如果 $\lambda_{v_1}^s - \lambda_{v_2}^s + \gamma_e \leqslant 0$ 则 $x_e^s = 1$，否则为 0。选择成本最小的解：

$$y_e(\mathcal{L}) = \begin{cases} 1, & \text{若}(f_e - U_e\gamma_e) + \sum_{s\in\mathcal{S}} w_s(\lambda^s_{v_1} - \lambda^s_{v_2} + \gamma_e)^- \leqslant 0; \\ 0, & \text{其他.} \end{cases}$$

$$x^s_e(\mathcal{L}) = \begin{cases} y_e(\mathcal{L}), & \text{若}\lambda^s_{v_1} - \lambda^s_{v_2} + \gamma_e \leqslant 0; \\ 0, & \text{其他.} \end{cases} \quad (5.11)$$

第二，对于每条边 $e=(v_1,v_2)\in\overline{\mathcal{A}}^L_{\text{service}}$，松弛子问题为

$$\min \tilde{c}_e\left(\sum_{s\in\mathcal{S}} w_s x^s_e\right) + \sum_{s\in\mathcal{S}} w_s(\lambda^s_{v_1} - \lambda^s_{v_2}) x^s_e$$

$$\text{s.t.} \quad x^s_e \in \{0,1\}, \quad \forall s\in\mathcal{S}$$

从分段线性凹性可以得到

$$\min_{x^s_e\in\{0,1\}} \tilde{c}_e\left(\sum_{s\in\mathcal{S}} w_s x^s_e\right) + \sum_{s\in\mathcal{S}} w_s(\lambda^s_{v_1} - \lambda^s_{v_2}) x^s_e$$

$$= \min_{x^s_e\in\{0,1\}} \min_{1\leqslant l\leqslant K_e} \left\{ \tilde{r}^l_e \sum_{s\in\mathcal{S}} w_s x^s_e + \tilde{b}^l_e + \sum_{s\in\mathcal{S}} w_s(\lambda^s_{v_1} - \lambda^s_{v_2}) x^s_e \right\}$$

$$= \min_{1\leqslant l\leqslant K_e} \min_{x^{s,l}_e\in\{0,1\}} \left\{ \sum_{s\in\mathcal{S}} w_s(\tilde{r}^l_e + \lambda^s_{v_1} - \lambda^s_{v_2}) x^{s,l}_e + \tilde{b}^l_e \right\}$$

因此可以在段上枚举 l 来求解松弛子问题。对于每个 l，上述内部问题的最优解 $x^{s,l}_e$ 为：

$$x^{s,l}_e = \begin{cases} 1, & \text{若} \tilde{r}^l_e + \lambda^s_{v_1} - \lambda^s_{v_2} \leqslant 0; \\ 0, & \text{否则,} \end{cases} \quad \forall s\in\mathcal{S}.$$

然后找到上述外部问题的最优段 l^*，令最优松弛解为：

$$l^* \in \arg\min_{1\leqslant l\leqslant K_e} \left\{ \sum_{s\in\mathcal{S}} w_s(\tilde{r}^l_e + \lambda^s_{v_1} - \lambda^s_{v_2})^- + \tilde{b}^l_e \right\};$$

$$x^s_e(\mathcal{L}) = x^{s,l^*}_e, \quad \forall s\in\mathcal{S} \quad (5.12)$$

第三，对于每条边 $e=(v_1,v_2)\in\overline{\mathcal{A}}_{\text{ground}}$，子问题 $\min_{x^s_e\in\{0,1\}} \sum_{s\in\mathcal{S}} w_s(\bar{h}^s_e + \lambda^s_{v_1} - \lambda^s_{v_2}) x^s_e$ 的最优解为：

$$x^s_e(\mathcal{L}) = \begin{cases} 1, & \text{若}\bar{h}^s_e + \lambda^s_{v_1} - \lambda^s_{v_2} \leqslant 0; \\ 0, & \text{其他.} \end{cases} \quad \forall s\in\mathcal{S} \quad (5.13)$$

第四，对于每条边 $e=(v_1,v_2)\in\overline{\mathcal{A}}_{\text{delivery}}$，子问题 $\min_{x^s_e\in\{0,1\}} \sum_{s\in\mathcal{S}} w_s(\bar{u}^s_e +$

$\lambda_{v_1}^s - \lambda_{v_2}^s)x_e^s$ 的最优解为：

$$x_e^s(L) = \begin{cases} 1, & \text{若} \bar{u}_e^s + \lambda_{v_1}^s - \lambda_{v_2}^s \leqslant 0; \\ 0, & \text{其他.} \end{cases} \quad \forall s \in \mathcal{S} \quad (5.14)$$

第五，对于每条边 $e = (v_1, v_2) \in \overline{\mathcal{A}}_{\text{dummy}}$，子问题 $\min_{x_e^s \in \{0,1\}} \sum_{s \in \mathcal{S}} w_s(\bar{R}_e^s + \lambda_{v_1}^s - \lambda_{v_2}^s)x_e^s$ 的最优解为：

$$x_e^s(\mathcal{L}) = \begin{cases} 1, & \text{若} \bar{R}_e^s + \lambda_{v_1}^s - \lambda_{v_2}^s \leqslant 0; \\ 0, & \text{其他.} \end{cases} \quad \forall s \in \mathcal{S} \quad (5.15)$$

拉格朗日对偶问题为

$$(\mathbf{DP}) \quad \Psi(\mathcal{S}) = \max_{\lambda, \gamma} \Psi(\lambda, \gamma, \mathcal{S})$$

$$\text{s. t.} \quad U_e \gamma_e \leqslant f_e, \quad \forall e \in \overline{\mathcal{A}}_{\text{service}}^C; \quad (5.16)$$

$$\gamma_e \geqslant 0, \quad \forall e \in \overline{\mathcal{A}}_{\text{service}}^C.$$

对偶变量 γ_e 是集货服务边容量的影子价格。对偶约束(5.16)限制了影子价格。当 $f_e - U_e \gamma_e \geqslant 0$ 时，y_e 的最优松弛解自然满足 $y_e \in \{0, 1\}$，使得(**RP**)问题中的二元约束变得冗余，而这对线性化松弛问题来设计一个对偶规则成本分配是必要的(详细解释见 5.5.1 节)。

用 (λ^*, γ^*) 表示最优拉格朗日对偶解。显然，$\Psi(\mathcal{S})$ 给出了(**CP**)问题的下界。相对对偶缺口等于 $\Delta_{\text{gap}} := (\Gamma(\mathcal{S}) - \Psi(\mathcal{S}))/\Psi(\mathcal{S})$。因为(**CP**)问题是非凸的，所以对偶缺口通常为正。

下面，我们将介绍一种确定近似函数 $\tilde{c}_e(x)$ 的方法，并描述解决对偶问题的次梯度搜索算法。

(1) 近似全量式折扣 LTL 费率

Croxton et al.（2003）提出了一个分段简化程序，通过生成具有更少分段的下界函数来简化全量式折扣 LTL 成本函数。但是，他们的过程不能保证近似成本函数是凹的或最小化近似缺口。与他们的方法不同，我们开发了一个优化模型，通过最小化低估缺口找到 $\tilde{c}_e(x) = \min_{1 \leqslant l \leqslant K_e} \{\tilde{r}_e^l x + \tilde{b}_e^l\}$。当搜索 $\tilde{c}_e(x)$ 时，可以限制 $K_e \leqslant K$。成本函数近似问题具有以下性质：

第一，为了保证 $\tilde{c}_e(x)$ 是一个下界，只需要满足所有点 Q_l 的约束 $\tilde{c}_e(Q_l) \leqslant c_e(Q_l)$ (Croxton et al., 2003)。第二，如果对(**CP**)问题的任何可行解都可以估计边 e 的流量下界为 $q_L = Q_{k_L}$，其中 k_L 是平缓段，则可以忽略 $x < Q_{k_L}$ 中

$\tilde{c}_e(x)$ 的近似缺口;否则,可以简单地令 $q_L=0$ 和 $k_L=1$。然后用具有极值点 $(0,0)$ 和 $(Q_{k_L}, c_e(Q_{k_L}))$ 的一段替换 $c_e(x)$ 的前 k_L 段。第三,对于 (**CP**) 的任何可行解,如果还可以预测边 e 流量上界是某个 q_U,则可以进一步忽略 $x > q_U$ 的近似缺口。为近似模型找到段 $k_U = \mathrm{argmin}_l \{Q_l \geqslant q_U : 1 \leqslant l \leqslant K\}$,并重置 $Q_{k_U} = q_U$。可以通过检查在任何可行解决方案中哪些货物可能通过边来确定界限 q_L 和 q_U。最后,最大的近似缺口 $\max_{q_L \leqslant x \leqslant q_U} \{c_e(x) - \tilde{c}_e(x)\}$ 出现在某个无差异点(Croxton et al., 2003)。因此,在有限的点集合上最小化缺口就足够了。我们只需选择 $[q_L, q_U]$ 范围内的所有无差异点。

设 l_b 和 l_i 分别为平缓段的索引(奇数)和递增段的索引(偶数),即 Q_{l_b} 为断点,Q_{l_i} 为无差异点。为了进一步简化模型,通过以下方式限制 $\tilde{c}_e(x)$:设置索引段 l 使得 $\tilde{r}_e^l$ 减少而 $\tilde{b}_e^l$ 增加;相邻的两个线段可以重合,且对于每个断点 Q_{l_b},线段 l_b 和 l_b+1 必须重合。由于下界 Q_{k_L} 是一个断点,并且斜率变量 $\tilde{r}_e^{k_L}$ 已经固定为 $r_e^{k_L}$,所以断点的符合要求仅适用于 $l_b \geqslant k_L + 1$。

图 5.4 给出了这种近似成本函数的示例。通过构造,使得与 $c_e(x)$ 的段 l 最接近的 $\tilde{c}_e(x)$ 的段就是 l,因此 $\tilde{c}_e(Q_{l_i}) = \tilde{r}_e^{l_i} \cdot Q_{l_i} + \tilde{b}_e^{l_i}$。那么总估计缺口为

$$\sum_{k_L \leqslant l_i \leqslant k_U} [c_e(Q_{l_i}) - \tilde{c}_e(Q_{l_i})] = \sum_{k_L \leqslant l_i \leqslant k_U} c_e(Q_{l_i}) - \sum_{k_L \leqslant l_i \leqslant k_U} (Q_{l_i} \cdot \tilde{r}_e^{l_i} + \tilde{b}_e^{l_i}).$$

基于以上要求,通过分段线性凹函数最小化近似缺口的一般模型可以正式定义为线性规划模型。

$$(\textbf{LCAP}) \quad \max \sum_{k_L \leqslant l_i \leqslant k_U} (Q_{l_i} \cdot \tilde{r}_e^{l_i} + \tilde{b}_e^{l_i})$$

s.t.

$$\tilde{r}_e^l = r_e^{k_L+1}, \quad \forall 1 \leqslant l \leqslant k_L; \tag{5.17}$$

$$\tilde{b}_e^l = 0, \quad \forall 1 \leqslant l \leqslant k_L; \tag{5.18}$$

$$\tilde{r}_e^{k_L} \cdot Q_{k_L} + \tilde{b}_e^{k_L} = \tilde{r}_e^{k_L+1} \cdot Q_{k_L} + \tilde{b}_e^{k_L+1}; \tag{5.19}$$

$$\tilde{r}_e^l \geqslant \tilde{r}_e^{l+1}, \quad \forall 1 \leqslant l \leqslant k_U - 1; \tag{5.20}$$

$$\tilde{b}_e^l \leqslant \tilde{b}_e^{l+1}, \quad \forall 1 \leqslant l \leqslant k_U - 1; \tag{5.21}$$

$$\tilde{r}_e^l \cdot Q_l + \tilde{b}_e^l \leqslant c_e(Q_l), \quad \forall k_L + 1 \leqslant l \leqslant k_U; \tag{5.22}$$

$$\tilde{r}_e^{l_b} = \tilde{r}_e^{l_b+1}, \quad \forall k_L + 1 \leqslant l_b \leqslant k_U - 1, l_b \text{ 是奇数}; \tag{5.23}$$

$$\tilde{b}_e^{l_b} = \tilde{b}_e^{l_b+1}, \quad \forall k_L + 1 \leqslant l_b \leqslant k_U - 1, l_b \text{ 是奇数}; \tag{5.24}$$

$$Q_{l_i-1} \leqslant \frac{\tilde{b}_e^{l_i+1} - \tilde{b}_e^{l_i}}{\tilde{r}_e^{l_i} - \tilde{r}_e^{l_i+1}} \leqslant Q_{l_i+1}, \quad \forall k_L + 1 \leqslant l_i \leqslant k_U - 1, l_i \text{ 是偶数}; \quad (5.25)$$

$$\tilde{r}_e^l, \tilde{b}_e^l \geqslant 0, \quad \forall 1 \leqslant l \leqslant k_U.$$

在这个模型中,约束(5.17)—(5.18)初始化前 k_L 段;约束(5.19)强制段 k_L 和 k_L+1 之间的连续性;约束(5.20)—(5.21)对段的索引进行排序,使得斜率减小而截距增大;约束(5.22)使得所有 Q_l 满足 $\tilde{c}_e(x) \leqslant c_e(x)$;约束(5.23)~(5.24)表明,对于每个断点 Q_{l_b},底层段 l_b 和 l_b+1 必须重合;约束(5.25)是线性的,因为 Q_{l_i-1} 和 Q_{l_i+1} 是常数,并且要求无差异点 Q_{l_i} 下的两个段 l_i 和 l_i+1 必须在 $[Q_{l_i-1}, Q_{l_i+1}]$ 范围内相交。这种类型的约束防止了诸如 $\tilde{b}_e^{l_i+1} = \tilde{b}_e^{l_i}$ 而 $\tilde{r}_e^{l_i} \neq \tilde{r}_e^{l_i+1}$ 的情况。

在求解出最优解 $(\tilde{r}_e^k, \tilde{b}_e^k)_{1 \leqslant k \leqslant K_e}$ 后,将 K_e 重新定义为 $\tilde{c}_e(x)$ 中独特段的数量。这种近似提供下界并且满足凹性。

引理 5.1 在全量式折扣情况下,从模型 (**LCAP**) 导出的近似成本函数 $\tilde{c}_e(x)$ 满足分段线性凹,并且对所有 $x \in [q_L, q_U]$,近似成本函数是 $c_e(x)$ 的下界。

(2) 次梯度搜索算法

给定对偶变量 (λ, γ),松弛问题 (**RP**) 的最优解为 $(x(\mathcal{L}), y(\mathcal{L}))$。

注意 $\delta_\lambda(v, s) := w_s q_v^s + w_s \cdot \sum_{e \in O(v)} x_e^s(\mathcal{L}) - w_s \cdot \sum_{e \in I(v)} x_e^s(\mathcal{L})$ 是对偶函数 $\Psi(\lambda, \gamma, \mathcal{S})$ 在 λ_v^s 处的次梯度。$\delta_r(e) := \sum_{s \in \mathcal{S}} w_e \cdot x_e^s(\mathcal{L}) - u_e \cdot y_e(\mathcal{L})$ 是在 γ_e 处的次梯度。(**DP**) 问题可以通过对偶次梯度搜索 (**DSS**) 方法来解决。DSS 的伪代码见算法 5.3。

算法 5.3 算法 DSS 的伪代码

1　输入一个初始可行对偶解 (λ, γ)
2　令最优解为 $(\lambda^*, \gamma^*) = (\lambda, \gamma), \Psi^* = -\infty, j = 1$
3　while 不满足停止条件 do
4　　求解松弛问题获得最优解 $(x_e^s(\mathcal{L}), y_e(\mathcal{L}))_{s \in \mathcal{S}, e \in \overline{\mathcal{A}}}$
5　　if $\Psi^* < \Psi(\lambda, \gamma, \mathcal{S})$ do
6　　　更新 $(\lambda^*, \gamma^*) \leftarrow (\lambda, \gamma)$ 和 $\Psi^* \leftarrow \Psi(\lambda, \gamma, \mathcal{S})$
7　　end if
8　　计算次梯度 $\delta_\lambda(v, s), \delta_\gamma(e)$ 和步长 M_j
9　　更新对偶解 $\lambda_v^s \leftarrow \lambda_v^s + M_j \cdot \delta_\lambda(v, s) / \|\delta_\lambda\|, \gamma_e \leftarrow \min\{(\gamma_e + M_j \cdot \delta_\gamma(e))^+ / \|\delta_\gamma\|, f_e/U_e\}$,并令 $j \leftarrow j+1$
10　end while
11　返回 (λ^*, γ^*)

算法 5.3 的结构基本沿用 Wolsey（1998），但只跟踪最优对偶解并将其设置为最终解。该算法具体操作如下：

(a) 初始化。在第 1 行中，一个简单的初始解可以设置为 $(\lambda, \gamma)=0$。实际上，可以通过 Poljak 步长规则找到更好的初始解，该规则以其快速的收敛速度而闻名（Poljak 1987）。然而，Poljak 规则只有在事先知道对偶最优解 $\Psi(\mathcal{S})$ 或至少对 $\Psi(\mathcal{S})$ 有一个近似估计才有效。由于原始问题（**CP**）的组合性质，所以很难估计 $\Psi(\mathcal{S})$。然而，可以首先运行具有 Poljak 步长的次梯度搜索算法，进行有限次数的迭代，用于初始化。基于 Poljak 规则，λ 和 γ 迭代更新为：

$$\lambda_v^s \leftarrow \lambda_v^s + g_\lambda \cdot \delta_\lambda(v, s); \gamma_e \leftarrow \min\{(\gamma_e + g_\gamma \cdot \delta_\gamma(e))^+, f_e/U_e\},$$

其中步长为：

$$g_\lambda = \left(\frac{(1-\alpha_{\text{est}})\Gamma(\mathcal{S}) - \Psi(\lambda, \gamma, \mathcal{S})}{\|\delta_\lambda\|_2^2}\right)^+;$$

$$g_\gamma = \left(\frac{(1-\alpha_{\text{est}})\Gamma(\mathcal{S}) - \Psi(\lambda, \gamma, \mathcal{S})}{\|\delta_\gamma\|_2^2}\right)^+。$$

α_{est} 是对相对对偶缺口的估计值，它是通过反复试验确定的。

(b) 次梯度搜索。在第 8 行和第 9 行中，对偶变量沿次梯度方向更新。对于所有 $j \geqslant 1$，步长由 $M_j = M_0\sqrt{j}$ 给定，其中 M_0 是一个预定的小数。如前所述，更新后的 γ_e 值应该是非负的并且不超过上限 f_e/U_e。

(c) 停止准则。尽管基本的次梯度搜索算法保证了收敛，但收敛可能是震荡的并且速度太慢没有实用价值（Wolsey，2021）。因此，在第 5—7 行中跟踪最优解并记录连续非改进迭代的次数。当 $(\|\delta_\lambda\|, \|\delta_\gamma\|)=0$（即没有对偶缺口）时，或搜索时间达到预定限制 $MAXD$，或非改进迭代次数超过预定限制 NIP，算法停止迭代。

控制参数 M_0、$MAXD$ 和 NIP 也是根据经验确定的。M_0 通常设置得较小，而 NIP 通常较大。如果在 NIP 迭代之后，最优对偶解仍然没有得到改进，那么有理由相信不太有可能产生实质性的改进。

5.5 成本分配博弈

在计划期结束时，3PL 将总运输成本分配给通过 CD-PL 网络交付的货物。

Basso et al.（2019）强调共谋，即联盟稳定性，是合作物流中的一个关键实践问题。这就是为什么 Gillies（1959）最初提出的合作博弈论的核是该领域文献中公平分配的基本概念（Agarwal and Ergun，2010；Guajardo and Rönnqvist，2016）。因此，我们将成本分配问题建模为合作博弈，而非应用机制设计理论。

定义一个合作博弈$(\mathcal{S},\varGamma)$，其中货物是博弈参与方。联盟$\mathcal{R}$的值$\varGamma(\mathcal{R})$是仅限于货物$s\in\mathcal{R}$的问题（**CP**）的最优值。当且仅当对所有$\mathcal{R}\subseteq\mathcal{S}$，满足预算平衡约束$\sum_{s\in\mathcal{S}}\mu_s=\varGamma(\mathcal{S})$和稳定性约束$\sum_{s\in\mathcal{R}}\mu_s\leqslant\varGamma(\mathcal{R})$，系统成本$\varGamma(\mathcal{S})$在每个货物之间的分配$\mu$在博弈$(\mathcal{S},\varGamma)$的核$\mathcal{C}(\mathcal{S},\varGamma)$内。

只有联盟价值函数$\varGamma(\cdot)$满足次可加性，合作博弈才是有效的，因此形成大型联盟总是有利可图的（Marinakis et al.，2008）。显然，由于单位 LTL 运输成本随着体积的增加而降低，且允许集货边上同时存在多个 TL，因此可以很容易地验证次可加性。

引理 5.2 在增量式折扣和全量式折扣成本结构下，合作博弈$(\mathcal{S},\varGamma)$是次可加的，即对所有$\mathcal{R},\mathcal{U}\subset\mathcal{S}$和$\mathcal{R}\cap\mathcal{U}=\emptyset$，有$\varGamma(\mathcal{R})+\varGamma(\mathcal{U})\geqslant\varGamma(\mathcal{R}\cup\mathcal{U})$。

不幸的是，正如大多数实际运输问题（Özener et al.，2013），该博弈模型可能不存在核成本分配，正如一个小反例所示。

定理 5.2 在增量式折扣和全量式折扣成本结构下，合作博弈$(\mathcal{S},\varGamma)$的核通常为空。

然而，核为空并不一定会阻碍合作（Özener and Ergun，2008；Hezarkhani et al.，2016；Osicka et al.，2020）。Shapley and Shubik（1966）提出通过稍微放松稳定性约束来近似核，即ϵ-核也被广泛接受为一种实用的公平分配（Altan and Özener，2019）。我们将托运人博弈的ϵ-核定义为满足以下条件的分配μ：$\sum_{s\in\mathcal{S}}\mu_s=\varGamma(\mathcal{S})$，且对所有$\mathcal{R}\subset\mathcal{S}$有$\sum_{s\in\mathcal{R}}\mu_s\leqslant(1+\epsilon)\varGamma(\mathcal{R})$。$\epsilon$-核分配始终是预算平衡的，可能最多$\epsilon$相对违反稳定性，即$\epsilon$是最大相对偏离。如果一个分配的相对偏离$\epsilon$更小，则认为它比另一种分配更公平。

此外，我们将注意力限制在满足以下两个基本条件的ϵ-核分配上。如果所有$s\in\mathcal{S}$满足$\mu_s\leqslant R_s$，则博弈$(\mathcal{S},\varGamma)$的分配μ满足个体理性（IR），这隐含在联盟稳定性中。如果违反 IR，托运人将立即从联盟中删除该货物并使用直接运输。此外，如果对于集合$\{s\in\mathcal{S}:\varGamma(\mathcal{R}\cup\{s\})=\varGamma(\mathcal{R})+R_s,\forall\mathcal{R}\subseteq\mathcal{S}\}$中的每个成员$s$有$\mu_s=R_s$，那么分配$\mu$满足无效参与者性质（NP）。NP 属性确保如果

参与者对系统没有任何贡献,他应该获得零收益,因为没有人愿意将他们共同创造的成本节约赠分给无效参与者(Hezarkhani et al.,2019)。

尽管ϵ-核分配理论上可能会导致某些子联盟的偏离,但这并不一定意味着该联盟实际上会在现实中形成。可以使用相对偏离ϵ较小的近似核的证明如下:

备注 5.3 Özener and Ergun (2008) 认为,在现实生活中,由于信息共享不足、参与者的理性有限、组织合作的成本以及合同协议,许多子联盟实际上无法形成。Hezarkhani et al. (2016)进一步强调,正的ϵ反映了合作运输需要投资的事实,这包括建立标准化的信息系统,并可能使用交易中介来确保信息的隐私。在我们的问题中尤其如此。3PL 必须使用复杂的信息系统来管理托运人联盟,包括货物路线、跟踪、处理和计费(C. H. Robinson,2016)。因此,3PL 通常更喜欢管理大型货运联盟以获得盈利。

此外,尽管托运人在多个计划期内合作,但运费却很少在连续计划期之间重叠。因此在不同规划期内,成本分配博弈通常是不相同的。

ϵ-核分配分两步确定。首先,在 5.5.1 节使用拉格朗日对偶来开发可能存在分配不足的稳定成本分配规则。其次,在 5.5.2 节设计一个预算覆盖程序来解决拉格朗日对偶规则分配不足的问题并通过计算评估分配的稳定性偏离。

5.5.1 拉格朗日对偶规则

我们使用最优拉格朗日对偶解(λ^*,γ^*)来设计成本分配。请注意$\lambda_v^{s,*}$是货物s访问顶点v的影子价格,γ_e^*是集货边$e\in\overline{\mathcal{A}}_{\text{service}}^C$容量的影子价格。如果对偶缺口为零,则$w_s(\lambda_{\text{sink}}^{s,*}-\lambda_{\text{source}}^{s,*})$将是订单$s$的支付。然而,(5.10)中$L(x,y,\lambda^*,\gamma^*,\mathcal{S})$的后五项通常为负数。直观地说,所有的空闲资源也应该分配给货物,以奖励他们对集货的贡献。

由于 TL 费率和 LTL 费率是非线性的,所有服务边$e\in\overline{\mathcal{A}}_{\text{service}}$上的松弛不容易被货物分解。同时,等待、交付和虚拟边上的松弛可以在货物中分解。下面,我们可将每个服务边$e\in\overline{\mathcal{A}}_{\text{service}}$的松弛子问题线性化,然后构造线性规划的对偶问题。最优对偶解可用于货物间松弛度的分配。

首先,对于每条集货边$e\in\overline{\mathcal{A}}_{\text{service}}^C$,子问题为:

$$\Psi_e(\lambda^*,\gamma^*,\mathcal{S}):=\min_{\substack{x_e^s\leqslant y_e\\x_e^s,y_e\in\{0,1\}}}\left\{(f_e-U_e\gamma_e^*)y_e+\sum_{s\in\mathcal{S}}w_s(\lambda_{v_1}^{s,*}-\lambda_{v_2}^{s,*}+\gamma_e^*)x_e^s\right\}.$$

(5.26)

变量 y_e 的系数 $f_e - U_e\gamma_e^*$ 是非负的,这是由对偶约束(5.16)导致的。在最优解中,必须有 $f_e - U_e\gamma_e^*$,因为 $x_e^s \in \{0, 1\}$。这也意味着 y_e 的二进制要求是冗余的,可以删除。

放松 x_e^s,考虑下面的线性规划:

$$(\mathbf{RP}_e^C) \min (f_e - U_e\gamma_e^*)y_e + \sum_{s\in\mathcal{S}} w_s(\lambda_{v_1}^{s,*} - \lambda_{v_2}^{s,*} + \gamma_e^*)x_e^s$$

$$\text{s.t.} \quad x_e^s \leqslant y_e, \quad \forall s \in \mathcal{S};$$

$$x_e^s \leqslant 1, \quad \forall s \in \mathcal{S};$$

$$x_e^s, y_e \geqslant 0, \quad \forall s \in \mathcal{S}.$$

利用约束矩阵的全模性质(Wolsey, 2021),可以证明线性松弛模型($\mathbf{RP}_e^C$)是精确的。

引理 5.3 对于每条集货边 $e \in \overline{\mathcal{A}}_{\text{service}}^C$,当 $f_e - U_e\gamma_e^* \geqslant 0$ 时,线性松弛问题 ($\mathbf{RP}_e^C$) 的最优解等于 $\Psi_e(\lambda^*, \gamma^*, \mathcal{S})$,其中 (λ^*, γ^*) 是最优拉格朗日对偶解。

δ_e^s 和 π_e^s 分别是对应于问题 ($\mathbf{RP}_e^C$) 第一个约束和第二个约束的对偶变量。对偶问题为:

$$(\mathbf{DRP}_e^C) \max - \sum_{s\in\mathcal{S}} \pi_e^s$$

$$\text{s.t.} \quad \pi_e^s + \delta_e^s \geqslant -w_s(\lambda_{v_1}^{s,*} - \lambda_{v_2}^{s,*} + \gamma_e^*), \quad \forall s \in \mathcal{S};$$

$$\sum_{s\in\mathcal{S}} \delta_e^s \leqslant f_e - U_e\gamma_e^*;$$

$$\pi_e^s, \delta_e^s \geqslant 0, \quad \forall s \in \mathcal{S};$$

问题 ($\mathbf{DRP}_e^C$) 的最优解表示为 $(\pi_e^{s,D}, \delta_e^{s,D})_{s\in\mathcal{S}}$。

其次,对于每条本地边 $e \in \overline{\mathcal{A}}_{\text{service}}^L$,松弛子问题等价于下面的模型:

$$\Psi_e(\lambda^*, \gamma^*, \mathcal{S}) := \min_{1\leqslant l\leqslant K_e} \min_{x_e^{s,l}\in\{0,1\}} \left\{ \sum_{s\in\mathcal{S}} w_s(\tilde{r}_e^l + \lambda_{v_1}^{s,*} - \lambda_{v_2}^{s,*}) x_e^{s,l} + \tilde{b}_e^l \right\} \quad (5.27)$$

对所有 $1 \leqslant l \leqslant k_e$ 和 $s \in \mathcal{S}$ 定义 $p_{e,l}^s := w_s(\tilde{r}_e^l + \lambda_{v_1}^{s,*} - \lambda_{v_2}^{s,*})^-$。如果货物 s 选择段 l,则二元变量 $y_l^s = 1$;如果段 l 被选择,则二元变量 $z_l = 1$。据此构造以下 0-1 规划模型:

$$(\mathbf{RP}_e^L) \min \sum_{l=1}^{K_e} \sum_{s\in\mathcal{S}} p_{e,l}^s y_l^s + \sum_{l=1}^{K_e} \tilde{b}_e^l z_l$$

$$\text{s.t.} \quad y_l^s \leqslant z_l, \quad \forall s \in \mathcal{S}, 1 \leqslant l \leqslant K_e$$

$$\sum_{l=1}^{k_e} y_l^s = 1, \quad \forall s \in \mathcal{S}$$

$$y_l^s, z_l \in \{0,1\}, \quad \forall s \in \mathcal{S}, 1 \leqslant l \leqslant K_e$$

第一个约束确保只有在段 l 被选择的情况下才能选择货物 s，第二个约束要求每个货物 s 只能选择一个段。

将二元变量 y_l^s 和 z_l 替换为 $y_l^s, z_l \geqslant 0$，线性松弛化问题（$\mathbf{RP}_e^L$）。用（$\mathbf{LRP}_e^L$）表示该松弛问题。

引理 5.4 对于每条本地边 $e \in \overline{\mathcal{A}}_{\text{service}}^L$，线性松弛问题（$\mathbf{LRP}_e^L$）的最优解等于精确最优解 $\Psi_e(\lambda^*, \gamma^*, \mathcal{S})$，其中 (λ^*, γ^*) 是最优拉格朗日对偶解。

$\delta_{e,l}^s$ 和 π_e^s 分别为问题（$\mathbf{RP}_e^L$）第一个约束和第二个约束对应的对偶变量。对偶问题如下：

$$(\mathbf{DRP}_e^L) \max - \sum_{s \in \mathcal{S}} \pi_e^s$$

$$\text{s.t.} \quad \pi_e^s + \delta_{e,l}^s \geqslant -p_{e,l}^s, \quad \forall s \in \mathcal{S}, 1 \leqslant l \leqslant K_e;$$

$$\sum_{s \in \mathcal{S}} \delta_{e,l}^s \leqslant \tilde{b}_e^l, \quad \forall 1 \leqslant l \leqslant K_e;$$

$$\delta_{e,l}^s \geqslant 0, \quad \forall s \in \mathcal{S}, 1 \leqslant l \leqslant K_e.$$

问题（$\mathbf{DRP}_e^L$）的最优解为 $(\pi_e^{s,D}, \delta_{e,l}^{s,D})_{s \in \mathcal{S}, 1 \leqslant l \leqslant k_e}$。

对偶解可以用来将每条服务边 $e \in \overline{\mathcal{A}}_{\text{service}}$ 上的总松弛 $\Psi_e(\lambda^*, \gamma^*, \mathcal{S})$ 分配到各个货物上。考虑一个合作博弈 $(\mathcal{S}, \Psi_e(\lambda^*, \gamma^*, \cdot))$，其中联盟 $\mathcal{R} \subseteq \mathcal{S}$ 的值 $\Psi_e(\lambda^*, \gamma^*, \mathcal{R})$ 由集货边的模型(5.26)或限制于货物 $s \in \mathcal{R}$ 的本地边的模型(5.27)给出。

引理 5.5 对于每条服务边 $e \in \overline{\mathcal{A}}_{\text{service}}$，分配 $(-\pi_e^{s,D})_{s \in \mathcal{S}}$ 在合作博弈 $(\mathcal{S}, \Psi_e(\lambda^*, \gamma^*, \cdot))$ 的核内，其中 (λ^*, γ^*) 是最优拉格朗日对偶解。

总分配 $\sum_{s \in \mathcal{S}}(-\pi_e^{s,D})$ 等于每个服务边 e 上的松弛量。线性化也可以在多项式时间内计算，并且不需要像文献中那样生成大量新变量。因此，即使对于非常大规模的算例，它也可以高效计算。

用 μ^D 表示合作博弈 $(\mathcal{S}, \Gamma)$ 的拉格朗日对偶规则成本分配，

$$\mu_s^D = w_s(\lambda_{\text{sink}}^{s,*} - \lambda_{\text{source}}^{s,*}) + \sum_{e \in \overline{\mathcal{A}}_{\text{service}}} (-\pi_e^{s,D})$$

$$+ \sum_{e=(v_1,v_2) \in \overline{\mathcal{A}}_{\text{ground}}} w_s(\overline{h}_e^s + \lambda_{v_1}^{s,*} - \lambda_{v_2}^{s,*})^-$$

$$+ \sum_{e=(v_1,v_2) \in \overline{\mathcal{A}}_{\text{delivery}}} w_s(\overline{u}_e^s + \lambda_{v_1}^{s,*} - \lambda_{v_2}^{s,*})^-$$

$$+ \sum_{e=(v_1,v_2) \in \overline{\mathcal{A}}_{\text{dummy}}} w_s(\overline{R}_S + \lambda_{v_1}^{s,*} - \lambda_{v_2}^{s,*})^-, \quad \forall s \in \mathcal{S}.$$

定义 $\Psi(\mathcal{R})$ 为限制于货物 $s \in \mathcal{R}$ 的拉格朗日对偶最优值。根据引理 5.5，以及对所有 $\mathcal{R} \subseteq \mathcal{S}$ 满足 $\Psi(\lambda^*, \gamma^*, \mathcal{R}) \leqslant \Psi(\mathcal{R}) \leqslant \Gamma(\mathcal{R})$，可以证明拉格朗日对偶规则是 $(\mathcal{S}, \Gamma)$ 博弈的稳定成本分配。

定理 5.3 拉格朗日规则 μ^D 对于合作博弈 $(\mathcal{S}, \Gamma)$ 是稳定的。μ^D 的总分配等于拉格朗日对偶最优 $\Psi(\mathcal{S})$。

显然，如果对偶缺口为零，则 μ^D 在核中。计算 μ^D 的时间复杂度主要由求解 (λ^*, γ^*) 的次梯度搜索过程决定，即 $O(G \cdot |\overline{\mathcal{A}}| \cdot T \cdot |\mathcal{S}| / \alpha^2)$，其中 α 是为对偶最优值给定的容许偏离，G 是取决于容量 U_e 和货物重量 w_s 的 Lipschitz 常数。

5.5.2 预算覆盖程序

拉格朗日对偶规则 μ^D 通常不能覆盖集货计划的总成本 (x^*, y^*)。μ^D 的相对分配不足（即预算赤字）等于相对对偶缺口，即 $(\Gamma(\mathcal{S}) - \sum_{s \in \mathcal{S}} \mu_s^D) / \sum_{s \in \mathcal{S}} \mu_s^D = \Delta_{\text{gap}}$。然而，如下面计算实验所示对偶缺口通常并不小。存在预算赤字的分配是不可持续的，因为托运人联盟需要大量的外部补贴才能运作。因此，我们设计了一个预算覆盖程序（BCP）来解决分配不足的问题。算法 5.4 中的伪代码描述了程序 BCP 的结构。

算法 5.4 算法 BCP 的伪代码

1　初始化 $\mu^L = \mu^D$
2　将 μ_s^D 分解到每个货物 s 的交付路径边上
3　**for** 每个服务边 $e \in \overline{\mathcal{A}}_{\text{service}}$ **do**
4　　将边 e 上的分配不足分配到货物子集 $\mathcal{S}_0 \subset \mathcal{S}$ 上
5　　将分配添加至 μ^L
6　**end for**
7　将虚拟边上的分配不足添加到 μ^L
8　**for** 每个货物 $s \in \mathcal{S}$ **do**
9　　将货物 s 交付路径上的等待边和交付边的总分配不足分配给货物子集 $\mathcal{S}_0 \subset \mathcal{S}$
10　　将分配添加至 μ^L
11　**end for**
12　返回 μ^L

程序 BCP 逐边覆盖预算，分为以下三个阶段：

(1) 初始化阶段。在第 1 行中，该程序从拉格朗日对偶规则分配 μ^D 开始，它是稳定的，但预算不平衡。

(2) 分解阶段。在第 2 行，此阶段分为两步。首先，$w_s(\lambda_{\text{sink}}^{s,*} - \lambda_{\text{source}}^{s,*})$ 被分解到交付路径上，即对于每条满足 $x_e^{s,*}=1$ 的边 $e=[v_1,v_2]\in\overline{\mathcal{A}}$，货物 s 分配为 $w_s(\lambda_{v_2}^{s,*} - \lambda_{v_1}^{s,*})$。

其次，对于每个货物 s，我们确定每条边上的共享松弛，然后将所有松弛分配移动到其交付路径的边上。Δ_e^s 是共享松弛，

$$\Delta_e^s := \begin{cases} -\pi_e^{s,D}, & \text{若 } e \in \overline{A}_{\text{service}}; \\ w_s(\overline{h}_e^s + \lambda_{v_1}^{s,*} - \lambda_{v_2}^{s,*})^-, & \text{若 } e \in \overline{A}_{\text{ground}}; \\ w_s(\overline{u}_e^s + \lambda_{v_1}^{s,*} - \lambda_{v_2}^{s,*})^-, & \text{若 } e \in \overline{A}_{\text{delivery}}; \\ w_s(\overline{R}_s + \lambda_{v_1}^{s,*} - \lambda_{v_2}^{s,*})^-, & \text{若 } e \in \overline{A}_{\text{dummy}}. \end{cases}$$

对每个货物 $s\in\mathcal{S}$，定义边集合 $\mathcal{A}_s^1 := \{e\in\overline{\mathcal{A}}\setminus(\overline{\mathcal{A}}_{\text{ground}}\cup\overline{\mathcal{A}}_{\text{delivery}}): x_e^{s,*}=1\}$ 和 $\mathcal{A}_s^2 := \{e\in\overline{\mathcal{A}}: \Delta_e^s\neq 0, 且 x_e^{s,*}=0\}$。$\mathcal{A}_s^1$ 是交付路径上服务和虚拟边的集合，而 $\mathcal{A}_s^2$ 是不在交付路径上但具有非零松弛分配的边集合。

所有边 $e\in\mathcal{A}_s^2$ 上的松弛分配应该移到路径上。对于每个 $s\in\mathcal{S}$ 计算 $\sum_{e\in\mathcal{A}_s^2}\Delta_e^s$，并通过更新将这个松弛平均分配到 $\mathcal{A}_s^1$ 中的边上，即

$$\Delta_e^s \leftarrow \Delta_e^s + \frac{\sum_{e\in\mathcal{A}_s^2}\Delta_e^s}{|\mathcal{A}_s^1|}, \quad \forall e \in \mathcal{A}_s^1;$$

$$\Delta_e^s \leftarrow 0, \quad \forall e \in \mathcal{A}_s^2.$$

因此，如果 $x_e^{s,*}=1$，货物 s 在边 $e=[v_1,v_2]\in\overline{\mathcal{A}}$ 上的临时成本分配为 $\eta_e^s := w_s(\lambda_{v_2}^{s,*}-\lambda_{v_1}^{s,*})+\Delta_e^s$，否则 $\eta_e^s=0$。对于所有 $s\in\mathcal{S}$ 有 $\mu_s^D = \sum_{e\in\overline{\mathcal{A}}: x_e^{s,*}=1}\eta_e^s$。

(3) 预算覆盖阶段。在第 3—11 行中，此阶段通过搜索子集 $\mathcal{S}_0$ 依次补足服务边、等待边、交付边和虚拟边的预算以维持分配 μ^L 的 IR 条件。分配不足根据其独立成本 R_s 按比例在货物子集 $\mathcal{S}_0$ 中进行分解。子集 $\mathcal{S}_0$ 每一步都不同，具体取决于 μ^L 的当前值。

(a) 对于第 3 行中当前选择的服务边 $e\in\overline{\mathcal{A}}_{\text{service}}$，计算分配不足

$$\Delta_e := \begin{cases} f_e - \sum_{s \in \mathcal{S}} \eta_e^s, & \text{若 } e \in \overline{\mathcal{A}}_{\text{service}}^C; \\ c_e(\sum_{s \in \mathcal{S}} w_s x_e^{s,*}) - \sum_{s \in \mathcal{S}} \eta_e^s, & \text{若 } e \in \overline{\mathcal{A}}_{\text{service}}^L. \end{cases}$$

搜索 $S_0 := \{s \in \mathcal{S}: x_e^{s,*} = 1, (R_s - \mu_s^L)/R_s \geqslant \tau_0\}$，其中 τ_0 是 $(0,1)$ 中通过反复试验确定的一个小数，使得 $\mu_s^L + \Delta_e \cdot R_s / \sum_{s' \in S_0} R_{s'} \leqslant R_s$ 对所有 $s \in S_0$ 都成立。该子集包括经过边 e 且当前具有足够成本节约的整合货物。如果 S_0 不存在，重新搜索 $S_0 := \{s \in \mathcal{S}: (R_s - \mu_s^L)/R_s \geqslant \tau_0\} \setminus \{s \in \mathcal{S}: x_{e'}^{s,*} = 1, e' \in \overline{\mathcal{A}}_{\text{dummy}}\}$。这个重新定义的子集包括具有足够成本节约的整合货物。

那么，对于所有 $s \in S_0$，更新 $\mu_s^L \leftarrow \mu_s^L + \Delta_e \cdot R_s / \sum_{s' \in S_0} R_{s'}$。选择下一个服务边并重复此步骤，直到用完所有服务边。

(b) 在第 7 行中，对于每个货物 $s \in \mathcal{S}$，计算在相应的虚拟边 e 上的分配不足为 $\Delta_s := (R_s - \eta_e^s) \cdot x_e^{s,*}$，并更新 $\mu_s^L \leftarrow \mu_s^L + \Delta_s$。

(c) 对于第 8 行中当前选择的货物 s，计算其交付路径等待边和交付边的总分配不足为

$$\Delta_s := \sum_{e \in \overline{\mathcal{A}}_{\text{ground}}: x_e^{s,*} = 1} (h_e^s - \eta_e^s) + \sum_{e \in \overline{\mathcal{A}}_{\text{delivery}}: x_e^{s,*} = 1} (u_e^s - \eta_e^s).$$

令 $S_0 := \{s\}$，如果 $\mu_s^L + \Delta_s > R_s$，重新开始搜索 $S_0 := \{s' \in \mathcal{S}: (R_{s'} - \mu_{s'}^L)/R_{s'} \geqslant \tau_0\} \setminus \{s' \in \mathcal{S}: x_e^{s',*} = 1, e \in \overline{\mathcal{A}}_{\text{dummy}}\}$，使得对于所有 $s' \in S_0$ 满足 $\mu_{s'}^L + \Delta_s \cdot R_{s'} / \sum_{s'' \in S_0} R_{s''} \leqslant R_{s'}$。

那么，对于所有 $s' \in S_0$，更新 $\mu_{s'}^L \leftarrow \mu_{s'}^L + \Delta_s \cdot R_{s'} / \sum_{s'' \in S_0} R_{s''}$。选择下一个货物并重复此步骤，直到所有货物都用完。

BCP 程序导出的最终成本分配是 μ^L，称为基于拉格朗日的规则。

定理 5.4 合作博弈 $(\mathcal{S}, \Gamma)$ 的基于拉格朗日的成本分配规则 μ^L 满足预算平衡、IR 和 NP 条件。

预算覆盖的原则是每个货物的分配从对偶规则 μ_s^D 增加尽可能少。下面我们利用图 5.1 中的网络给出一个小示例，可视化 **BCP** 的覆盖过程。

6 个货物分别为：$s_1 = (o_1, d_1, 1, 6, 10\,000)$、$s_2 = (o_2, d_2, 1, 6, 6\,000)$、$s_3 = (o_3, d_3, 1, 6, 10\,000)$、$s_4 = (o_4, d_4, 1, 5, 6\,000)$、$s_5 = (o_5, d_5, 1, 5, 12\,000)$ 和 $s_6 = (o_6, d_6, 1, 5, 8\,000)$。延迟成本为 $u = (0.13, 0.18, 0.17,$

0.10，0.15，0.15），持有等待成本为 $h = (0.08, 0.08, 0.07, 0.06, 0.06, 0.08)$。在全量式折扣结构中，对于每一条本地边 e，重量断点为[0, 5C]、[5C, 10C]、[10C, 20C]、[20C, 50C]、[50C, 100C]和[100C, 200C]，其中 C 是 CWT 或百磅的缩写；费率为 $r_e^2 \in [0.08, 0.15]$，折扣为 $r_e^4 = 0.89 \cdot r_e^2$，$r_e^6 = 0.71 \cdot r_e^4$，$r_e^8 = 0.66 \cdot r_e^6$，$r_e^{10} = 0.56 \cdot r_e^8$；最低收费为 $b_e^1 \in [40, 75]$。然后，自动添加平段和无差异点，保证成本函数的连续性。采用由模型推导的近似分段线性凹成本函数（LCAP）作为增量式折扣结构。图 5.5 给出了两个本地边全量式折扣函数的示例。

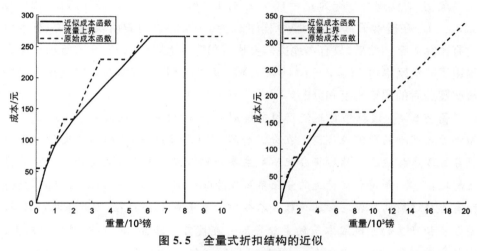

图 5.5　全量式折扣结构的近似

(来源：Lai et al.，2022)

在两种折扣结构中，货物的最优交付路径相同，其中 s_1、s_2 和 s_3 均通过集货边 (A, C) 交付，s_4 直接运输，s_5 和 s_6 通过集货边 (B, D)。全量式折扣结构下的对偶缺口 Δ_{gap} 为 0.77%，而在增量式折扣结构下的对偶缺口 Δ_{gap} 为 0（即规则 $\mu^{\mathcal{L}} = \mu^{\mathcal{D}}$ 已经在核内）。因此，我们只需要将 BCP 应用于全量式折扣情况。

表 5.1　小示例的预算覆盖程序

步骤	边	类型	$\mathcal{S}_0$	预算赤字 (单位：10^3 元)	分配 (单位：10^3 元)
0	—	—	—	0.156 9	(3.702 3, 1.696 4, 3.884 4, 3.363 1, 4.424 9, 3.333 8)
1	$[(D, 4), (d_5, 5)]$	本地边	$\{s_1, s_2, s_3, s_6\}$	0.099 6	(3.717 6, 1.711 4, 3.899 1, 3.363 1, 4.424 9, 3.346 1)

(续表)

步骤	边	类型	$\mathcal{S}_0$	预算赤字 (单位：10^3 元)	分配 (单位：10^3 元)
2	$[(o_1, 1), (A, 2)]$	本地边	$\{s_1, s_2\}$	0.021 9	(3.756 9, 1.749 8, 3.899 1, 3.363 1, 4.424 9, 3.346 1)
3	$[(o_4, 1), (B, 2)]$	本地边	$\{s_1, s_2,$ $s_3, s_6\}$	0	(3.762 7, 1.755 5, 3.904 8, 3.363 1, 4.424 9, 3.350 8)

(来源：Lai et al., 2022)

最初，对偶规则分配为 $\mu^D =$ (3 702.3, 1 696.4, 3 884.4, 3 363.1, 4 424.9, 3 333.8)。在搜索子集 $\mathcal{S}_0$ 时，整个程序 $\tau_0 = 0.025$。在分解阶段之后，只有本地边有预算赤字。然后，只有本地边需要执行预算覆盖阶段，如表 5.1 所示。该表给出了时空网络边 $[(v_1, t_1), (v_2, t_3)]$，边的类型，$\mathcal{S}_0$ 的选择，以及在程序中每次覆盖后的预算赤字和分配。

备注 5.4 该程序首先使用稳定规则 μ^D 进行初始化，然后希望通过微小的增加导致微小的稳定性偏离。在分解阶段，将松弛均匀地移动到待交付路径的服务边或虚拟边上。然后将分配不足主要分配给经过这些边的货物。在预算覆盖阶段，服务、等待和交付边的分配不足仅分配给通过 CD-PL 网络交付的货物；所有直接运输的货物均按其单独成本分摊。子集 $\mathcal{S}_0$ 始终存在，因为根据引理 2，整合货物产生的系统成本节约是非负的。在搜索子集 $\mathcal{S}_0$ 期间，为了简单起见，我们在整个程序中使用单个 τ_0，并尝试多个 τ_0 值。较小的 τ_0 值会将分配不足分配到更多的货物中，而较大的 τ_0 值将更多的分配不足分配给具有较高的单独成本节约的货物。

通过研究以下问题来评估 BCP 程序中规则 μ^L 的稳定性偏离：

$$\max_{\mathcal{R} \subseteq \mathcal{S}} (\sum_{s \in \mathcal{R}} \mu_s^L - \Gamma(\mathcal{R})). \tag{5.28}$$

通过枚举指数级别数量的联盟来解决问题(5.28)在计算上是困难的，因为每个值函数 $\Gamma(\mathcal{R})$ 是由一个难优化问题确定的。我们提出了一个网络流模型来代替求解该问题。

首先，在时空网络中(图 5.3)，对于每个货物 $s \in \mathcal{S}$，添加第二条边，将起点 (o_s, t_s^o) 连接到终点 $\hat{d}_s$，称之为排除边；即存在两条边连接起点和终点。此排除边的成本等于 μ_s^L。排除边的集合为 $\overline{\mathcal{A}}_{\text{excls}}$，并更新 $\overline{\mathcal{A}} \leftarrow \overline{\mathcal{A}} \cup \overline{\mathcal{A}}_{\text{excls}}$。

然后，像之前一样定义二元变量 x_e^s 和 y_e，从联盟 $\mathcal{R}$ 中排除一个货物表示为

通过边 $e \in \overline{\mathcal{A}}_{\text{excls}}$ 的流。问题(5.28)的目标函数变为

$$\max_{R \subseteq S} \left(\sum_{s \in \mathcal{R}} \mu_s^L - \Gamma(\mathcal{R}) \right)$$

$$= \max_{(x_e^s)_{e \in \overline{\mathcal{A}}_{\text{excls}}, s \in \mathcal{S}}} \left\{ \sum_{s \in \mathcal{S}} \sum_{e \in \overline{\mathcal{A}}_{\text{excls}}} \mu_s^L (1 - x_e^s) - \min_{(x_e^s, y_e)_{e \notin \overline{\mathcal{A}}_{\text{excls}}, s \in \mathcal{S}}} \left[\sum_{e \in \overline{\mathcal{A}}_{\text{service}}^C} f_e y_e + \right. \right.$$

$$\left. \left. \sum_{e \in \overline{\mathcal{A}}_{\text{service}}^L} c_e \left(\sum_{s \in \mathcal{S}} w_s x_e^s \right) + \sum_{e \in \overline{\mathcal{A}}_{\text{ground}}} \sum_{s \in \mathcal{S}} h_e^s x_e^s + \sum_{e \in \overline{\mathcal{A}}_{\text{delivery}}} \sum_{s \in \mathcal{S}} u_e^s x_e^s + \sum_{e \in \overline{\mathcal{A}}_{\text{dummy}}} \sum_{s \in \mathcal{S}} R_s x_e^s \right] \right\}$$

$$= \sum_{s \in \mathcal{S}} \mu_s^L - \min_{(x_e^s, y_e)_{e \in \overline{\mathcal{A}}, s \in \mathcal{S}}} \left\{ \sum_{e \in \overline{\mathcal{A}}_{\text{service}}^C} f_e y_e + \sum_{e \in \overline{\mathcal{A}}_{\text{service}}^L} c_e \left(\sum_{s \in \mathcal{S}} w_s x_e^s \right) + \sum_{e \in \overline{\mathcal{A}}_{\text{ground}}} \sum_{s \in \mathcal{S}} h_e^s x_e^s + \right.$$

$$\left. \sum_{e \in \overline{\mathcal{A}}_{\text{delivery}}} \sum_{s \in \mathcal{S}} u_e^s x_e^s + \sum_{e \in \overline{\mathcal{A}}_{\text{dummy}}} \sum_{s \in \mathcal{S}} R_s x_e^s + \sum_{e \in \overline{\mathcal{A}}_{\text{excls}}} \sum_{s \in \mathcal{S}} \mu_s^L x_e^s \right\},$$

(5.29)

且受限于约束(5.5)—(5.8)。

对于每个货物 s,在起点的流量平衡约束(5.5)是 $\sum_{e \in O(o_s, t_s^o)} x_s^s = 1$,这要求在 (o_s, t_s^o) 和 $\hat{d}_s$ 之间只能选择一条虚拟边、一条本地服务边或一条排除边。因此,在(29)的第一个等式中,给定的排除变量 $(x_e^s)_{e \in \overline{\mathcal{A}}_{\text{excls}}, s \in \mathcal{S}}$ 隐含地确定了一个联盟 $\mathcal{R}$,并且最优化变量 $(x_e^s, y_e)_{e \notin \overline{\mathcal{A}}_{\text{excls}}, s \in \mathcal{S}}$ 恰好给出 $\Gamma(\mathcal{R})$ 的准确值。问题(29)的第二个等式只是将排除变量移动到最小化问题中,因此不再需要最大化操作。问题(29)因此简化为:

$$(\text{SVP}) \min \sum_{e \in \overline{\mathcal{A}}_{\text{service}}^C} f_e y_e + \sum_{e \in \overline{\mathcal{A}}_{\text{service}}^L} c_e \left(\sum_{s \in \mathcal{S}} w_s x_e^s \right) + \sum_{e \in \overline{\mathcal{A}}_{\text{ground}}} \sum_{s \in \mathcal{S}} h_e^s x_e^s + \sum_{e \in \overline{\mathcal{A}}_{\text{delivery}}} \sum_{s \in \mathcal{S}} u_e^s x_e^s$$

$$+ \sum_{e \in \overline{\mathcal{A}}_{\text{dummy}}} \sum_{s \in \mathcal{S}} R_s x_e^s + \sum_{e \in \overline{\mathcal{A}}_{\text{excls}}} \sum_{s \in \mathcal{S}} \mu_s^L x_e^s$$

s.t. (5)—(8).

启发式算法 MSLS 可以应用于求解 (SVP) 模型。在求解 (SVP) 问题的迭代搜索过程中,每次找到一个不稳定的联盟 $\mathcal{R}$ 时,记录相对偏离 $\epsilon_{\text{dev}} := \left(\sum_{s \in \mathcal{R}} \mu_s^L - \Gamma(\mathcal{R}) \right) / \Gamma(\mathcal{R})$ 和相对规模 $\rho_{\text{dev}} := |\mathcal{R}| / |\mathcal{S}|$。选择最大的 ϵ_{dev} 作为估计的最大稳定性偏离。如同在 Savelsbergh (2013) 中一样,一般来说,ϵ_{dev} 可能仍然是 ϵ-核心的最大稳定性偏离的下界,这将通过计算评估。

另一种在文献中经常使用的 ϵ-核分配规则 μ^G 是通过对偶缺口向上扩展对

偶规则（Özener et al.，2013；Altan and Özener，2019）；也就是说，对于所有 $s \in S$ 有 $\mu_s^G = (1 + \Delta_{\text{gap}}) \cdot \mu_s^D$。下面的计算实验表明，该规则将严重违反条件 IR，因此在实践中是不可接受的。

5.6 数值实验

本节利用随机生成的算例评估算法的最优性和分配规则的稳定性，同时考虑小规模和大规模的算例。我们的目的是研究算法的特性，并了解集货运输问题的算法何时运行良好。所有计算研究是在八核 Intel i9-9900 CPU、X64 的处理器、3.2 GHz 和 64 GB RAM 的台式电脑上进行的。

小规模算例使用路径枚举算法来求解精确的最优解。为了减少计算时间，首先删除在集货边上只有一个货物的枚举，因为一个货物单独遍历集货边永远不是最优的。将直接运输路径重新分配给该货物，可以明显改进该解决方案。在每个小规模算例中，路径枚举算法在 8 个 CPU 内核的 16 个线程上并行运行。

MSLS 和 DSS 都是单轨迹算法，因此对应的算例只在一个 CPU 内核的一个线程上运行。对于这两种算法，将控制参数设置为：如果 $|S| < 100$，则 $MAXP = 30$ 分钟，$NUM = 200$，$MAXD = 30$ 分钟，$NIP = 5\,000$；如果 $|S| \geqslant 600$，$MAXP = 240$ 分钟，$NUM = 300$，$MAXD = 180$ 分钟，$NIP = 7\,500$。**MSLS** 算法中的随机扰动大小在迭代过程中从 6 个减少到 4 个。对于 **DSS** 算法，在初始化阶段使用 Poljak 规则的 $\alpha_{\text{est}} \in [5\%, 15\%]$ 作为对偶缺口，并在次梯度搜索阶段设置 $M_0 \in [2.5, 5]$。对于程序 **BCP**，在搜索子集 S_0 时尝试 $\tau_0 \in [0.025, 0.2]$，并选择与对偶规则 μ^D 相比货物分配平均增加最小的一个。

决定联盟值 $\Gamma(\cdot)$ 的集中问题（**CP**）是 NP-难问题，解决精确的联盟值来评估合作收益和稳定性偏离可能会太耗时，特别是对于大规模网络。因此，与其他文献（Özener et al.，2013；Kimms and Kozeletskyi，2016；van Zon et al.，2021）一样，在计算实验中使用近似值。近似算法的计算结果提供了系统和单个托运人从合作中获得潜在收益以及成本分配规则稳定性下界的估计。

下面，首先在 5.6.1 节讨论随机算例的生成；然后在 5.6.2 节评估求解算法和分配规则；最后分别在 5.6.3 节和 5.6.4 节提供了综合和分离分析，以调查算法的影响因素，确定托运人联盟算法运行良好的情况。

5.6.1 数据生成

实验中生成数据如下。首先,在大小为[0,5 000]×[0,5 000]的欧几里得平面中随机生成 CD-PL 网络 $(\mathcal{V}, \mathcal{A})$。$\mathcal{V}_C$、$\mathcal{V}_P$ 和 $\mathcal{V}_L$ 分别表示转运仓、集货仓和起始地/目的地的集合。令 $(\mathcal{V}_\mathcal{H}, \mathcal{A}_\mathcal{H})$ 为仅由转运仓和集货仓组成的枢纽子网,其中 $\mathcal{V}_\mathcal{H} := \mathcal{V}_C \cup \mathcal{V}_P$ 和 $\mathcal{A}_\mathcal{H}$ 是限制为 $\mathcal{V}_\mathcal{H}$ 节点对应的边集合。计划范围为 $T=7$。根据每条边 $e \in \mathcal{A}$ 的欧几里得距离 d_e 为旅行时间 a_e(单位:天)设置一个离散值,如下所示:

$$a_e = \begin{cases} 1, & \text{若 } d_e \leqslant 500; \\ 2, & \text{若 } 500 < d_e \leqslant 1\,000; \\ 3, & \text{若 } 1\,000 < d_e \leqslant 2\,000; \\ 4, & \text{其他}. \end{cases}$$

为了代表实际情况,集货边的行程时间总是比本地边长。

其次,通过随机指定起点、目的地、运输重量、可用时间和截止时间,在运输网络中生成一组货物 $\mathcal{S}$。货物的重量从 [400,6 000] 中随机生成。为了描述网络,定义枢型线路密度 $\text{dense}_\mathcal{H} := |\mathcal{A}_\mathcal{H}|/|\mathcal{V}_\mathcal{H}|$,服务密度 $\text{dense}_S := |\mathcal{A} \setminus \mathcal{A}_\mathcal{H}|/|\mathcal{V}_\mathcal{H}|$,和货运密度 $\text{dense}_F := |\mathcal{S}|/|\mathcal{A}_\mathcal{H}|$。服务密度是与枢纽节点相连的终端节点的平均数量,衡量货物与枢纽的连通性。货运密度衡量有多少货物可能被合并到一条集货边上。货物 s 的可行交付路径的数量是 np_s。

为了便于分析,只考虑每条集货边 e 上的最大潜在货运流量不超过 $U_e + \delta_{\text{compete}}$ 的情况,其中 $\delta_{\text{compete}} \ll U_e$;也就是说,整合流量最多可满足 1 个 TL,剩余流量受 δ_{compete} 限制。用 TL 运送这么多的剩余流量是不经济的。因此,由于容量限制,并非所有连接到该集货边的货物都可以选择整合并竞争 TL 费率。δ_{compete} 的值越高,潜在竞争的货物就越多。因此,δ_{compete} 可以解释为容量竞争水平的量度。

运输成本函数定义如下。集货边上的 TL 率随机生成,与边的欧几里得距离成比例(例如,6~10)。卡车容量设置为 $U_e = 40\,000$ 磅。首先,在实验中使用实际的 LTL 费率结构生成 LTL 成本函数,以元/百磅(又名 CWT)为单位给出。对于全量式折扣结构,重量间隔为 $[0, 5C]$、$[5C, 10C]$、$[10C, 20C]$、$[20C, 50C]$、$[50C, 100C]$ 和 $[100C, 200C]$,其中 C 是 CWT 的缩写。第一个递增段的单位率 r_e^2 与本地边 e 的欧几里德距离成比例

(例如,0.001~0.002)随机生成,折扣 r_e^{l+2}/r_e^l 由 $[0.5,0.9]$ 均匀生成并在 l 中减少。自动添加平段和无差异点以确保成本函数的连续性。其次,求解(LCAP)模型以生成分段线性凹成本函数,并将这些函数用于增量式折扣结构,而不是单独生成这些函数。记录每个算例中增量式折扣成本的段数 K_e 和折扣水平的平均值 r_e^l/r_e^{l+1},用 ρ_{inc} 表示。同时还计算平均近似缺口 $\Delta_{\text{appr}} := (1/|\overline{\mathcal{A}}_{\text{service}}^L|) \cdot \max_{x \in [q_L, q_U]} (c_e(x) - \tilde{c}_e(x))/\tilde{c}_e(x)$ 用于全量式折扣成本函数。在同一组算例中比较这两种成本结构。

表 5.2　随机算例参数

	小规模				大规模			
	均值	标准差	最小值	最大值	均值	标准差	最小值	最大值
$|\mathcal{V}_E|$	4.46	0.91	3	6	16.08	4.28	10	30
$|\mathcal{V}_P|$	2.99	0.72	2	4	13.11	2.41	10	24
$|\mathcal{V}_L|$	26.95	8.26	14	46	155.84	59.37	80	374
$|\mathcal{A}|$	42.16	11.73	19	79	278.57	92.53	144	640
$|\mathcal{S}|$	41.5	17.76	20	80	384.59	167.17	160	1 000
$dense_H$	1.19	0.27	0.57	2	2.94	0.58	1.88	5.62
$dense_S$	4.46	1.22	2.29	6.83	6.5	1.57	4.45	8.7
$dense_F$	4.88	2.17	1.54	10	1.85	0.62	0.88	3.42
w_s	3 136.11	1 463.58	1 000	6 000	2 543.32	1 551.78	400	6 000
np_s	3.68	1.12	2	6	2.95	0.92	2	5
k_e	3.82	0.86	2	5	3.78	0.77	2	5
ρ_{inc}	0.44	0.31	0	0.85	0.42	0.22	0	0.91
Δ_{appr}	0.23	0.02	0.16	0.27	0.27	0.02	0.23	0.31

(来源:Lai et al.,2022)

算例的规模定义如下:小规模,枢纽数量 $|\mathcal{V}_H| \in [5,10]$ 和订单数量 $|\mathcal{S}| \in [20,80]$;大规模,$|\mathcal{V}_H| \in [20,55]$ 和 $|\mathcal{S}| \in [100,1 000]$。如表 5.2 所示,在每个类中,考虑五个因素随机生成算例:(1)枢型线路密度 $dense_H$;(2)服务密度 $dense_S$;(3)货物密度 $dense_F$;(4)延迟成本,即迟到成本 u_s 和等待成本 $h_s = u_s/2$;(5)竞争水平 δ_{compete}。如表 5.3 和表 5.4 所示,考虑每个因素的

低水平和高水平。这些因子水平有 32 个组合,每个组合有 10 个算例,在小规模和大规模案例中总共有 320 个算例。表 5.2 总结了所有随机生成的小型和大型算例的数据。这些算例涵盖了具有典型网络大小、密度、货运重量和实际 LTL 率的各种 CD-PL 网络。

5.6.2 算法结果分析

为了评估启发式算法 **MSLS** 的最优性和时间复杂度,计算相比于非合作情况的系统成本改进 $\Delta_{\mathrm{impr}} := (\sum_{s \in \mathcal{S}} R_s - \Gamma(\mathcal{S}))/\sum_{s \in \mathcal{S}} R_s$,相比于精确解的最优性缺口 $\Delta_{\mathrm{opt}} := (\widetilde{\Gamma}(\mathcal{S}) - \Gamma(\mathcal{S}))/\Gamma(\mathcal{S})$,拉格朗日对偶缺口 Δ_{gap},在集货边上运送 TL 货物的卡车平均容量利用率 $\rho_{TL} := \sum_{e \in \mathcal{A}_{\mathrm{service}}^C} \sum_{s \in \mathcal{S}} w_s x_e^{s,*} / \sum_{e \in \mathcal{A}_{\mathrm{service}}^C} U_e y_e^*$,整合率 $\rho_{\mathrm{clt}} := 1 - \sum_{s \in \mathcal{S}} \sum_{e \in \mathcal{A}_{\mathrm{dummy}}} x_e^{s,*} / |\mathcal{S}|$。分别记录精确算法和启发式 **MSLS** 算法的运行时间 t_{exact} 和 t_{MSLS}(以分钟为单位)。本质上,ρ_{TL} 衡量的是通过网络整合的程度;也就是说,将货物整合到较少数量的集货边上以产生更多的成本节约。ρ_{clt} 值高意味着大多数托运人的货物在 CD-PL 网络中运输是经济的。

为了评估基于拉格朗日的规则 μ^L,记录算法 **MSLS** 的最大相对偏离 ϵ_{dev} 和不稳定联盟的相对大小 ρ_{dev}。此外,对于小规模算例,检查满足 $|\mathcal{R}| \geqslant \lfloor 0.8 \cdot |\mathcal{S}| \rfloor$ 的联盟 $\mathcal{R}$ 对应的 ϵ_{dev} 值,因为在实验中发现的不稳定联盟大多很大;计算个体成本节约的平均值 $\Delta_{\mathrm{bnf}} := (1/|\mathcal{S}_{\mathrm{clt}}|) \cdot \sum_{s \in \mathcal{S}_{\mathrm{clt}}} (R_s - \mu_s^L)/R_s$,其中 $S_{\mathrm{clt}} \subseteq \mathcal{S}$ 是整合货物的集合。此外,为了进行比较,计算单独成本的相对偏离 $\epsilon_{IR} := \max_{s \in \mathcal{S}} (\mu_s^G - R_s)/R_s$ 来评估扩大规则 μ^G。所有比例数字 Δ_{impr}、Δ_{opt}、Δ_{gap}、ρ_{TL}、ρ_{clt}、ϵ_{dev}、ρ_{dev}、Δ_{bnf} 和 ϵ_{IR} 均以百分比值报告。

对于小规模算例,图 5.6 中展示了枚举算法的计算结果和基于精确最优的分配性能,而启发式 **MSLS** 的近似结果如图 5.7 所示。在两种成本结构下,经过大量计算时间得出的精确最优解平均可使系统成本节约 30% 以上。在增量式折扣和全量式折扣下,分别有 31.68% 和 0% 的算例 $\Delta_{\mathrm{gap}} = 0$。因此,在这些增量式折扣算例中核是非空的,并且规则 μ^D 在核内。此外,在增量式折扣和全量式折扣结构下,规则 μ^L 分别在 83.23% 和 47.52% 的算例中是稳定的,这也意味着核的非空性。ρ_{dev} 的密度图表明不稳定联盟的规模大多比总货物数少 1~5。

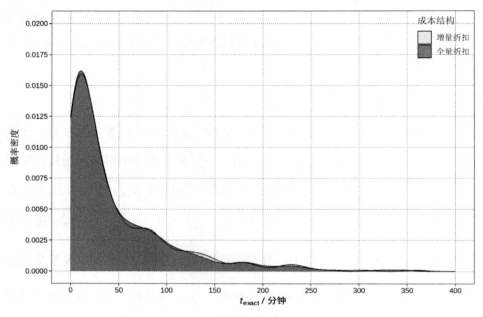

(a) 算法运行时间

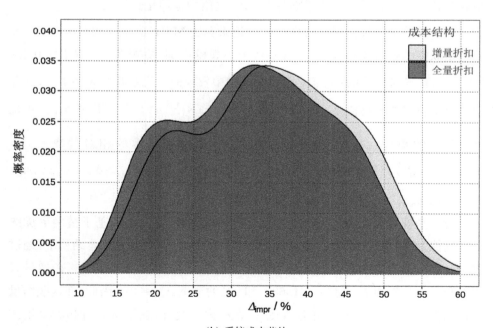

(b) 系统成本节约

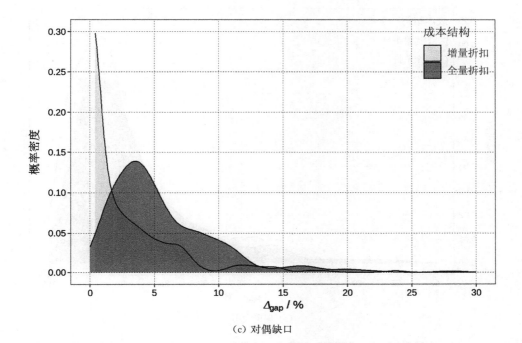

(c) 对偶缺口

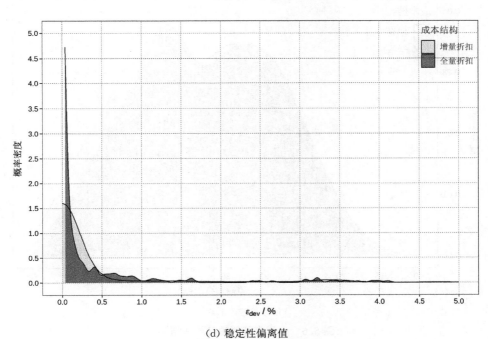

(d) 稳定性偏离值

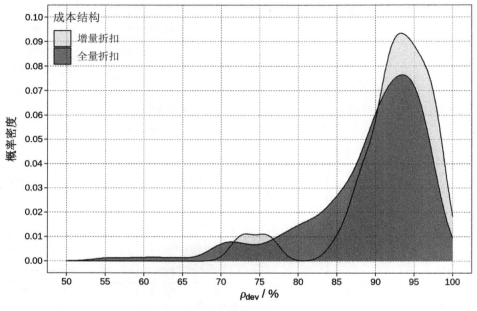

（e）偏离大小

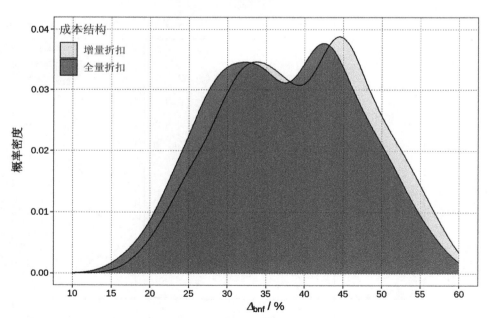

（f）个体成本节约

图 5.6　小规模算例精确算法结果

（来源：Lai et al.，2022）

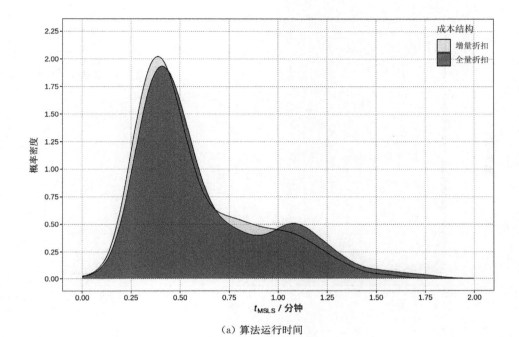

(a) 算法运行时间

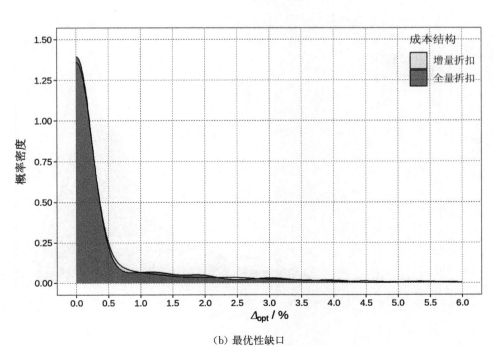

(b) 最优性缺口

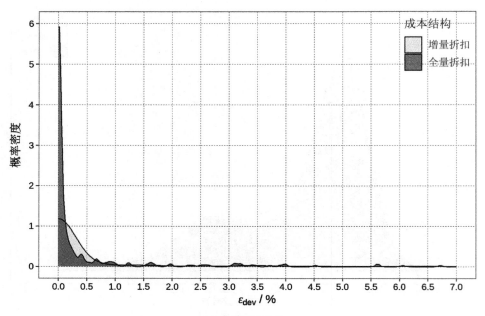

(c) 稳定性偏离值

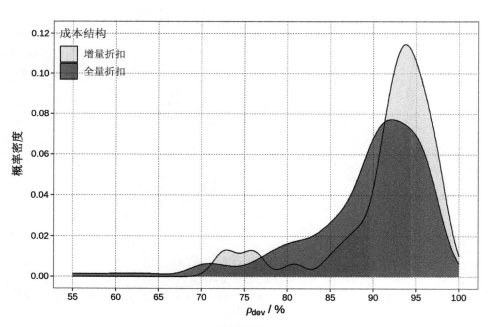

(d) 偏离大小

图 5.7 小规模算例近似算法结果

(来源：Lai et al.，2022)

此外，如图 5.7 所示，启发式 **MSLS** 对这些小规模算例非常高效，超过 80％ 的算例在两分钟计算时间内达到了最优结果。增量式和全量式折扣结构下的最优缺口均值分别为 0.303 6％和 0.305 2％。结果表明，求解算法 **MSLS** 可以在典型的 CD-PL 网络找到高质量的近似最优解。因此，基于近似最优解的分配结果接近于精确解。

图 5.8 显示了大规模算例的结果。由于网络规模的显著增加，寻找好的解的计算时间迅速增长。随着网络中货物的增加，增量式和全量式折扣结构的系统成本分别在 96.18％和 94.59％的算例中降低了 40％以上。对偶缺口基本上不为零。在增量式折扣结构下，分别在 71.02％和 96.50％的算例中相对偏离满足 $\epsilon_{dev} \leqslant 5\%$ 和 $\epsilon_{dev} \leqslant 10\%$。在全量式折扣结构下，分别有 68.15％和 95.86％的算例相对偏离满足 $\epsilon_{dev} \leqslant 5\%$ 和 $\epsilon_{dev} \leqslant 10\%$。$\rho_{dev}$ 的结果还意味着大多数不稳定联盟的规模略小于大联盟，增量式折扣结构下尤其明显。

这些结果表明，在增量式折扣结构下，规则 μ^L 的相对偏离要比全量式折扣结构下小得多，系统成本节约 Δ_{impr} 更高。请注意，μ^L 保证了个体理性。平均而言，个人成本节约更显著，在小规模算例中超过 30％，在大规模算例中超过 50％。相反，从图 5.9 中可以看出，扩大规则 μ^G 严重违反个体理性，在小规模算例中超过 5％，在大规模算例中超过 10％。因此，μ^G 是不可接受的。

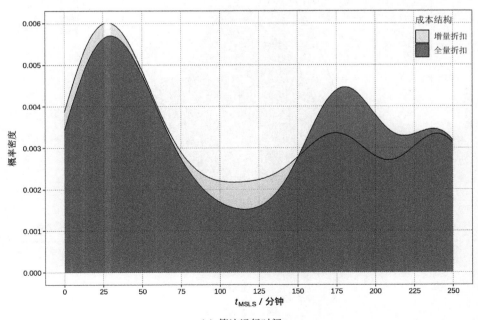

(a) 算法运行时间

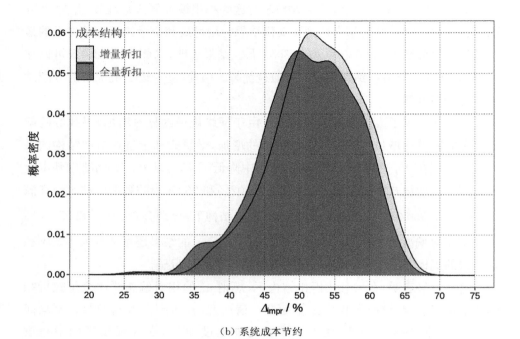

(b) 系统成本节约

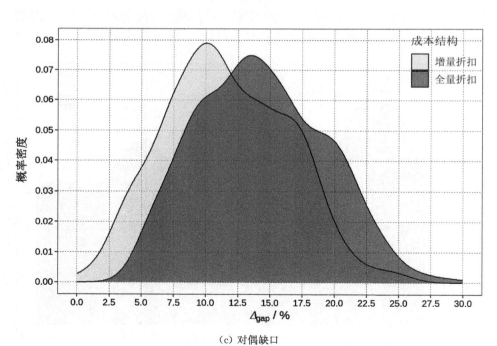

(c) 对偶缺口

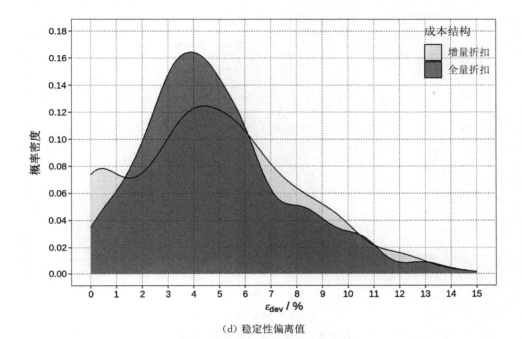

(d) 稳定性偏离值

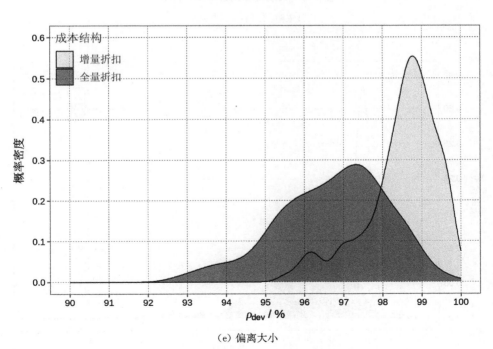

(e) 偏离大小

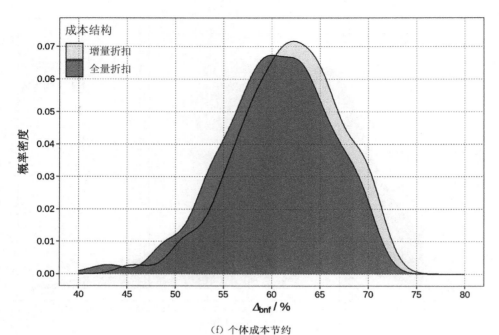

(f) 个体成本节约

图 5.8　大规模算例近似算法结果

（来源：Lai et al.，2022）

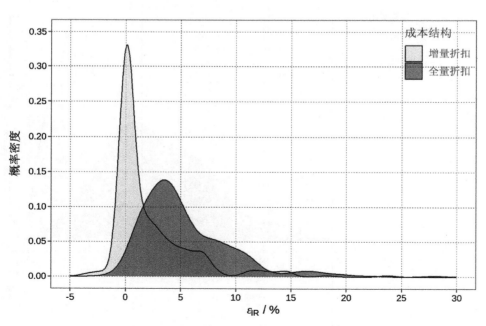

(a) 小规模算例个体理性相对偏离值

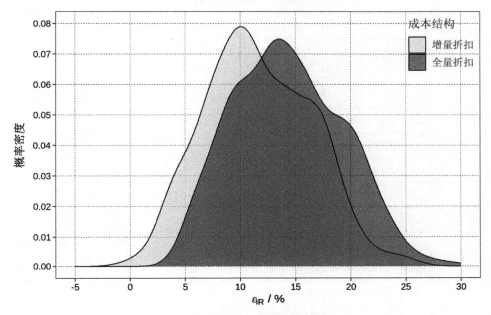

(b) 大规模算例个体理性相对偏离值

图 5.9　扩大规则分配的个体理性偏离分析

(来源：Lai et al.，2022)

5.6.3　综合效应分析

下面综合研究因素对质量和分配的影响，以了解算法的属性。表 5.3 和表 5.4 分别在小规模和大规模算例中固定每个因素级别，计算在给定因素级别的算例中性能指标的平均值(avg.)和标准差(std.)。小规模情况下使用精确最优值，大规模情况下使用近似最优值。发现两种算法的效果几乎相同。

正如预期那样，在两种折扣结构下，当网络规模($|\mathcal{V}_\mathcal{H}|$，$|S|$)和密度($dens_H$，$dens_S$，$dens_F$)较高，延迟成本($u_s$，$h_s$)较低时，托运人联盟合作可显著提高系统成本节约 Δ_{impr}。除了枢型线路密度 $dens_H$ 之外，整合率 ρ_{clt} 和 TL 容量利用率 ρ_{TL} 也会随密度增大而增加。由于网络中集货边数量较少，交付路径的选择更加有限，因此 TL 流量可以更高，这意味着整合对于更多货物来说是经济的。相反，枢型线路密度值越高，意味着 TL 流量越低，经济性越低。每当将精确算法或近似算法应用于集货运输问题时，情况都是如此。

表 5.3 小规模算例结果

因素			$dense_H$		$dense_S$		$dense_F$		$\delta_{compete}$		u_s	
			[0.5, 1.5]	(1.5, 2.5]	[2.5, 5]	(5, 7.0]	[1.0, 5.0]	(5.0, 10.0]	[0, 2500]	[5000, 7500]	[0.05, 0.1]	(0.1, 0.2]
增量式折扣	Δ_{impr}	avg.	35.54	35.75	28.32	40.41	28.52	41.01	33.37	38.1	38.05	31.92
		std.	10.58	8.94	8.17	8.01	8.48	8.04	10.37	9.05	10.49	8.74
	ρ_{clt}	avg.	83.54	83.93	76.51	88.68	76.96	89.87	81.35	87.12	86.45	80.24
		std.	13.83	10.95	15.54	6.51	15.26	5.93	14.27	8.97	12.39	12.62
	ρ_{TL}	avg.	60.83	58.31	51.04	65.76	51.06	65.92	56.36	64.02	60.95	57.27
		std.	11.23	8.43	9.23	7.71	9.3	7.66	11.36	8.52	11.56	10.11
	Δ_{gap}	avg.	1.76	3.77	0.96	3.53	1.17	2.91	1.62	3.14	2.62	1.71
		std.	3.03	4.04	3.29	3.5	3.4	3.32	3.42	3.41	3.81	3.04
	ϵ_{dev}	avg.	0.32	0.18	0.08	0.5	0.11	0.52	0.22	0.44	0.4	0.19
		std.	1.06	0.63	0.56	1.23	0.59	1.26	0.79	1.2	1.11	0.78
	ρ_{dev}	avg.	92.73	93.22	80.17	93.69	81.62	93.68	90.02	93.45	91.91	91.95
		std.	3.18	3.96	8.74	2.99	8.05	3.16	7.88	3.33	6.78	4.78
全量式折扣	Δ_{impr}	avg.	33.56	33.54	26.58	38.13	26.77	38.74	31.47	35.86	35.98	29.95
		std.	10.42	8.76	7.95	8.18	8.26	8.23	10.11	9.22	10.36	8.58
	ρ_{clt}	avg.	82.81	82.97	75.73	88.15	76.18	89.32	80.72	86.46	85.92	79.48
		std.	14.19	11.56	15.79	6.94	15.54	6.38	14.5	9.57	12.57	13.05
	ρ_{TL}	avg.	60.88	58.56	51.09	65.82	51.12	65.98	56.5	63.9	61.02	57.29
		std.	11.28	8.5	9.35	7.84	9.42	7.81	11.51	8.6	11.72	10.08
	Δ_{gap}	avg.	5.02	7.44	3.49	7.51	3.74	6.89	4.67	6.91	6.18	4.75
		std.	3.57	4.51	3.91	3.63	4.02	3.54	4.09	3.68	4.45	3.5
	ϵ_{dev}	avg.	0.38	0.33	0.17	0.46	0.23	0.52	0.31	0.43	0.43	0.27
		std.	1.01	0.69	0.5	1.05	0.66	1.14	0.83	1.02	1.03	0.74
	ρ_{dev}	avg.	89.28	92.05	81.09	92.42	81.81	91.91	87.81	91.15	89.06	89.27
		std.	7.02	4.66	8.87	4.27	8.88	4.74	8.73	5.1	8.16	7.06

(单位：%。来源：Lai et al.，2022)

表 5.4 大规模算例结果

因素			$dense_H$		$dense_S$		$dense_F$		$\delta_{compete}$		u_s	
			[1.5, 3.0]	(3.0, 6.0]	[4.0, 8.0]	(8.0, 10.0]	[0.5, 2.0]	(2.0, 5.0]	[0, 2500]	(5000, 7500]	[0.05, 0.1]	(0.1, 0.2]
增量式折扣	Δ_{impr}	avg.	52.54	53.19	48.34	57.35	48.64	57.1	51.84	52.23	52.74	51.1
		std.	6.48	5.83	5.17	4.37	5.54	4.61	6.54	6.64	6.91	6.03
	ρ_{clt}	avg.	80.16	76.12	73.19	83.6	73.08	84.14	77.99	76.79	78.32	76.37
		std.	8.11	7.51	7.58	5.13	7.6	4.77	7.89	9.04	8.33	8.46
	ρ_{TL}	avg.	66.86	68.82	63.65	73.35	64.09	72.77	67.2	68.05	68.8	66.04
		std.	7.99	6.99	5.7	5.32	6.41	5.28	7.29	7.24	7.07	7.24
	Δ_{gap}	avg.	9.04	9.6	7.44	12.29	7.98	11.28	8.66	10.16	8.88	9.89
		std.	4.53	4.99	3.6	4.39	4.24	3.88	4.14	4.82	4.34	4.67
	ϵ_{dev}	avg.	3.32	3.75	2.64	5.1	3	4.55	3.19	4.12	3.55	3.68
		std.	3.2	3.17	2.7	3.21	3.07	2.86	2.72	3.53	3.22	3.04
	ρ_{dev}	avg.	98.38	98.49	98.89	97.99	98.8	98.09	98.72	98.21	98.37	98.64
		std.	1.04	0.87	0.52	1.05	0.67	1.04	0.74	1.03	0.92	0.88
全量式折扣	Δ_{impr}	avg.	50.77	51.8	46.57	56	46.95	55.61	50.14	50.73	51.04	49.61
		std.	6.69	6.08	5.33	4.47	5.76	4.76	6.85	6.77	7.35	5.98
	ρ_{clt}	avg.	78.72	74.84	71.89	82.91	71.87	83.26	76.68	76.07	77.29	75.3
		std.	8.31	8.06	7.21	5.1	7.27	5.03	8.33	8.58	8.29	8.52
	ρ_{TL}	avg.	67.59	69.58	64.2	73.79	64.64	73.19	67.8	68.42	69.39	66.41
		std.	7.79	6.47	5.46	5.15	6.22	5.15	6.95	7.24	6.89	6.97
	Δ_{gap}	avg.	12.55	12.59	10.53	15.63	10.92	14.89	11.92	13.26	12.23	12.88
		std.	4.39	4.73	3.5	4.48	4.06	4.14	4.11	5.03	4.61	4.55
	ϵ_{dev}	avg.	4.02	4.22	3.48	5.15	3.73	4.82	3.9	4.44	4.21	4.06
		std.	3	2.74	2.51	2.91	2.75	2.76	2.64	2.96	2.86	2.71
	ρ_{dev}	avg.	96.48	96.66	97.02	96.27	96.97	96.19	96.74	96.6	96.37	97.06
		std.	1.53	1.37	1.38	1.35	1.42	1.41	1.37	1.53	1.5	1.27

(单位: %。来源: Lai et al., 2022)

当网络规模 $dens_S$、密度 $dens_F$ 以及竞争水平 $\delta_{compete}$ 较高或延迟成本（u_s，h_s）较低时，稳定性偏离 ϵ_{dev} 明显增加。在这些情况下 TL 流量更大或更多的货物竞争运力，并且对偶性缺口 Δ_{gap} 通常更高。这使得以较小的稳定性偏离恢复预算变得更加困难。当枢纽型线路密度 $dens_H$ 增加时，ϵ_{dev} 在小规模情况下较低，但在大规模情况下较高。这种差异很可能是由网络规模效应造成的，因为近似算法通常是有效的。

5.6.4 分离效应分析

下面研究这些因素对随机生成算例的影响，以进一步了解算法在集货运输问题上何时有效。图 5.10 是显示小规模和大规模算例特征的散点图，增量式和全量式折扣情况下的数据点是不同的。

图 5.10 给出了近似缺口 Δ_{appr}、容量利用率 ρ_{TL} 和对偶缺口 Δ_{gap} 与稳定性偏离 ϵ_{dev} 的关系，其中平滑回归曲线展示了这些相关性关系的趋势。显然，正如预期所料全量式折扣结构下的对偶缺口 Δ_{gap} 通常与近似缺口 Δ_{appr} 正相关。同时，在大规模情况下，较大的对偶缺口和容量利用率都与分配规则 μ^L 较高的稳定性偏离有关。因此，近似缺口也可能会增加 μ^L 的稳定性偏离。

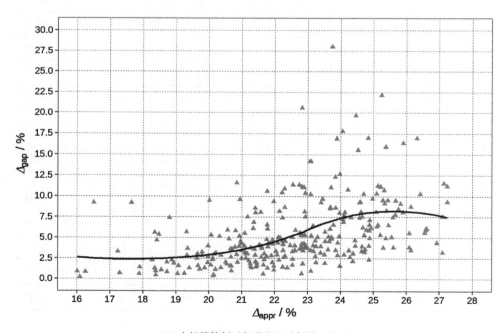

（a）小规模算例近似误差和对偶缺口关系

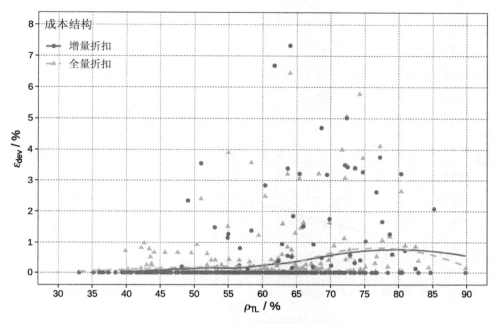

(b) 小规模算例容量利用率和稳定性偏离关系

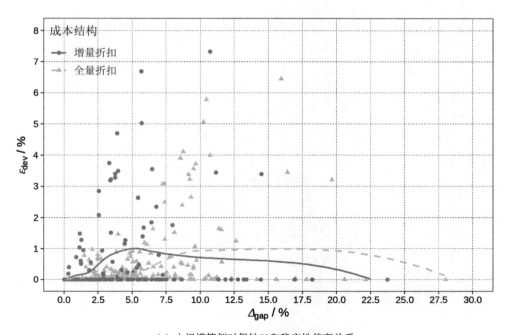

(c) 小规模算例对偶缺口和稳定性偏离关系

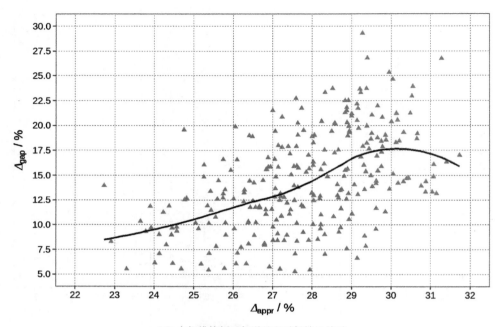

(d)大规模算例近似误差和对偶缺口关系

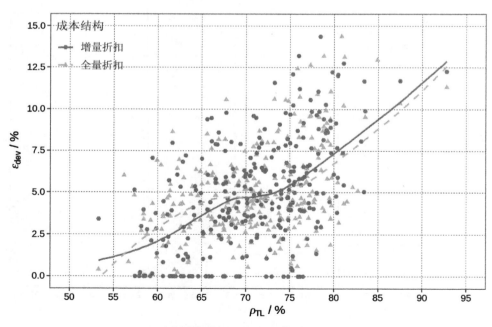

(e)大规模算例容量利用率和稳定性偏离关系

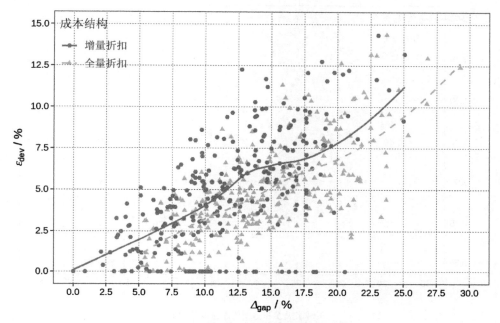

(f) 大规模算例对偶缺口和稳定性偏离关系

图 5.10　对偶缺口和稳定性偏离影响因素分析

(来源：Lai et al.，2022)

相反，对于小规模的情况，这些对稳定性的影响很小，因为偏离大多接近于零。回想一下，图 5.6 和图 5.7 中所示的精确方法和近似方法的稳定性结果几乎相同。这种差异很可能是因为大型网络中包含更多的货物，因此边上的流量比小规模网络中的大得多。当流量很大时，对于这种流量范围内，本地边的成本函数 $c_e(x)$ 似乎 "更加凹"，并且集货边的容量限制通常很严格。因此，集中式优化问题变得"不那么线性"。众所周知，为线性网络流博弈设计核分配很容易（Agarwal and Ergun，2008），这可以解释这种差异。

图 5.11 和图 5.12 在全量式折扣结构下检查 μ^L 会在什么情况下稳定性偏离为零或较小。增量式折扣结构的模式非常相似，因此未显示。在小规模情况下，μ^L 存在于各种 CD-PL 网络的核，即在各种网络规模 $|V|$ 和密度（$dense_H$、$dense_S$ 和 $dense_F$）情形下均可能。对偶缺口可能会导致 μ^L 不稳定，这在服务密度较高时更有可能发生。

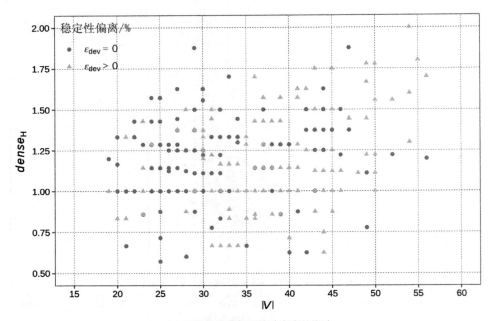

(a) 网络规模和枢型线路密度的影响

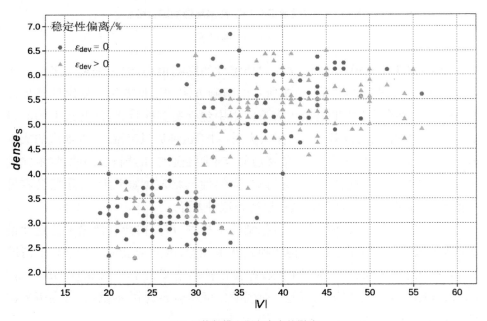

(b) 网络规模和服务密度的影响

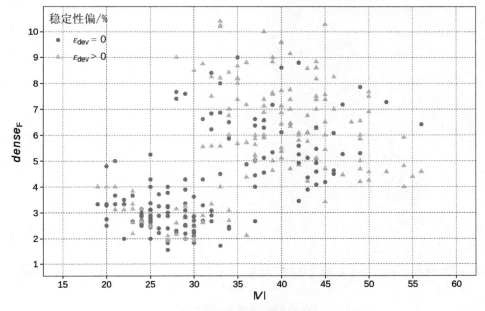

(c) 网络规模和货运密度的影响

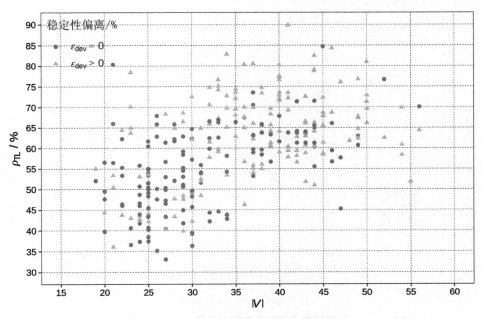

(d) 网络规模和容量利用率的影响

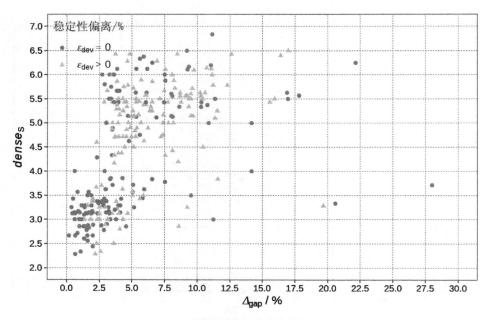

(e) 对偶缺口和服务密度的影响

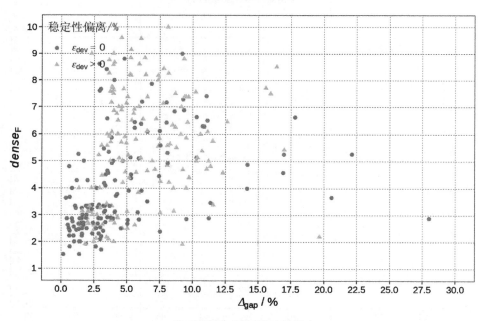

(f) 对偶缺口和货运密度的影响

图 5.11　小规模算例全量式折扣情形下稳定性偏离影响因素分析

(来源：Lai et al.，2022)

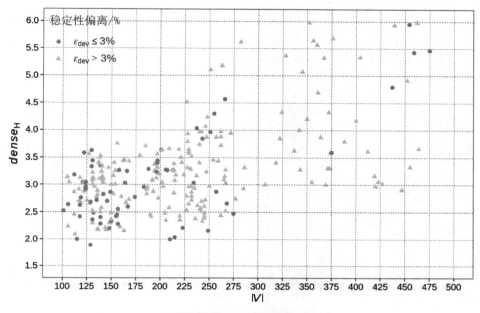

(a) 网络规模和枢型线路密度的影响

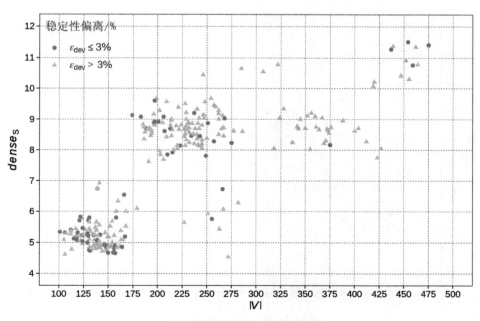

(b) 网络规模和服务密度的影响

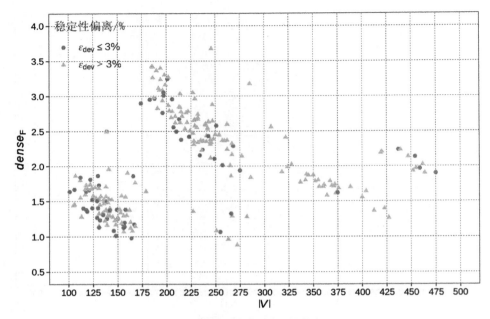

(c) 网络规模和货运密度的影响

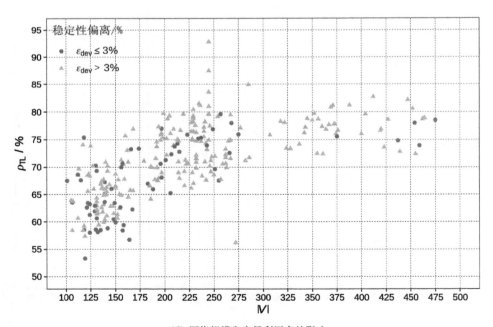

(d) 网络规模和容量利用率的影响

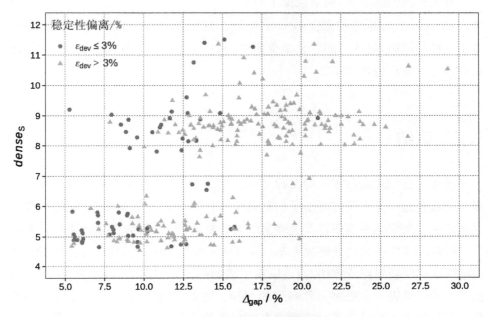

(e) 对偶缺口和服务密度的影响

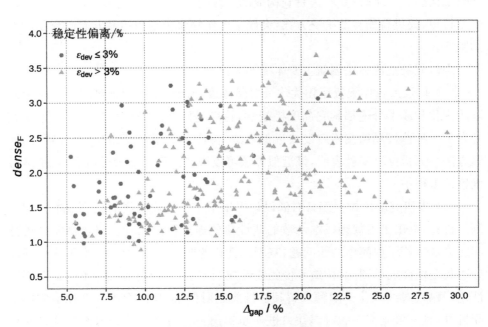

(f) 对偶缺口和货运密度的影响

图 5.12　大规模算例全量式折扣情形下稳定性偏离影响因素分析

（来源：Lai et al.，2022）

在大规模情况下,当网络规模 $|\mathcal{V}| \leqslant 200$,枢型线路密度 $dense_H \leqslant 3$,服务密度 $dense_S \leqslant 6$,或货物密度 $dense_F \leqslant 2$ 时,规则 μ^L 的稳定性偏离很可能很小。对于这样的网络,集货边的容量很少紧张,利用率水平 ρ_{TL} 中等。此外,对偶缺口和稳定性偏离通常很小。

5.7 总结

托运人合作运输是零担物流行业的一个重要问题,也是实现物流行业效率提升的重要途经。本研究提出了一种基于合作博弈理论的新模型,从实际应用出发研究解决实践中基于托运人联盟的合作物流问题,为数字化物流平台开发了一种创新性服务模式及解决方案。现有的合作物流绝大多数研究并未对协作运输问题提供新思路或方法,而是应用了成熟的传统分配方法(主要是 Shapley 值等),并可能进一步限制合作联盟的规模。然而,任何 Shapley 类型成本分配都非常耗时且不满足公平稳定性。本研究从承运人协作的角度出发,考虑零担货物如何通过一个转运仓/集货仓构成的运输网络进行集货运输,构造整车运输合并订单,提供合作算法解决方案,突破了合作物流中零担运输方面研究创新性的匮乏。

本研究的理论方法创新主要体现如下:

(1) 托运人合作集货运输优化一般是高度非线性的 NP-难问题。这个问题的优化和成本分配都具有高度挑战性,特别是网络规模很大的情形。本研究开发了一种迭代局部搜索启发式近似算法,构造了基于最短路径的新型局部搜索方法。大量计算实验表明,该近似算法可以快速获得高质量近似解,与精确最优解误差很小。

(2) 本研究应用拉格朗日对偶设计提出了一个计算简便的新型成本分配机制。首先,提出了不规则成本函数的凹性化的逼近算法;其次,将拉格朗日松弛问题分解为若干更简单的子问题,基于凹性化的成本函数,对每一个子优化问题证明其全模性或单调性,构造等价的线性规划模型,实现将非线性子问题全部线性化;最后,对线性化子问题求解其线性规划对偶解,从而提出一个稳定成本分配机制,对于可能存在的对偶缺口进一步提出一个有效的弥补方案。这是一种全新的设计方法,不需要列举生成任何路径,与传统基于列生成的对偶方法形成鲜明对比,计算简便高效,而且只产生相对较小的稳定性偏差。

大量的计算实验表明，协同集货运输在大多数情况下大大降低了超过40%的总运输成本。所提出的基于拉格朗日的分配方案在小规模网络中大多在核内，而对于大规模网络，其相对稳定性偏离通常不超过5%。根据该规则，整合货物平均可节省50%以上的单独成本。

本章的工作为管理托运人联盟问题的算法提供了一些启示。第一，当网络规模、服务和货物密度以及容量竞争水平较高或延迟成本较低时，整合对于大部分货物来说是经济的，且通过我们的优化算法获得的系统成本节约通常很大。然而，在这种情况下，拉格朗日分配的稳定性偏离增大。第二，当拉格朗日分配应用于实际的 CD-PL 网络时，对于节点不超过 200 个，枢型线路密度不超过 3，服务密度不超过 6，或货物密度不超过 2 的网络，稳定性偏离很可能很小。第三，拉格朗日分配在增量式折扣结构下比在全量式折扣下明显更稳定。由于增量式折扣结构的凹性，系统成本节约和整合率通常也较高。第四，当 CD-PL 网络的枢型线路密度较低时，系统成本节约和整合率通常较高，而基于拉格朗日分配的稳定性偏离只有在网络规模较大时才较小。

第 6 章 多站点式整车运输协同机制

随着物流领域中数字平台的出现，托运人可以通过多站点式整车运输将他们的大票零担订单组合在一起，从而轻松实现合作并降低运输成本。该平台负责规划捆绑订单的运输路径，并公平地分配运输费用。为解决这一实践中的挑战性问题，本章提出了一种基于带有软时间窗的取送货模型变体的合作博弈。集中优化模型是 NP - 难问题，且博弈的核可能为空。本章采用了最小核概念，并将核稳定性约束简化为路径条件。基于理论结果，提出了新的路径生成联合搜索算法，该算法通过定制的多启动式局部搜索子算法迭代求解集中优化和最小核分配问题。对一个实际案例的大量计算实验表明，该算法可以快速生成具有较小最优性差距的近似最优解和较小稳定性偏差的最小核分配。通过本算法，托运人通过合作能够获得可观的成本节省。

6.1 引言

捆绑运输(Bundle Shipping)，也称为**共同装载(Co-loading)**，已被提出作为一种有效合作物流的概念，旨在降低运输成本、缩短交货时间、减少损坏风险，同时提高资产利用率和物流行业的可持续性。根据 Taherian (2014) 和 Creemers et al. (2017)，捆绑运输中，多个托运人可以合并多个零担(LTL)订单创建多站点式整车运输(MSTL)，或者将多个整车货运(TL)订单合并进行回程和往返运输。本章特别研究了通过 MSTL 运输进行捆绑的情况，其中捆绑订单的起点和终点通常在彼此小半径范围内。这些订单由同一辆车沿途取货和送货，类似于 UberX Share (2021) 的一对多拼车服务。

MSTL 运输允许订单主动同步以共享同一辆车的容量，即捆绑的货物在运输前进行计划，如果有必要，甚至可以重新安排原定单个货物的时间。这与传统的承运人 LTL 运输形成对比，后者只能在执行阶段通过枢纽和辐射网络被动地整合 LTL 货物,且不能改变货物的时间安排。值得指出的是,这一概念主要适用于以相同方式处理的货物,例如所有货物都以托盘化并使用同类型的卡车运输(Taherian, 2014)。MSTL 最适合那些占用四分之一到四分之三之间卡车载货量(即 6 到 22 个托盘),且每个工作日在同一个州或区域内运输的 LTL 货物(C. H. Robinson, 2016)。

MSTL 与传统的 LTL 合作形式(如直接合并或货物加总运输)有所不同,距离位置相近之间的货物在同一辆车上沿途整合,而不是在配送中心或末端站进行整合(C. H. Robinson, 2016)。直接合并或货物加总运输通常要求货物具有相同的起点和/或终点,然后通过 LTL 承运人的枢纽网络进行整合,货物可能需要经过多辆车运输。

MSTL 运输通常由第三方物流服务提供商(3PL)通过数字化平台组织。著名案例为比利时物流公司 Tri-Vizor,它提供全套解决方案来创建和组织运输捆绑合作伙伴关系。Tri-Vizor 使用 BBaRT 工具为托运人寻找 MSTL 和其他类型的捆绑机会。对于联盟中的合作伙伴,Tri-Vizor 每日安排捆绑订单的路径,并与共同的承运人签订合同执行运输(Vanovermeire and Sörensen, 2014a)。另一个类似的例子是 CargoStream,这是一个独立的泛欧州货运平台,通过捆绑运输形式促进托运人合作(Beliën et al., 2017)。Tri-Vizor 的数据库包含了超过 130 000 条货物运输线路,而 CargoStream 超过 30 000 条路径,这两个平台都为托运人节省了超过 10% 的运费(Creemers et al., 2017; Beliën et al., 2017)。

尽管托运人可以获得显著收益,但在实践中实施 MSTL 运输仍具挑战性。一个主要挑战是增加停留或滞留时间的风险(即每个停靠点的装卸时间)。货运业通常限制服务的行程时间(如 12 小时),并对下一个停靠点进行取货送货的绕行距离设定适度的范围(如 30 英里①)。此外,为了便于处理,装卸可能需要采取后进先出(Last-in-First-out, LIFO)策略。最大的挑战是如何优化路径规划,并在合作伙伴之间公平地分配收益。订单同步可能会导致某些托运人产生延迟成本,这需要进行补偿。此外,路径的选择将导致与不同订单的捆绑,从而产生不同的运输成本和延迟成本。托运人希望尽可能减少捆绑合作中的共同成本。

本章通过设计合作博弈模型来解决 MSTL 运输的上述问题。我们考虑一

---

① 1 英里≈1.6公里

组 LTL 托运人组成联盟,参与由第三方物流数字化平台(3PL)组织的每日区域配送的 MSTL 运输计划。在路径规划方面,根据捆绑订单限制构建了一个运输网络,并开发了带有软时间窗的取货送货模型变体,结合实际案例设计了基于合作博弈核概念的成本分配规则。

本章其余部分结构如下:第 6.2 节回顾了相关研究文献综述;第 6.3 节定义了 MSTL 运输的合作问题,并将其数学地表述为一个取货送货模型的变体;第 6.4 节介绍了合作博弈模型及基于核的解决方案概念;第 6.5 节介绍了路径生成联合搜索算法;第 6.6 节展示了计算实验结果;第 6.7 节总结了本章研究工作。

这一研究成果发表于 Lai et al.(2024)。所有理论结果的证明参见论文 Lai et al.(2024)。

6.2 文献综述

本章研究是 LTL 运输领域的合作物流研究。最近的几篇综述性文献广泛回顾了合作物流理论和实践的最新进展(Cleophas et al.,2019;Ferrell et al.,2019;Aloui et al.,2021)。Guajardo and Rönnqvist(2016)总结了合作物流文献中的成本分配方法,特别是在运输规划、车辆路径、联合配送和库存集中化方面。Gansterer and Hartl(2020)综述了有关资源共享的合作车辆路径的最新文献。Hezarkhani et al.(2021)回顾了合作物流网络设计问题的成本分配方法。本章研究还与具有空核的组合优化合作博弈问题密切相关,在这些博弈中,基础的优化模型是非凸的,因此线性松弛具有正的整数缺口,这使得涉及公平的成本分配机制变得困难。现有文献引入了几种近似核的概念来解决这个问题。Shapley and Shubik(1966)首先引入了放宽联盟稳定性条件的(加性)ϵ-核概念。Maschler et al.(1979)进一步定义了具有最小稳定性偏离的最小核概念。之后,Faigle and Kern(1993)引入了相对于稳定性偏离的可乘积ϵ-核概念,并提出了放宽预算平衡条件的 γ-近似核概念。请参阅文献 Marinakis et al.(2008)的综述,了解组合优化合作博弈中的成本分配方法。

在接下来的部分,我们将简要回顾与车辆路径博弈(第 6.2.1 节)、捆绑运输博弈(第 6.2.2 节)以及其他相关组合博弈(第 6.2.3 节)密切相关的文献。

6.2.1 车辆路径博弈

车辆路径博弈(Vehicle Routing Game,VRG)通常将单个配送中心派出的路径中客户间的成本分配建模为合作博弈,这本质上是客户之间的合作。车辆路径博弈的一个特殊情况是由 Fishburn and Pollak (1983)提出的旅行商博弈(Travelling Salesman Game,TSG),在该博弈中,所有客户都由单一路径服务。一方面,Dror (1990)、Potters et al. (1992)和 Derks and Kuipers (1997) 研究了旅行商博弈核的存在和结构。另一方面,Faigle et al. (1998a)利用 Held-Karp 界限提出了旅行商博弈的乘法ϵ-核分配,Popescu and Kilby (2020)开发了一种新的近似旅行商博弈的 Shapley 值的方法。

Göthe-Lundgren et al. (1996)最初提出了基本的车辆路径博弈,其中所有车辆都是同质的。Engevall et al. (2004)将车辆路径博弈扩展到异质车辆的情况。这两项研究都开发了约束生成程序来计算核仁和/或核心分配,这需要重复求解旅行推销员子问题的变体。后来,文献中提出了许多车辆路径博弈的变体。如货运代理合作(Dahlberg et al.,2018)、两级取送货合作(Wang et al.,2018)、污染路径博弈(Kellner and Schneiderbauer,2019)。这些研究主要应用了经典的合作博弈解的概念来确定分配,如 Shapley 值。van Zon et al. (2021)和 Van Zon and Desaulniers (2021) 介绍了联合网络车辆路径博弈及其变体,其中参与者通过选择性整合需求和合并配送路径进行合作,提出了一种基于松弛方法的加速技术支持的约束生成算法来确定核分配。

另一主要变体是用于承运人合作的多仓库车辆路径博弈(mVRG),其中承运人共享各自配送中心的车辆以共同交付订单。Zakharov and Shchegryaev (2015)和 Yang et al. (2020)通过穷举所有稳定性约束来计算核分配。Kimms and Kozeletskyi (2016,2017)开发了约束生成算法来确定最小核分配。Zibaei et al. (2016)和 Wang et al. (2017) 考虑了 Shapley 值和其他成熟概念。车辆路径博弈的其他变体包括 Özener et al. (2013)的库存路径博弈和 Osicka et al. (2020)的位置路径博弈,这两者都考虑了ϵ-核分配。

在上述关于车辆路径博弈及其变体的研究中,联盟成本特征函数是由承运人的总运输成本给定的。在本研究中,由共同承运人向托运人收取的 MSTL 成本显然具有不同的结构且存在高度非线性,因此需要开发不同的优化和成本分配算法。

6.2.2 捆绑运输博弈

Chabot et al. (2018)、Atefi et al. (2018) 和 Verheyen and De Bruecker (2020) 研究了集中式的多站运输规划问题。与此同时,Parsa et al. (2017) 和 Luan et al. (2022) 开发了评估模型辅助捆绑运输决策。然而,这些集中式研究没有考虑成本分配问题,而评估模型则忽略了优化问题。

捆绑运输博弈(Bundle Shipping Games,BSG)指的是托运人通过共同装载他们的零担货运订单进行合作。Vanovermeire and Sörensen (2014a) 将 Shapley 值分配整合到基于路径的优化模型中,以实现托运人在捆绑运输中的合作,其中路径是预先确定的。Vanovermeire and Sörensen (2014b) 在两个托运人捆绑运输的案例研究中比较了 Shapley 值、核仁(Nucleolus)和平均分配法。Vanovermeire et al. (2014) 实证检验了 Shapley 值成本分配在托运人捆绑运输合作中的应用。Tinoco et al. (2017) 将捆绑运输整合到由两名托运人参与的合作库存整合博弈中,并比较了四种比例分配规则。

上述捆绑运输博弈研究通常忽略或简化了 MSTL 运输网络的路径优化决策,这些研究大多数通常使用传统的分配方法,特别是 Shapley 值和比例规则,还可能进一步限制参与者的数量。相比之下,本章在一般运输网络环境中研究捆绑运输合作博弈,并提出适用于实际问题的联合求解优化和分配决策的路径生成算法。

6.2.3 其他组合博弈

本节将回顾在核为空的其他组合优化合作博弈中的成本分配方法。在这些博弈中,ϵ-核、γ-近似核、核仁和 Shapley 值通常被用作近似公平分配方法。

在加权匹配博弈中,参与者共同在有限的无向图中形成一个最大权重匹配。Faigle et al. (1998b) 引入了核子(Nucleon)分配的概念,可以将其视为核仁的乘法类比。Kern and Paulusma (2003) 致力于开发一种计算基数匹配博弈核仁的多项式时间算法。Biró et al. (2012) 在近似核时考虑最小化阻塞对应的数量和总阻塞值。

对于包装和覆盖博弈,Faigle and Kern (1998b)、Liu (2009) 以及 Qiu and Kern (2016) 都考虑了最小核分配,并专注于开发高效的求解算法。

在斯坦纳树(Steiner Tree)博弈和更一般的多播网络博弈中,参与者共同建立了一个最小成本的斯坦纳树以连接网络中的节点。Skorin-Kapov (1995) 提出了一种启发式算法,从初始对偶解开始迭代计算 γ-近似核分配。Jain and

Vazirani(2001)利用原始对偶最小生成树算法确定具有保证偏离水平的交叉单调ϵ-核分配。Altan and Özener(2019)开发了基于对偶扩展的ϵ-核分配,并且也开发了一种约束生成算法来近似计算核仁。

在设施选址博弈中,参与者合作共同建立设施并连接到他们的位置。Granot(1987)考虑了最小核分配,并将联盟聚合成更大的社区以减少计算复杂性。Liu et al.(2016)提出了基于拉格朗日松弛和分解的算法框架来计算γ-近似核分配。同样,Caprara and Letchford(2010)引入了行和列生成技术,使用线性松弛来确定γ-近似核。

最近,供应链和物流合作博弈成为组合优化合作博弈领域中最活跃的研究领域之一。除了 LTL 运输博弈,还介绍了其他三种典型博弈。在枢纽网络博弈中,参与者共同建立枢纽和链接以高效传递聚合的流量。Skorin-Kapov(2001)考虑了 p-枢纽中位数情形,并使用分解方法计算核仁分配。Matsubayashi et al.(2005)提出了一种成本分配的比例规则,同时考虑了与节点相关的拥堵问题。Bergantiños and Vidal-Puga(2020)区分了单向流和双向流情况,并开发了一种有效的方法来计算 Shapley 值。Hezarkhani et al.(2019)为城市配送引入了调度整合博弈,并提出了分量核(Component-wise Core)的概念进行成本分配。在服务网络设计博弈中,参与者在运营层面合作设计他们的服务网络。Karsten et al.(2015)研究了离散服务容量情形下的ϵ-核和ϵ-群体单调性分配。Öner and Kuyuzu(2022)开发了行列生成算法,在整车运输采购网络中计算基于核仁的成本分配。Lai et al.(2022)研究了 LTL 运输服务网络设计博弈中基于拉格朗日对偶的ϵ-核成本分配。对于承运人在自动驾驶卡车车队中的合作,Chen et al.(2023)开发了一种行生成算法,以找到一种最大限度地减少对效率和稳定性条件违反的成本分配。

本章研究通过提出一种新的计算最小核分配的方法,为组合优化合作博弈的研究做出了贡献。与现有研究不同,我们的方法在不使用线性松弛的情况下同时解决集中优化和成本分配问题。

6.3 MSTL 合作运输问题

这节描述了 LTL 托运人的合作 MSTL 运输问题。表 6.1 中总结了本章将使用的参数和变量的符号。

表 6.1　集合、参数、决策变量和函数的符号表示

集合	
$\mathcal{N}$	订单集 $\{1, 2, \cdots, n\}$
$(\mathcal{V}, \mathcal{A})$	具有点集 $\mathcal{V}$ 和边集 $\mathcal{A}$ 的运输网络
$\mathcal{A}^{\text{ff}}$	实际移动的边的子集
$\mathcal{P}$	取货点集 $\{1, 2, \cdots, n\}$
$\mathcal{D}$	送货点集 $\{n+1, n+2, \cdots, 2n\}$
$\delta(i)$	运输网络中连接点 i 的边的集合
$\mathcal{C}_{\epsilon}(\cdot)$	合作博弈的 ϵ-核
$\mathcal{C}_{\text{least}}(\cdot)$	合作博弈的最小核
Ω	可被单条路径服务的小联盟集
参数	
K	同类卡车的数量
0	起始配送中心
$2n+1$	返回配送中心
$(i, n+i, t_i^o, t_i^d, w_i)$	指定取货点 i，送货点 $n+i$，可用时间 t_i^o，送货截止时间 t_i^d 和载重 w_i 的 LTL 订单
s_i^l	订单 i 的装货时间
s_i^u	订单 i 的卸货时间
a_{ij}	边 (i, j) 的行驶时间
d_{ij}	边 (i, j) 的行驶距离
$\bar{a}_{ij}$	边 (i, j) 的总行驶和装卸时间
r_{ij}	从点 i 到 j 的每英里干线运输费率
f	每次停靠费用
p_i	订单 i 的独立 LTL 成本
u_i	订单 i 每单位时间每托盘的延迟成本
$T_{\max}$	每辆卡车行程的时间限制
$Q_{\max}$	卡车容量
E	捆绑订单的距离限制
$\tau_i^{\max}$	订单 i 的最大延迟时间

(续表)

变量	
$[\underline{t}_j, \overline{t}_j]$	节点 j 的服务时间窗口
变量	
x_{ij}^k	若卡车 k 经过边 $(i,j) \in \mathcal{A}$ 则等于 1,否则为 0
y_i^k	若卡车 k 首先取货并最后交付订单 i 则等于 1,否则为 0
z_i	若订单 i 未在 MSTL 运输中选择则等于 1,否则为 0
T_j^k	卡车 k 开始在点 j 服务的时间
Q_j^k	卡车 k 离开点 j 时的载重
τ_i	交付订单 i 的延迟时间
ξ_i	订单 i 的成本分配
ϵ	稳定性偏离值
函数	
$\Gamma(x, y, z, \mathcal{N})$	联盟 $\mathcal{N}$ 的总成本函数
$\Gamma(\mathcal{R})$	联盟 $\mathcal{R}$ 的最优成本
$\Delta(\xi, \epsilon)$	分配 ξ 的最大偏离
$\gamma(R)$	联盟 $\mathcal{R}$ 的偏离的负值
γ^*	最大偏离的负值

我们考虑一个第三方物流公司(3PL)通过数字平台运营一个多站点式整车运输(MSTL)项目,以提供零担货运(LTL)捆绑运输服务。根据 Verheyen 和 De Bruecker(2020),合作捆绑过程基本如下:

(1) 第三方物流公司为参与捆绑运输的订单设定一个时间范围(例如,1 天、2 天或 3 天)。托运人向第三方物流公司提交一组必须在时间范围结束时交付的 LTL 订单 $N = \{1, 2, \cdots, n\}$。

(2) 第三方物流公司最优地计划一组 MSTL 运输路径,共同交付这些订单。每条路径从一个配送中心开始,依次访问捆绑订单的取货和交货地点,最后返回到另一个配送中心,同时遵守时间可行性、载重容量、有限绕道限制和装载限制。其他未被选入捆绑的订单将以正常的 LTL 模式运输。允许各路径在时间范围内不同时间开始,即开始时间取决于首个取货订单的时间。

(3) 这些路径由一个或多个共同签约的承运人执行,第三方物流公司在托运人之间分配总运输成本。

在现实中,由于货物通常是重型托盘,可能会对 MSTL 运输的运营施加额外要求,以避免处理困难(Verheyen and De Bruecker,2020)。

假设 6.1 在 MSTL 运输中,取货和送货必须满足两条规则:(1)在完成送货后不允许其他取货;(2)装卸操作遵循后进先出(LIFO)原则。

第一条规则要求所有的取货必须在任何送货之前进行,第二条规则 LIFO 意味着订单必须按取货顺序的相反顺序进行卸货。这一策略在使用后装卡车进行运输时尤为必要。

每个订单 $i \in \mathcal{N}$ 也会产生装卸服务时间,分别用 s_i^l 和 s_i^u 表示。通常情况下,使用一辆卡车运送所有途中订单是不现实的,因为这会导致许多订单延迟交货。因此,有必要为每辆卡车从配送中心 0 到配送中心 $2n+1$ 的行程时间设定一个时间限制,记为 $T_{\max}$。 此外,如果中途停靠点位于适度大小的区域集群中(例如,30 平方英里范围内),承运人可以接受 MSTL 形式运输的订单(C. H. Robinson,2017)。以下是两个关于捆绑限制的假设。

假设 6.2 对于每条 MSTL 路径,服务的行程时间不超过 $T_{\max}$;取货或送货的下一次额外的停靠地点不能超过预定距离限制 E。

如 Verheyen and De Bruecker(2020)所指出的,捆绑限制 $T_{\max}$ 主要取决于 MSTL 捆绑的时间灵活性。

备注 6.1 如果托运人不愿延迟当日的货物运输,平台只能捆绑在同一天内捆绑运输,受到日常工作时间规定的限制,因此可以设定 $T_{\max} \in [10, 12]$ 小时。然而,如果托运人希望节省更多的成本并允许更多的时间灵活性,平台可以决定每 2 天或 3 天进行一组捆绑,捆绑时间上限可能更大,例如 $T_{\max} \in [20, 24]$ 小时,这将显著扩大捆绑机会。然后,MSTL 路径将被视为每 2 天或 3 天进行组织和计划。

6.3.1 运输网络

设 $\mathcal{N} = \{1, 2, \cdots, n\}$ 是提交给 MSTL 运输计划的 LTL 订单集合。每个订单 $i \in \mathcal{N}$ 由取货点 i、送货点 $n+i$、可用时间 t_i^o、送货截止时间 t_i^d 和载重 w_i(以托盘数量表示)指定。所有订单都可以采用标准化的方式进行托盘包装,并使用同类型的卡车运输(Taherian,2014;Chabot et al.,2018)。同时,每辆载重容量为 $Q_{\max}$ 托盘的卡车必须从配送中心 0 出发,最后返回到配送中心 $2n+1$。

运输网络 $(V, \mathcal{A})$ 的构建如下。其中 $V := \{0, 1, 2, \cdots, 2n, 2n+1\}$。首

先,对于每个订单 $i \in N$,构建边 $(0,i)$、$(n+i, 2n+1)$ 和 $(i, n+i)$,同时引入一个虚拟边 $(0, 2n+1)$,表示行驶在虚拟边上的卡车未被任何路径使用。其次,根据**假设 6.2**,只有在各点之间的行驶距离不超过限制 E 时,才为每对订单 $i, j \in \mathcal{N}$ 创建边 (i, j) 和 $(n+i, n+j)$。

请注意,根据**假设 6.1**,网络 $(\mathcal{V}, \mathcal{A})$ 不能包含任意订单对 $i \neq j$ 的边 $(n+i, j)$ 或 $(i, n+j)$。设 $\delta(j)$ 表示与点 j 相连的边集,对于所有的 $j \in \mathcal{V}$;特别地,为虚拟边设定 $a_{0, 2n+1} := 0$ 和 $d_{0, 2n+1} := 0$,表示如果卡车行驶在此边上则实际没有被使用。同时,如果点 i 和 j 对应相同的物理位置,则设定 $a_{ij} := 0$ 和 $d_{ij} := 0$。如果卡车行驶在 $a_{ij} = 0$(或 $a_{n+i, n+j} = 0$)的边上,可以推断订单 i 和 j 被一起取货(分别卸下),而没有中途停靠。因此,我们定义 $\mathcal{A}^{\sharp} := \{(i, j) \in \mathcal{A} : a_{ij} > 0\}$ 为表示实际移动的边的子集。

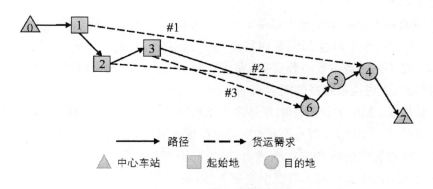

图 6.1 MSTL 运输捆绑示例
(来源:Lai et al.,2024)

MSTL 路径被正式定义为在网络 $(\mathcal{V}, \mathcal{A})$ 中从节点 0 到节点 $2n+1$ 的一个路径,同时满足配对、优先级和 LIFO 约束:对于每个订单,取货必须先于送货,且两个点必须由同一辆卡车访问,送货顺序与取货顺序相反。显然,有效的 MSTL 路径必须至少服务两个订单。图 6.1 展示了在 LIFO 约束下的一个小型 MSTL 路径示例。三个订单都由同一条由实线表示的路径服务,而不是分别交付。卡车依次为订单 1、2 和 3 取货,然后依次为订单 3、2 和 1 送货。

6.3.2 运输成本

每个订单 $i \in \mathcal{N}$ 在可用时间 t_i^o 前不能被取货,且允许在截止时间 t_i^d 后交货,且不能超过最大延迟时间 $\tau_i^{\max}$。如果卡车在 t_i^o 前到达,则必须等到可用时间。如果订单 i 延迟交货，则将对每托盘的每单位延迟时间收取延迟成本 u_i。另外，通过 MSTL 运输所有订单可能并非最优的，如果订单 i 没有被捆绑，则它可以作为普通 LTL 运输，成本为 p_i。

MSTL 运输通常按每英里干线运输费率（RPM）定价，并在每次停靠时增加停靠费用（Chen and Tsai，2016；C. H. Robinson，2017；Verheyen and De Bruecker，2020）。在这种结构中，首次取货停靠点和最后交货停靠点之间的 RPM 来源于第三方物流公司与承运人协商的年度卡车运输定价合同。也就是说，MSTL 的干线运输成本计算方式与普通 TL 运输相同。停靠费用用于支付额外停靠时增加的滞留时间。在标准停靠费中，第一次交货停靠免费。设 r_{ij} 表示起点 i 和终点 j 之间的 RPM，f 表示单位停靠费用。在实践中，单独以 TL 模式运输一个 LTL 订单从来都不是经济的，即 $r_{i,n+i}d_{i,n+i} > p_i$。MSTL 费率结构定义如下：

假设 6.3 （1）对于每个订单 $i \in \mathcal{N}$，LTL 和 TL 费率满足 $r_{i,n+i}d_{i,n+i} > p_i$。（2）假设卡车通过 MSTL 路径 $0 \to j_1 \to j_2 \to \cdots j_m \to 2n+1$ 行驶，其中 $m \geqslant 2$ 是不同物理位置的数量，j_k 是卡车在 $1 \leqslant k \leqslant m$ 期间访问的每个物理位置，托运人支付这条路径的成本 $r_{j_1, j_m} \cdot d_{j_1, j_m} + (m-2) \cdot f$。

请注意，MSTL 路径中的额外停靠点数量等于 $m-2$。在图 6.1 的示例中，路径访问了 6 个地点，额外停靠 4 次，因此，成本等于 $r_{1,4} \cdot d_{1,4} + 4 \cdot f$。有可能两个订单有相同的取货点和交货点，但时间窗可能不同。此时，MSTL 路径将直接交付这两个订单而不需要中途停靠，即 $m=2$。从仓库 0 到 j_1，以及从 j_m 到仓库 $2n+1$ 的运输是承运人自身的运营成本，不向托运人收费。根据 C. H. Robinson（2017）的建议，我们可以认为每个额外停靠点的停靠费用都相同，这种简单的线性结构不仅简化了问题的建模，也有助于激励托运人合作。

6.3.3 集中优化模型

我们从托运人的角度对研究问题进行建模，优化模型旨在最小化托运人支付的总成本。我们扩展了 Ropke and Cordeau（2009）使用的经典取货和送货模型来构建我们的问题。

为便于建模，定义从点 i 到 j 的总旅行时间 $\bar{a}_{ij}$ 如下：若 $i \in \mathcal{P}$，则 $\bar{a}_{0i} := a_{0i}$ 和 $\bar{a}_{ij} := a_{ij} + s_i^l$；若 $i \in \mathcal{D}$，则 $\bar{a}_{ij} := a_{ij} + s_i^u$。同时定义 $w_{n+i} = -w_i$ 为订单 i 在交货时的卸货量。设 M 为一个常数，其值不小于 $\max\{T_{\max} + \max\limits_{i,j \in \mathcal{N}} \bar{a}_{ij}, Q_{\max} + \max\limits_{i \in \mathcal{N}} w_i\}$。我们还考虑到卡车的数量 K 没有限制，因此第三方物流公司可以根

据需要安排尽可能多的 MSTL 路径。为了方便，设置 $K=n$，任何未使用的卡车都被表示为通过网络 $(\mathcal{V}, \mathcal{A})$ 中的虚拟边 $(0, 2n+1)$ 行驶。

决策变量已在表 6.1 中定义。特别地，x_{ij}^k 仅在 $i \neq j$ 时有效。根据后进先出政策，如果订单 i 首先被取货，那么它也必须是最后被交货的，设置 $y_i^k = 1$。当 $z_i = 1$ 时，订单 i 被排除在计划之外，并单独作为普通 LTL 运输交货。路径变量 (x, y, z) 是主要决策变量，而 (T, Q, τ) 仅是辅助变量。

1) 目标函数

在假设 6.3 下，若 $y_i^k = 1$，则卡车 k 产生的干线运输成本为 $r_{i,n+i} d_{i,n+i}$，卡车 k 实际停靠次数（即不同地点数量）为 $\sum_{(i,j) \in \mathcal{A}^\emptyset, j \neq 2n+1} x_{ij}^k - 2$。此外，如果订单 i 以 LTL 运输，托运人的成本应为单独价格 $p_i \cdot z_i$。目标函数定义如下，旨在最小化总干线运输成本、停靠费用、延迟成本以及单独运输成本。

$$\Gamma(x, y, z, \mathcal{N}) := \sum_{k=1}^{k} \left[\sum_{i \in \mathcal{N}} r_{i,n+i} d_{i,n+i} \cdot y_i^k + f \cdot \left(\sum_{(i,j) \in \mathcal{A}^\emptyset, j \neq 2n+1} x_{ij}^k - 2 \right) \right]$$
$$+ \sum_{i \in \mathcal{N}} (p_i \cdot z_i + u_i w_i \cdot \tau_i) \tag{6.1}$$

2) 约束条件

决策变量必须满足以下描述的 6 组约束条件。

(1) 分配约束

$$\sum_{k=1}^{k} \sum_{j \in \mathcal{V}: (i,j) \in \mathcal{A}} x_{ij}^k + z_i = 1, \quad \forall i \in \mathcal{N}; \tag{6.2}$$

$$\sum_{j \in \mathcal{V}: (i,j) \in \mathcal{A}} x_{ij}^k - \sum_{j \in \mathcal{V}: (n+i,j) \in \mathcal{A}} x_{n+i,j}^k = 0, \quad \forall i \in \mathcal{N}, 1 \leqslant k \leqslant K. \tag{6.3}$$

约束(6.2)要求每个订单只能被服务一次，无论是通过 MSTL 还是 LTL 运输。约束(6.3)规定每个订单的取货点和交货点必须由同一辆卡车访问。

(2) 网络流量平衡与 LIFO 约束

$$\sum_{j \in \mathcal{V}: (0,j) \in \mathcal{A}} x_{0j}^k = 1, \quad \sum_{j \in \mathcal{V}: (j,2n+1) \in \mathcal{A}} x_{j,2n+1}^k = 1, \quad \forall 1 \leqslant k \leqslant K; \tag{6.4}$$

$$\sum_{j \in \mathcal{V}: (j,i) \in \mathcal{A}} x_{ji}^k - \sum_{j \in \mathcal{V}: (i,j) \in \mathcal{A}} x_{ij}^k = 0, \quad \forall i \in V \setminus \{0, 2n+1\}, 1 \leqslant k \leqslant K; \tag{6.5}$$

$$x_{0i}^k = x_{n+i,2n+1}^k; \quad x_{n+i,n+j}^k = x_{ji}^k, \quad \forall i,j \in \mathcal{N}, 1 \leqslant k \leqslant K. \tag{6.6}$$

约束(6.4)—(6.5)确保每辆车必须从配送中心 0 出发并在配送中心 $2n+1$ 返回,同时满足每个中间节点处的流量平衡条件。约束(6.6)规定了 LIFO 策略,即最先取货的订单必须最后交付,交货顺序与提货顺序相反。

(3) 逻辑约束

$$x_{0i}^k \leqslant y_i^k; \quad x_{n+i,2n+1}^k \leqslant y_i^k, \quad \forall i \in \mathcal{N}, 1 \leqslant k \leqslant K; \tag{6.7}$$

$$\sum_{i \in \mathcal{N}} y_i^k \leqslant 1, \quad \forall 1 \leqslant k \leqslant K. \tag{6.8}$$

约束(6.7)确保卡车 k 仅当 y_i^k 等于 1 时,才首先完成订单 i 的取货并最后交货。随后,约束(6.8)规定最多只能有一个订单 i 被设置为首先取货并最后交货的订单。

(4) 时间可行性约束

$$T_0^k \geqslant 0, \quad T_{2n+1}^k - T_0^k \leqslant T_{\max}, \quad \forall 1 \leqslant k \leqslant K; \tag{6.9}$$

$$T_j^k \geqslant T_i^k + \bar{a}_{ij} - M \cdot (1 - x_{ij}^k), \quad \forall (i,j) \in \mathcal{A}, 1 \leqslant k \leqslant K; \tag{6.10}$$

$$T_i^k + \bar{a}_{i,n+i} \leqslant T_{n+i}^k, \quad \forall i \in \mathcal{N}, 1 \leqslant k \leqslant K; \tag{6.11}$$

$$T_i^k \geqslant t_i^o, \quad T_{n+i}^k \leqslant t_i^d + \tau_i, \quad \forall i \in \mathcal{N}, 1 \leqslant k \leqslant K; \tag{6.12}$$

$$\tau_i \leqslant \tau_i^{\max}, \quad \forall i \in \mathcal{N}. \tag{6.13}$$

约束(6.9)—(6.10)追溯每辆卡车的访问时间,并且最大行程时间不能超过 $T_{\max}$,其中使用大数 M 来保持解的可行性。此外,约束(6.11)要求每个订单的取货点必须在交货点之前被访问,约束(6.12)要求取货时间不能早于可用时间,并且交货时间不能超过截止时间 τ_i,约束(6.13)规定了延迟时间的上限。

(5) 载重可行性约束

$$Q_0^k = 0, \quad Q_j^k \leqslant Q_{\max}, \quad \forall j \in \mathcal{V} \setminus \{0, 2n+1\}, 1 \leqslant k \leqslant K; \tag{6.14}$$

$$Q_j^k \geqslant Q_i^k + w_j - M \cdot (1 - x_{ij}^k), \quad \forall (i,j) \in \mathcal{A}, j \in \mathcal{V} \setminus \{0, 2n+1\}, 1 \leqslant k \leqslant K. \tag{6.15}$$

约束(6.14)—(6.15)表示取货和交货节点处的载重一致性,载重不能超过车辆容量。

(6) 变量域

$$x_{ij}^k, y_i^k, z_i \in \{0,1\}, \quad \forall (i,j) \in \mathcal{A}, i,j \in \mathcal{N}, 1 \leqslant k \leqslant K; \tag{6.16}$$

$$T_j^k, Q_j^k, \tau_i \geq 0, \quad \forall j \in \mathcal{V}, 1 \leq k \leq K. \tag{6.17}$$

以上是决策变量的整数和非负性约束。

3) 模型

对于大联盟 $\mathcal{N}$，集中式 MSTL 运输问题可被总结为

$$(\textbf{MSP}) \quad \min_{x,y,z,T,Q,\tau} \Gamma(x,y,z,\mathcal{N})$$
$$\text{s. t.} \quad (2)—(17).$$

上述优化模型 **MSP** 与 Ropke and Cordeau（2009）建模的传统取货送货问题不同，因为成本取决于第一个起始地和最后一个目的地，因此引入了一组新的变量 y_i^k。由于对所有 $i \in \mathcal{N}$ 设置 $z_i = 1$ 是可行的，问题 **MSP** 总有一个可行解。联盟 $\mathcal{N}$ 的问题 **MSP** 的最优路径解用 $(x(\mathcal{N}), y(\mathcal{N}), z(\mathcal{N}))$ 表示。

在**假设 6.3** 下，可以证明卡车的非平凡路径是有效的 MSTL 路径，那些被排除的订单 $z_i(\mathcal{N}) = 1$，将以 LTL 模式运输。同时，选择的 MSTL 路径必须是有利可图的，即成本低于总 LTL 成本。

定理 6.1 问题 **MSP** 的最优解满足：(1) 每辆卡车 k 如果不行驶在虚拟边，则至少服务两个订单；(2) 如果卡车 k 通过 MSTL 服务一组订单 $\mathcal{R} = \{i_1, \cdots, i_m\}$，则 $r_{i_1, n+i_1} d_{i_1, n+i_1} + f \cdot \left(\sum_{(i,j) \in \mathcal{A}^k : i \in \mathcal{R}, j \neq 2n+1} x_{ij}^k(\mathcal{N}) - 2 \right) + \sum_{i \in \mathcal{R}} u_i w_i \cdot \tau_i(\mathcal{N}) \leq \sum_{i \in \mathcal{R}} p_i$。

我们证明经典的装箱问题，可以在多项式时间内化简为问题 **MSP**。

定理 6.2 集中式 MSTL 运输优化问题 **MSP** 是 NP-难问题。

本章研究目标是开发计算效率高的算法，以生成合作 MSTL 运输问题的高质量求解方案，尤其是在日常运营中有数百或数千个订单的实际案例中。

6.4 成本分配博弈

在确定了合作 MSTL 运输的最佳路径后，第三方物流还需要在托运人之间分配总成本。正如 Basso et al.（2019）所指出的，合谋（即联盟稳定性）是合作物流中的关键实际问题。因此，本章将成本分配问题建模为一个合作博弈，并基于广泛认可为公平的求解概念——核（Core），设计了一个分配方案（Marinakis et al., 2008; Guajardo and Rönnqvist, 2016）。

定义一个合作博弈 $(\mathcal{N}, \Gamma)$，其中 LTL 订单是参与者。联盟 $\mathcal{S} \subseteq \mathcal{N}$ 的价值 $\Gamma(\mathcal{S})$ 被定义为在订单子集 $\mathcal{S}$ 上限制的 **MSP** 问题的最优解。联盟 $\mathcal{S}$ 的 **MSP** 问题的最优路径解表示为 $(x(\mathcal{S}), y(\mathcal{S}), z(\mathcal{S}), T(\mathcal{S}), Q(\mathcal{S}), \tau(\mathcal{S}))$。

只有当联盟价值函数 $\Gamma(\cdot)$ 是次可加的，即形成大型联盟始终是有利可图的，合作博弈才是恰当的 (Marinakis et al., 2008)。

引理 6.1 由 **MSP** 问题定义的合作博弈 $(\mathcal{N}, \Gamma)$ 是次可加的，即对于所有的 $\mathcal{S}, \mathcal{U} \subset \mathcal{N}$ 且 $\mathcal{S} \cap \mathcal{U} = \varnothing$，都有 $\Gamma(\mathcal{S}) + \Gamma(\mathcal{U}) \geqslant \Gamma(\mathcal{S} \cup \mathcal{U})$。

6.4.1 核

核 (core) 解概念最初由 Gillies (1959) 提出。仅当预算平衡约束 $\sum_{i \in \mathcal{N}} \xi_i = \Gamma(\mathcal{N})$ 和稳定性约束 $\sum_{i \in \mathcal{S}} \xi_i \leqslant \Gamma(\mathcal{S})$ 对所有子集 $\mathcal{S} \subseteq \mathcal{N}$ 都满足时，系统成本 $\Gamma(\mathcal{N})$ 对每个订单的分配 ξ 才在博弈 $(\mathcal{N}, \Gamma)$ 的核 $C(\mathcal{N}, \Gamma)$ 中。

请注意，对于任何联盟 $\mathcal{S}$，最优解对应于一组路径，特别地，每个独立的 LTL 运输被视为服务于单个订单的特殊路径，被称为 LTL 路径。可以认为这些路径将联盟 $\mathcal{S}$ 分解为较小的子联盟，每个路径上的订单形成一个子联盟。显然，每个子联盟的路径必须是最优的，正式表述如下：

引理 6.2 假设联盟 $\mathcal{S}$ 的订单在最优解中由路径 $\mathcal{R}_1, \mathcal{R}_2, \cdots, \mathcal{R}_m$ 服务。令 $\mathcal{S}_k$ 表示由路径 $\mathcal{R}_k$ 服务的订单集合。那么，$\Gamma(\mathcal{S}) = \sum_{k=1}^{m} \Gamma(\mathcal{S}_k)$。

引理 6.2 表明，核稳定性条件可以简化。定义 Ω 为可由单一路径可行地服务的子联盟集合。由于 Ω 中的每个小联盟都与服务该联盟订单的最优路径相关联，可以等效地将 Ω 视为一组路径。从现在起，我们可以交替使用 Ω 作为小联盟或路径的集合，然后，仅通过 Ω 中的联盟来定义核是等效的。

定理 6.3 对所有的 $\mathcal{S} \subseteq \mathcal{N}$ 核稳定性约束 $\sum_{i \in \mathcal{S}} \xi_i \leqslant \Gamma(\mathcal{S})$ 都成立，当且仅当

$$\sum_{i \in \mathcal{R}} \xi_i \leqslant \Gamma(\mathcal{R}), \quad \forall \, \mathcal{R} \in \Omega. \tag{6.18}$$

通过这种方式，联盟的稳定性被简化为单条路径的稳定性。这个结果与 Engevall et al. (2004) 中的车辆路径博弈相似。**定理 6.3** 提供了一个实用的结论，由同一条路径服务的订单不需要与不同路径上的其他订单共享成本。因此，在评估给定成本分配的公平性时，每个订单只需要将其分配与其他通过不同路径捆绑的情况进行比较。因此，只有 Ω 中的联盟对核稳定性有本质影响。

6.4.2 最小核

核的条件限制很强,在我们的问题中通常可能不存在。正如计算实验所示,核很可能为空。

定理 6.4 合作博弈 $(\mathcal{N}, \Gamma)$ 的核可能为空。

核为空本质原因在于表征联盟价值 $\Gamma(\cdot)$ 的组合优化问题 **MSP** 不为凸。像那些简单的合作博弈(如指派博弈、生成树博弈和多商品流博弈)一样,**MSP** 问题不存在强线性规划对偶性或拉格朗日对偶性(Marinakis et al., 2008)。因此,无法用对偶解进行核分配。这导致了合作博弈的计算难度。

然而,核的空缺并不一定能排除实践中的合作,因为组织合作的成本和复杂性很高(Özener and Ergun, 2008; Hezarkhani et al., 2016; Osicka et al., 2020)。因此,我们转而设计一个近似的核分配。一个著名的近似求解方案概念是 ϵ-核,最初由 Shapley and Shubik (1966)提出,并广泛应用于文献中(Pál and Tardos, 2003; Özener et al., 2013; Kimms and Kozeletskyi, 2016; Altan and Özener, 2019)。记 $\mathcal{C}_\epsilon(\mathcal{N}, \Gamma)$ 为由始终保持预算平衡且可能对某些联盟的稳定性最多违反 ϵ 的成本分配组成,即

$$\mathcal{C}_\epsilon(\mathcal{N}, \Gamma) := \left\{ \xi \in \mathcal{R}^n : \sum_{i \in \mathcal{N}} \xi_i = \Gamma(\mathcal{N}), \sum_{i \in \mathcal{S}} \xi_i \leqslant \Gamma(\mathcal{S}) + \epsilon, \quad \forall \, \mathcal{S} \subseteq \mathcal{N} \right\}$$

Maschler et al. (1979)进一步将最小核定义为具有最小 ϵ 的非空 ϵ-核,即

$$\mathcal{C}_{\text{least}}(\mathcal{N}, \Gamma) := \bigcap_{\epsilon \geqslant 0: \, \mathcal{C}_\epsilon(\mathcal{N}, \Gamma) \neq \emptyset} \mathcal{C}_\epsilon(\mathcal{N}, \Gamma).$$

最小核分配是预算平衡的,且是最小化与核的偏离。

在实践中,托运人在合作中可能不愿意看到搭便车的行为。因此,有必要为每个订单设定最低费用。要求每个订单 i 如果通过 MSTL 运输,必须至少支付一次停靠费用及其自身的延迟成本,即 $f \cdot (1 - z_i(\mathcal{N})) + u_i \cdot \tau_i(\mathcal{N})$;如果订单以 LTL 模式运输,即 $z_i(\mathcal{N}) = 1$ 和 $\tau_i(\mathcal{N}) = 0$,则此最低收费约束简化为平凡的非负性要求。根据 $\mathcal{C}_{\text{least}}(\mathcal{N}, \Gamma)$ 的定义和定理 6.3,可以通过求解以下优化问题来寻找具有最低责任要求的最小核分配。

$$\begin{aligned}
& \min_{\xi, \epsilon} \epsilon \\
(\textbf{MP}) \quad & \text{s.t.} \quad \sum_{i \in \mathcal{N}} \xi_i = \Gamma(\mathcal{N}); \quad (6.19)
\end{aligned}$$

$$\sum_{i \in \mathcal{R}} \xi_i \leqslant \varGamma(\mathcal{R}) + \epsilon, \quad \forall\, \mathcal{R} \in \varOmega; \tag{6.20}$$

$$\xi_i \leqslant \varGamma(\{i\}), \quad \forall\, i \in \mathcal{N}; \tag{6.21}$$

$$\xi_i \geqslant f \cdot (1 - z_i(\mathcal{N})) + u_i w_i \cdot \tau_i(\mathcal{N}), \quad \forall\, i \in \mathcal{N}; \tag{6.22}$$

$$\xi_i, \epsilon \geqslant 0, \quad \forall\, i \in \mathcal{N}. \tag{6.23}$$

在上述线性规划模型中，目标是最小化稳定性偏离 ϵ，且通过稳定性约束(6.20)实现所需的稳定性水平。约束(6.21)特别保证每个订单都比单独运输情况更好，否则，托运人不会为这个订单选择 MSTL 模式。约束(6.22)对通过 MSTL 运输的每个订单施加最低费用分担要求。

请注意，约束(6.21)和(6.22)永远不会相互矛盾。首先，如果订单 i 以 LTL 模式运输(即 $z_i(\mathcal{N})=1$)，则(6.22)的右侧 RHS 变为 0。其次，如果订单 i 通过 MSTL 路径运输(即 $z_i(\mathcal{N})=0$)，则定理 6.1 表明包括(6.22)的 RHS 在内的 MSTL 路径成本必须不大于捆绑订单的总 LTL 成本。另一方面，如果假设(6.22)的 RHS 大于 $\varGamma(i)$，那么，根据定理 6.1 可以推断在最优解中订单 i 不会通过 MSTL 运输，必须有 $z_i(\mathcal{N})=0$。

通过基于穷举求解 **MP** 问题得到的最小核分配可以记为 $\xi^{enum} = (\xi_i^{enum})_{i \in N}$，然而，这需要求解全局最优 $\varGamma(\mathcal{N})$ 并生成 $\varOmega$ 中的所有联盟来确定问题 **MP** 中的分配。由于 $\varOmega$ 中的联盟数量仍然巨大，特别当 $|N|$ 和捆绑限制($T_{\max}$, E)较大时，直接通过穷举 $\varOmega$ 中的联盟并确定每个联盟的最优路径来求解 **MP** 问题是不切实际的。由于计算困难，接下来提出了一种新的近似算法，通过迭代生成路径共同搜索近似全局最优和 ϵ-核分配。

6.5　路径生成联合搜索算法

算法 6.1 提出了路径生成联合搜索(**RGJS**)过程的总体框架，以求解优化和分配问题。**RGJS** 算法重复求解集合划分问题 **CP**($\varTheta$) 以优化总成本，并求解 **MP** 问题的限制版本以确定当前总成本的临时分配。然后，求解路径生成子问题以搜索集合 $\mathcal{R}$ 中的不稳定路径(联盟)。将新路径添加到模型中，并重复这一过程，直到不违反 ϵ-稳定性。

算法 6.1 路径生成联合搜索(RGJS)的伪代码

输入：路径的初始子集 $\Theta \subset \Omega$

输出：路径选择决策 λ^*、最小核分配 ξ 及最小偏离值 ϵ

1　设 $\xi = 0, \epsilon = 0, \Delta(\xi, \epsilon) = +\infty$
2　while $\Delta(\xi, \epsilon) > 0$ do
3　　求解集合划分问题 **CP**(Θ) 以确定近似最优 $(\lambda^*, \tilde{\Gamma}(\mathcal{N}))$
4　　求解受限主问题 **RMP**(Θ) 以确定分配 (ξ, ϵ)
5　　求解子问题 **RP** 以寻找 Ω 中的不稳定路径
6　　确定子问题的最优值 $\Delta(\xi, \epsilon)$
7　　若有新的不稳定路径，则将其添加到集合 Θ
8　end while

接下来逐步说明 **RGJS** 算法的工作原理。

(1) 初始化。子集 Θ 最初由所有 $i \in \mathcal{N}$ 的单一订单 LTL 路径 $\{i\}$ 组成。计算复杂度为 $O(n)$。

(2) 集合划分问题。定义一组新变量

$$\lambda_{\mathcal{R}} = \begin{cases} 1, & \text{路径} \mathcal{R} \text{被选择}; \\ 0, & \text{其他}. \end{cases}$$

同时定义，若订单 i 包含在路径 $\mathcal{R}$ 中，则 $\chi^i_{\mathcal{R}} = 1$，否则为 0。构建了一个集合划分模型，该模型选择一组路径子集以最小化服务所有订单的总成本。

$$\tilde{\Gamma}(\mathcal{N}) := \min_{\lambda} \sum_{\mathcal{R} \in \Theta} \Gamma(\mathcal{R}) \cdot \lambda_{\mathcal{R}} \qquad (6.24)$$

$$(\mathbf{CP}(\Theta)) \quad \text{s.t.} \quad \sum_{\mathcal{R} \in \Theta} \chi^i_{\mathcal{R}} \cdot \lambda_{\mathcal{R}} = 1, \quad \forall i \in \mathcal{N}; \qquad (6.25)$$

$$\lambda_{\mathcal{R}} \in \{0, 1\}, \quad \forall \mathcal{R} \in \Theta. \qquad (6.26)$$

目标函数(6.24)最小化所选路径的总成本决定了 **MSP** 原问题的近似最优解 $\tilde{\Gamma}(\mathcal{N})$。约束(6.25)确保所有订单都必须恰好服务一次。令 λ^* 表示 **CP**(Θ) 问题的最优解。

(3) 限制主问题。限制主问题的公式如下，其中包含了目前已生成路径的稳定性约束。

$$(\mathbf{RMP}(\Theta)) \quad \text{s.t.} \quad \begin{aligned} & \min_{\xi,\epsilon} \epsilon \\ & \sum_{i \in \mathcal{N}} \xi_i = \widetilde{\Gamma}(\mathcal{N}); \end{aligned} \tag{6.27}$$

$$\sum_{i \in \mathcal{R}} \xi_i \leqslant \Gamma(\mathcal{R}) + \epsilon, \quad \forall\, \mathcal{R} \in \Theta;$$

$$(6.21)-(6.23).$$

约束(6.27)要求总分配覆盖近似成本 $\widetilde{\Gamma}(\mathcal{N})$。求解 $\mathbf{RMP}(\Theta)$ 问题后,临时分配 ξ 和偏离值 ϵ 将被更新。

(4) 路径生成子问题。对于临时分配 ξ 和稳定性偏离水平 ϵ,可能仍然存在不在 Θ 中但违反约束(6.20)的其他路径。可以通过求解以下约束(路径)生成子问题来搜索这些不稳定的路径。

$$(\mathbf{SP}) \quad \Delta(\xi,\epsilon) := \max_{\mathcal{R} \in \Omega \setminus \Theta} \left\{ \sum_{i \in \mathcal{R}} \xi_i - \Gamma(\mathcal{R}) - \epsilon \right\}. \tag{6.28}$$

目前的形式不便于求解 **SP** 子问题,因为它基于穷举路径。将在第 6.5.1 节首先重新表述子问题,然后在第 6.5.2 节开发启发式求解算法。

(5) 停止准则。步骤(2)至(3)重复进行,直到稳定性无法进一步改进,即子问题的最优解满足 $\Delta(\xi,\epsilon) \leqslant 0$。在这种情况下,无法生成新路径,求解方案也无法进一步改进。

在终止时,优化解由 λ^* 给出,由 $\mathbf{RMP}(\Theta)$ 问题得出的最终最小核分配表示为 $\xi^{\mathrm{LC}} = (\xi_i^{\mathrm{LC}})_{i \in \mathcal{N}}$。我们指出,提出的 **RGJS** 算法同时为优化和分配问题迭代生成路径,可以被视为一种同时列生成和行生成的算法。生成的不稳定路径(即分配问题的行)实际上为优化问题提供了低成本的列。

定理 6.5 设 (ξ^0, ϵ^0) 表示前一次迭代中分配问题的解。当前迭代中的 $\mathbf{CP}(\Theta)$ 问题等价于

$$\min_{\lambda} \sum_{\mathcal{R} \in \Theta} \left(\Gamma(\mathcal{R}) - \sum_{i \in \mathcal{N}} \chi_{\mathcal{R}}^i \xi_i^0 \right) \cdot \lambda_{\mathcal{R}}$$
$$\text{s.t.} \quad (6.25)-(6.26).$$

注意在上一次迭代中,对于所有现有路径有 $\Gamma(\mathcal{R}) - \sum_{i \in \mathcal{N}} \chi_{\mathcal{R}}^i \xi_i^0 \geqslant -\epsilon^0$,而对于任何新生成的路径有 $\Gamma(\mathcal{R}) - \sum_{i \in \mathcal{N}} \chi_{\mathcal{R}}^i \xi_i^0 < -\epsilon^0$。然后,在当前迭代中将新路径添加到集合 Θ 后,**定理 6.5** 表明近似最优 $\Gamma(\mathcal{N})$ 可能会降低。这证明了 **RGJS** 算法的设计合理性。

以下为在此研究中采用最小核解概念的原因的解释。

备注 6.1 当合作路径博弈的核为空时,文献提出了许多其他近似公平的分配方案,例如核仁(Göthe-Lundgren et al., 1996; Engevall et al., 2004),基于对偶的扩展方法和比例规则(Özener et al., 2013; Altan and Özener, 2019)。与核仁方法需要事先得到大联盟值不同,定理 6.5 表明 RGJS 算法可以同时求解集中优化和最小核分配问题。也就是说,本节已经成功地将集中优化的计算复杂性降低到最小核分配问题,因此不必将这两个问题分开。第 6.6 节的计算实验结果验证了 RGJS 算法可以生成接近最优解。因此,从计算效率的角度来看,最小核更适合本章研究问题。

6.5.1 子问题重构

在 RGJS 算法的初始化步骤中,所有的 LTL 路径已经生成。只需要搜索不稳定的 MSTL 路径。由于所有的车辆都是相同的,省略所有变量 x_{ij}^k, y_i^k, T_j^k, Q_j^k 的索引 k。最大化路径(联盟)$\mathcal{R} \in \Omega$ 的偏离等同于最小化以下目标函数:

$$\min_{\mathcal{R}}\left\{-\sum_{j\in\mathcal{R}}\xi_j + \Gamma(\mathcal{R}) + \epsilon\right\}$$

$$= \min_{x,y,T,Q,\tau}\left\{\sum_{(i,j)\in\mathcal{A}} c_{ij}\cdot x_{ij} + \sum_{i\in\mathcal{N}} r_{i,n+i} d_{i,n+i}\cdot y_i + \sum_{i\in\mathcal{N}} u_i w_i \cdot \tau_i - 2f + \epsilon\right\},$$

(6.29)

其中,路径由 (x, y) 给出,并且成本参数 c_{ij} 被定义为

$$c_{ij} = \begin{cases} f - \xi_j, & \text{若}(i,j)\in\mathcal{A}^\# \text{且} 1\leqslant j \leqslant n; \\ -\xi_j, & \text{若}(i,j)\notin\mathcal{A}^\# \text{且} 1\leqslant j \leqslant n; \\ f, & \text{若}(i,j)\in\mathcal{A}^\# \text{且} n+1\leqslant j \leqslant 2n; \\ 0, & \text{其他}. \end{cases}$$

(6.30)

然后,可以通过求解如下重新表述的子问题来找到不稳定路径。

$$\gamma^* := \min_{x,y,T,Q,\tau} \sum_{(i,j)\in\mathcal{A}} c_{ij}\cdot x_{ij} + \sum_{i\in\mathcal{N}} r_{i,n+i} d_{i,n+i}\cdot y_i + \sum_{i\in\mathcal{N}} u_i w_i \cdot \tau_i - 2f + \epsilon$$

(**RP**) s.t. (3)—(17).

通过最小化上述目标函数,问题将在遵守 MSTL 路径约束的条件下,最优地选择要服务的订单。偏离值为 $\Delta(\xi,\epsilon) = -\gamma^*$,若 $\Delta(\xi,\epsilon) > 0$,即 $\gamma^* < 0$,则找到了一个不稳定的路径。从最优解中,隐式地找到了 $\mathcal{R}$ 中的最大不稳定联盟。正式陈述如下:

定理 6.6 令 $(\bar{x}, \bar{y})$ 表示 RP 问题的最优解。那么，集合 $\mathcal{R} := \{j \in \mathcal{N} : \sum_{i \in \mathcal{N} \cup \{0\}} \bar{x}_{ij} = 1\}$ 是 Ω 中的最大不稳定联盟，且 $\Gamma(\mathcal{R}) = \sum_{i \in \mathcal{R}} \xi_i + \gamma^* - \epsilon$。

6.5.2 多起点局部搜索算法

新的 RP 子问题实际上是一个具有取货送货、软时间窗和容量约束的基本最短路径问题，类似于 Ropke and Cordeau（2009）以及 Cherkesly et al.（2015）中的定价子问题。正如文献（Borndörfer et al.，2007）中所述，RP 定价子问题显然是 NP - 难问题，因此求解最小核问题也是 NP - 难问题。

在我们的方法中，核的 NP - 难性已经被降低到生成 MSTL 路径。尽管在实际情况中，由于容量和持续时间的限制，路径的长度可能受到限制，但可行的 MSTL 路径数量随着 $|\mathcal{N}|$ 的增加而迅速增加，特别是在网络密集且规划周期较长时。子问题仍具有挑战性。因此，我们开发了一种基于多起点局部搜索（MSLS）的启发式算法，以快速搜索不稳定路径，即 $\gamma^* < 0$。

MSLS 算法重复生成初始可行路径，并应用局部搜索子程序改进路径。搜索最低成本路径的过程中，将发现的任何负成本路径添加到集合 Θ 中。为方便起见，定义对应于 (x, y) 的路径 $\mathcal{R}$ 的成本为：

$$\gamma(\mathcal{R}) := \sum_{(i,j) \in \mathcal{A}} c_{ij} \cdot x_{ij} + \sum_{i \in \mathcal{N}} r_{i,n+i} d_{i,n+i} \cdot y_i + \sum_{i \in \mathcal{N}} u_i w_i \cdot \tau_i - 2f + \epsilon$$

算法 6.2 展示了 MSLS 的伪代码。

算法 6.2 多起点局部搜索算法（MSLS）的伪代码

输入：初始成本分配 ξ 和偏离值 ϵ
输出：不稳定路径集

1　随机生成一条至少服务 2 个订单的可行路径 $\mathcal{R}^0$
2　初始化 $\mathcal{R}^* \leftarrow \mathcal{R}^0$ 和 $\gamma^* \leftarrow \gamma(\mathcal{R}^0)$
3　**while** 停止条件未满足 **do**
4　　应用初始路径 $\mathcal{R}^0$ 的局部搜索子程序，依次使用集合 x 中的算子生成局部最优路径 $\mathcal{R}$
5　　在局部搜索过程中，将任何具有负成本的路径添加到集合 Θ 中
6　　对每条负成本路径，通过穷举重新优化取货和交货顺序
7　　若 $\gamma(\mathcal{R}) < \gamma^*$，更新 $\mathcal{R}^* \leftarrow \mathcal{R}$ 及 $\gamma^* \leftarrow \gamma(\mathcal{R})$
8　　随机生成一条不同的至少服务 2 个订单的可行路径 $\mathcal{R}^0$
9　**end while**

算法 6.3 描述了 MSLS 算法的局部搜索子程序框架，通过随机路径搜索局部最优解。

算法 6.3　局部搜索子程序的伪代码

输入：初始路径 $\mathcal{R}^0$ 和搜索算子集合 x

输出：局部最优路径 $\mathcal{R}$

1　初始化：$\mathcal{R} = \mathcal{R}^0$, $k = 1$
2　while $k \leq |R|$ do
3　　选择路径 $\mathcal{R}$ 访问的第 k 个订单
4　　依次应用 X 中的算子，直到找到改进的路径 $\mathcal{R}'$ 或所有算子都已尝试完
5　　if $\gamma(\mathcal{R}') < \gamma(\mathcal{R})$
6　　　更新 $\mathcal{R} \leftarrow \mathcal{R}'$ 并重置 $k = 1$
7　　else
8　　　令 $k \leftarrow k + 1$
9　　end if
10　end while
11　输出局部最优路径 $\mathcal{R}$

在 MSLS 算法的局部搜索子程序中，随机选择当前路径 $\mathcal{R}$ 上的一个订单，然后依次尝试一组算子 $X = \{$插入，内部交换，替换，移除$\}$ 来寻找改进。然后，在第 4 行，调用变量邻域下降过程，依次搜索由 X 中每个算子定义的邻居。每当找到改进路径时，搜索停止并更新当前路径。重复此过程直到在耗尽所有邻居后找不到改进路径。因此，最终解是相对于 X 给定的邻域结构的局部最优解。

集合 X 中前三个算子的伪代码分别在算法 6.4 至算法 6.6 中呈现，而最后一个算子"移除"则简单地通过从给定路径中移除选定订单来实现。

在"插入"算子中，在可行的情况下，将一个新订单添加到当前路径 $\mathcal{R}$ 中。根据 LIFO 策略，最优的提货和交货位置被分配给新订单，此操作时间复杂度为 $O(n)$。在"内部交换"算子中，尝试交换同一路径中两个订单的位置以改进解决方案，此操作时间复杂度为 $O(n)$。在"替换"算子中，我们将当前路径 $\mathcal{R}$ 上的订单 i 替换为不在路径 $\mathcal{R}$ 上的另一个订单 j，订单 j 的提货和交货位置与订单 i 相同，此操作的时间复杂度为 $O(n)$。在"移除"算子中，从当前路径 $\mathcal{R}$ 中移除选定的订单 i，此操作仅适用于订单数量超过三个的路径，运行时间复杂度为 $O(1)$。为避免循环，在应用上述算子时只需搜索限制在集合 $\Omega \backslash \Theta$ 内的不稳定路径。

算法 6.4 插入算子的伪代码

输入：网络 $(\mathcal{V},\mathcal{A})$，当前路径 $\mathcal{R}$ 及选定订单 i

输出：新路径 $\mathcal{R}'$

1　初始化：$\mathcal{J}:=\mathcal{N}\setminus\mathcal{R}$ 为其他路径上的订单集合
2　**while** 未找到改进且 $\mathcal{J}\neq\emptyset$ 时 **do**
3　　选择一个订单 $j\in\mathcal{J}$
4　　暂时将订单 j 根据 LIFO 策略插入路径 $\mathcal{R}$ 的最佳位置
5　　计算最佳插入后的新路径 $\mathcal{R}'$ 的成本 $\gamma(\mathcal{R}')$
6　　**if** $\mathcal{R}'$ 可行且 $\gamma(\mathcal{R}')\geqslant\gamma(\mathcal{R})$
7　　　更新 $\mathcal{J}\leftarrow\mathcal{J}\setminus\{j\}$
8　　**else**
9　　　停止并执行插入操作
10　**end if**
11　**end while**
12　输出新路径 $\mathcal{R}'$

算法 6.5 内部交换算子的伪代码

输入：网络 $(\mathcal{V},\mathcal{A})$，当前路径 $\mathcal{R}$ 及选定订单 i

输出：新路径 $\mathcal{R}'$

1　初始化：$\mathcal{J}:=\mathcal{R}\setminus\{i\}$ 为路径 $\mathcal{R}$ 上其他订单的集合
2　**while** 未找到改进且 $\mathcal{J}\neq\emptyset$ 时 **do**
3　　选择一个订单 $j\in\mathcal{J}$
4　　暂时根据 LIFO 策略交换订单 i 和订单 j 的位置
5　　计算此次交换后的新路径 $\mathcal{R}'$ 的成本 $\gamma(\mathcal{R}')$
6　　**if** $\mathcal{R}'$ 可行且 $\gamma(\mathcal{R}')\geqslant\gamma(\mathcal{R})$
7　　　更新 $\mathcal{J}\leftarrow\mathcal{J}\setminus\{j\}$
8　　**else**
9　　　停止并执行插入操作
10　**end if**
11　**end while**
12　输出新路径 $\mathcal{R}'$

算法 6.6　替换算子的伪代码

输入：网络 $(\mathcal{V}, \mathcal{A})$，当前路径 $\mathcal{R}$ 及选定订单 i

输出：新路径 $\mathcal{R}'$

1　初始化：$\mathcal{J} := \mathcal{N} \setminus \mathcal{R}$ 为其他路径上的订单集合
2　**while** 未找到改进且 $\mathcal{J} \neq \emptyset$ 时 **do**
3　　选择一个订单 $j \in \mathcal{J}$
4　　暂时移除订单 i 并在路径 $\mathcal{R}$ 相同的位置用订单 j 替换
5　　计算此次替换后的新路径 $\mathcal{R}'$ 的成本 $\gamma(\mathcal{R}')$
6　　**if** $\mathcal{R}'$ 可行且 $\gamma(\mathcal{R}') \geqslant \gamma(\mathcal{R})$
7　　　更新 $\mathcal{J} \leftarrow \mathcal{J} \setminus \{j\}$
8　　**else**
9　　　停止并执行插入操作
10　　**end if**
11　**end while**
12　输出新路径 $\mathcal{R}'$

此外，每次迭代时不必精确求解 **RP** 子问题。为了加速算法，当找到预定数量 *NUML* 的负成本路径或者连续 *MAXL* 次迭代未找到此类路径时（即停止准则），我们停止 MSLS 算法。这种加速可能导致路径成本的次优性，因此，每条得到的负成本路径都会通过在 MSLS 算法的第 6 行通过穷举取货顺序进一步重新优化。

6.5.3　对比方法

为了比较，本小节考虑了两种基本的成本分配方法：比例规则和对偶规则。这两种规则只计算一次分配而无需迭代改进，在文献中很受欢迎（Özener et al., 2013；Altan and Özener, 2019）。

使用 **RGJS** 算法最终确定的 **CP**(Θ) 问题的解 λ^* 来计算基于权重的比例规则。对于优化模型 **CP**(Θ) 选择的每条路径 $\mathcal{R}$，即 $\lambda_{\mathcal{R}}^* = 1$，并计算：

$$\xi_i^{PR} := \frac{w_i}{\sum_{j \in \mathcal{R}} w_j} \Gamma(\mathcal{R}), \quad \forall i \in \mathcal{R}.$$

该规则根据路径上的订单负载大小按比例分配路径成本。

我们还考虑从集合划分模型 **CP**(Θ) 推导出的对偶规则，其中集合 Θ 来自 **RGJS** 算法。将决策变量 λ 线性放松为连续变量，并设 π_i 为约束(6.25)对应的对偶变量。线性放松模型的对偶问题公式如下：

$$\begin{aligned}
(\text{DCP}(\Theta)) \quad \text{s.t.} \quad & \max \sum_{i \in \mathcal{N}} \pi_i \\
& \sum_{i \in \mathcal{N}} \chi_{\mathcal{R}}^i \cdot \pi_i \leqslant \Gamma(\mathcal{R}) \quad \forall \mathcal{R} \in \Theta; \\
& \pi_i \geqslant 0, \quad \forall i \in \mathcal{N}.
\end{aligned} \qquad (6.31)$$

根据定义，对偶变量 π_i 是无正负之分的。然而，分配负成本没有意义，因此特别施加约束(6.31)以确保非负性。

由于线性放松导致问题 **CP**(Θ) 和 **DCP**(Θ) 之间存在正的对偶差距，我们通常有 $\sum_{i \in \mathcal{N}} \pi_i \leqslant \tilde{\Gamma}(\mathcal{N})$。然后，对于优化模型 **CP**(Θ) 选择的每条路径 $\mathcal{R}$，即 $\lambda_{\mathcal{R}}^* = 1$，计算

$$\xi_i^{\text{DR}} := \frac{\Gamma(\mathcal{R})}{\sum_{j \in \mathcal{R}} \pi_j} \pi_i, \quad \forall i \in \mathcal{R},$$

其中 $\dfrac{\Gamma(\mathcal{R})}{\sum_{j \in \mathcal{R}} \pi_j}$ 为覆盖路径 $\mathcal{R}$ 成本的缩放因子。

6.6　计算实验

为了在实际相关的设置中测试所提出的算法，基于运满满(2018)的真实数据进行了广泛的计算实验。将在第 6.1 节介绍数据，第 6.2 节介绍算法设置，第 6.3 节中测试小规模实例的算法，并最后在第 6.4 节中评估大规模实例的算法。

6.6.1　长三角地区配送案例

运满满(2018)的开放数据集提供了全国托运人在两个月内的历史订单记录。本节在实验中只考虑中国长江三角洲地区(YRDR)的配送。

图 6.2 所示的运输网络包括 128 个物理位置，包括 1 个起始配送中心和 2 个返回配送中心。每辆卡车都从无锡市的仓库出发，如果最终交货地点在江苏省或上海市，卡车返回上海市的配送中心；如果最终交货地点在浙江省，卡车返

回宁波市的配送中心。

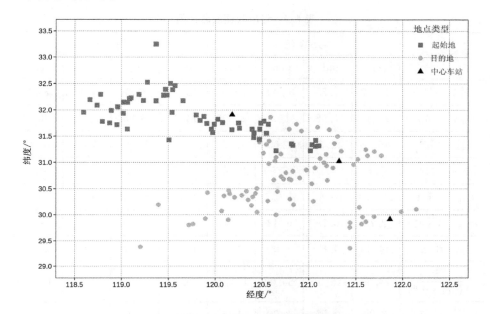

图 6.2　真实案例货运订单的地理位置分布
(来源：Lai et al.，2024)

我们提取了一个数据集，其中包括起始地和目的地都在长三角区域（YRDR）的订单。进一步将 YRDR 数据集分为两组，第一组包括 2 092 个目的地限制在江苏省和上海市内的订单，称为 JS 案例。第二组包括 3 414 个目的地限制在浙江省内的订单，称为 ZJ 案例。

在所有实验中研究了单日内 YRDR 地区的 MSTL 运输，通过从数据集中随机抽取订单，随机生成了 JS 案例和 ZJ 案例的 30 个小规模实例和 25 个大规模实例。每个实例的订单和运输数据生成如下：

首先，对于运输网络，捆绑距离限制 E 随机设置为 50 或 100 千米，最大行程时间 $T_{\max}$ 设置为 12 小时。每辆卡车的最大载重量设置为 $Q_{\max}=33$ 托盘。每对位置之间的旅行时间和距离 a_{ij} 和 d_{ij} 使用高德地图（2023）的路径规划 API 工具得出。

其次，对于每个订单 i，时间窗 $[t_i^o, t_i^d]$ 在随机设置为同一天的 [8:00, 18:00] 或 [12:00, 22:00]，载货大小的整数值 w_i 在 6 到 22 托盘间均匀生成。如果 $w_i<10$，装卸时间设置为 30 分钟；如果 $10 \leqslant w_i<15$，则为 45 分钟；如果 $w_i \geqslant 15$，则为 60 分钟。最大延迟时间随机设置为 2 或 4 小时，订单的单位延迟

成本 u_i 随机设置为 50 或 100 元/(托盘·小时)。

表 6.2 订单数据汇总视图

参数(单位)	JS 案例				ZJ 案例			
	avg.	std.	min.	max.	avg.	std.	min.	max.
$\|\delta(i)\|^L$	18.47	7.25	0.00	32.00	19.36	8.37	0.00	36.00
$\|\delta(n+i)\|^L$	20.35	7.58	4.00	33.00	14.45	8.25	0.00	26.00
$\|\delta(i)\|^H$	45.53	12.27	6.00	72.00	58.19	17.46	6.00	88.00
$\|\delta(n+i)\|^H$	65.69	14.86	35.00	96.00	41.31	17.14	8.00	66.00
$d_{i,n+i}$(千米)	208.54	63.95	100.2	400.01	261.98	88.18	100.25	550.18
$a_{i,n+i}$(小时)	2.74	0.75	1.42	5.42	3.29	0.99	1.25	6.95
w_i(托盘)	14.03	4.60	6.00	22.00	14.08	4.67	6.00	22.00
u_i($\frac{元}{托盘·小时}$)	74.69	25.00	50.00	100.00	75.78	24.99	50.00	100.00
τ_i^{max}(小时)	2.99	1.00	2.00	4.00	3.00	1.00	2.00	4.00
p_i(元)	5 295.8	1 737.75	2 264.6	8 303.55	6 643.1	2 204.03	2 830.76	10 379.44

(来源:Lai et al.,2024)

注:avg.、std.、min. 和 max. 表示每个数据案例中所有实例的相应数字的平均值、标准差、最小值和最大值,$|\delta(v)|^L$ 和 $|\delta(v)|^H$ 分别是每个节点 $v \in V$ 在 $E = 40$ 和 $E = 60$ 时集合 $\delta(v)$ 的大小,单位在括号中表示。

再次,根据德邦物流(2023)的服务费率确定了重型 LTL 和 TL 运输的价格,MSTL 运输费率 r_{ij} 设定为:如果 $d_{ij} \leq 300$ 千米,则为 60 元/千米;如果 $d_{ij} > 300$ 千米,则为 54 元/千米。每次停靠费用 f 设为 500 元。LTL 运输成本均根据托盘的尺寸重量(单位:千克)确定,即 $w_i \times 121.9$(厘米)$\times 101.6$(厘米)$\times 121.9$(厘米)$4\,800 = 314.53 \cdot w_i$ 千克(Pallet Rack Guru,2022)。德邦快递在 YRDR 的 LTL 服务费率包括 JS 案例的单位价格为 1.2 元/千克和 ZJ 案例的单位价格为 1.5 元/千克,以及最低收费 90 元。

表 6.2 展示了 JS 案例和 ZJ 案例中订单的基本统计数据。显然,JS 案例中的交货点比 ZJ 案例彼此更接近,而 ZJ 案例中的订单距离比 JS 案例更长。因此,可以将 JS 案例视为密集的运输网络,而 ZJ 案例代表稀疏的运输网络。

6.6.2 算法设置

为了评估 RGJS 算法的性能,我们将其与小规模实例中的基于穷举的精确方法进行比较。具体来说，我们穷举了小联盟集 Ω，并通过穷举确定每个联盟的最佳路径。然后，通过求解包含所有穷举路径的集划分模型 $CP(\Omega)$ 来确定最优解，并求解 MP 模型以确定精确的最小核分配 ξ^{enum}。在生成的实例中，由于卡车容量 Q_{max}、服务时间限制 T_{max} 和延迟时间限制 τ_i^{max}，观察到服务超过 4 个订单的 MSTL 路径很少可行或在最优解中被选择。因此，为节省计算时间，我们在**穷举**和 **RGJS** 算法中只搜索服务于不超过 4 个订单的路径。

在所有实例中，将 **RGJS** 算法的子程序 **MSLS** 的控制参数（$NUML$, $MAXL$）设置为 $(100, 25\,000)$。在以下讨论中，分别用下标 **EM** 和 **RG** 来表示**穷举算法和 RGJS 算法**。

所有实验均使用 Java 语言（JDK 20）编写，并在配备 Intel© XEON® CPU 6246R 的工作站上进行，该处理器为基于 X64 的处理器，运行速度为 4.0 GHz，配备 128-GB RAM。使用 Gurobi©（版本 10.0.1）作为整数/线性规划求解器。所有算法都是在每个实例的一个 CPU 核心的单个线程上运行的。

6.6.3　小规模实例

我们为 JS 案例和 ZJ 案例随机生成了三个不同规模的实例。每个规模类别由 JS-k 或 ZJ-k 表示，包含 10 个随机实例，其中订单数量随机设定在 $[k, k+100)$ 范围内，订单从各自的数据集中随机抽取。

请参阅表 6.3 获取这些实例复杂性的总结。显然，当更多订单参与该计划时，有向图中的边的数量 $|\mathcal{A}|$ 以及网络密度 $|\mathcal{A}|/|\mathcal{V}|$ 都迅速增长。这意味着在有更多订单的问题中存在更多的捆绑机会。穷举的路径数量 $|\Omega|$ 大幅增加，**RGJS** 算法所需的路径数量 $|\Theta|$ 也显著增加。

本节首先测试 **RGJS** 算法相对于穷举法的计算效率。图 6.3(a) 中的直方图展示了定义为 **RGJS** 算法与精确最优解的相对成本差异的百分比的最优性损失 gap_{RG}。大多数实例中，最优性损失（差距）很小，几乎可以忽略不计，总体平均值为 $0.008\,5\%$，标准差为 $0.014\,9\%$；在 30 个实例中，最优性损失均为 0。此外，从图 6.3(b) 中的 $constr_{RG} := 100 \times |\Theta|/|\Omega|$ 可以看出，**RGJS** 算法在 JS 案例和 ZJ 案例中平均仅生成了 6.92% 和 25.30% 的路径。正如预期，图 6.3(c) 说明了穷举算法非常耗时，通常需要 3 到 8 小时，甚至超过 10 小时。相反，从图 6.3(d) 中可以看出，**RGJS** 算法通常只需 1 到 3 分钟，其运行时间的总体平均值和标准差分别为 2.50 分钟和 3.60 分钟。因此，我们认为提出的 **RGJS** 算法能够快速找到近似最优解，同时生成较少 MSTL 路径。

表 6.3 小规模实例组的复杂性总结

类别	$\|\mathcal{N}\|$		E (千米)		$\|\mathcal{V}\|$		$\|\mathcal{A}\|$ (10^4)		$\|\mathcal{A}\|\|\mathcal{V}\|$		$route_{EM}^2$ (10^3)		$route_{EM}^{3+}$ (10^3)		$route_{RG}^2$ (10^3)		$route_{RG}^{3+}$ (10^3)		$cost_{LTL}$ (10^4 元)	
	avg.	std.	avg.	std.	avg.	std.	avg.	std.	avg.	std.	avg.	std.	avg.	std.	avg.	std.	avg.	std.	avg.	std.
JS-300	342.6	24.99	80	25.82	687.2	49.99	21.78	6.88	312.88	81.24	9.54	6.8	26.28	24.25	0.75	0.45	0.39	0.22	180.15	14.17
JS-400	458.9	26.57	85	24.15	919.8	53.15	39.99	8.71	433.95	84.3	18.73	10.62	66.7	45.56	1.33	0.6	0.65	0.31	242.25	13.15
JS-500	540.5	38.4	70	25.82	1083	76.8	48.85	11.68	450.55	102.7	16.83	14.68	59.51	65.35	1.23	0.81	0.67	0.35	286.3	20.93
ZJ-300	365	21.66	65	24.15	732	43.32	19.39	4.54	263.62	53.83	2.32	2.34	1.58	2.02	0.38	0.25	0.1	0.05	243.22	14.23
ZJ-400	452.2	35.71	80	25.82	906.4	71.42	33.34	9.41	363.31	81.09	5.53	3.72	4.35	3.73	0.74	0.38	0.17	0.06	296.39	25.03
ZJ-500	553	21	65	24.15	1108	41.99	44.42	10.57	398.73	82.01	5.13	5.01	4.73	6.11	0.74	0.47	0.17	0.09	368.58	12.88

(来源：Lai et al., 2024)

注：$route_{EM}^2$ ($route_{RG}^2$) 记录了穷举 (RCJS) 算法生成的服务于 2 个订单的路径数量；$route_{EM}^{3+}$ ($route_{RG}^{3+}$) 记录了穷举 (RCJS) 算法生成的服务于 3 个及以上订单的路径数量；$cost_{LTL}$ 是所有订单的独立总 LTL 成本；$\|\mathcal{R}\| = route_{EM}^2 + route_{EM}^{3+} = route_{RG}^2 + route_{RG}^{3+}$；$|\Theta|$ 分别表示每个实例中 10 个实例的相应数量的平均值和标准差，单位在括号中表示。

注：在每个箱线图中，方形标记表示平均值，水平线表示中位数，箱体的上下边界表示第 25 和第 75 百分位数，须线表示从箱体的上下四分位数延伸 1.5 倍的四分位距，点代表异常值。

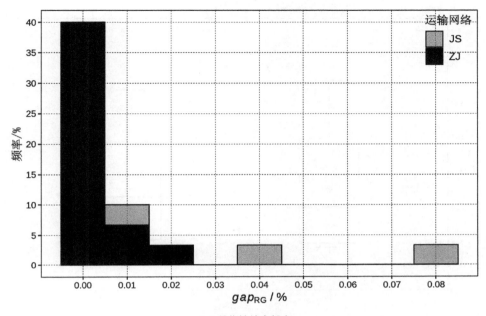

(a) 最优性效率损失

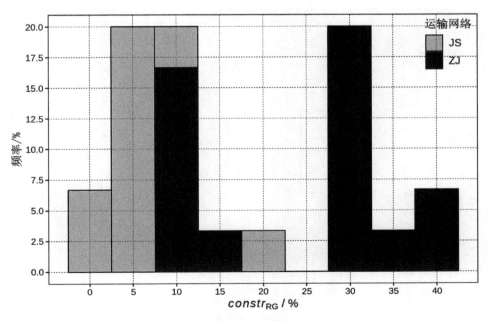

(b) 路径生成比例

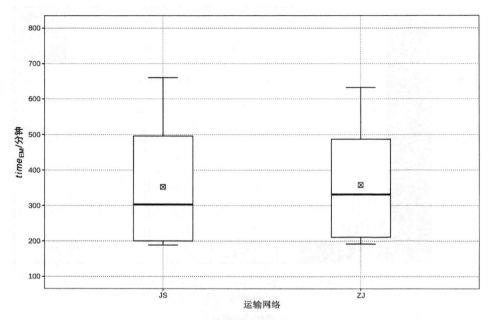

(c) 穷举算法运行时间

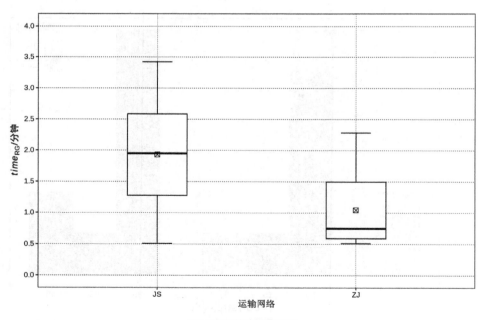

(d) RGJS 算法运行时间

图 6.3　穷举和 RGJS 算法性能比较分析

（来源：Lai et al., 2024）

随后在表 6.4 中检查算法的优化求解方案。观察到 MSTL 的协同捆绑运输会带来显著的节省，特别是在密集运输网络情况下。JS 和 ZJ 案例中的系统成本节约 $impr_{EM}$ 分别是 12.40% 和 9.71%。如比例 $ratio_{EM}$ 所示，JS 和 ZJ 案例中分别超过 50% 和 30% 的订单被成功捆绑。此外，这些实例中延迟交付的捆绑订单数量 $late_{EM}^{order}$ 较少，通常不超过 5 个。这些延迟订单的延迟时间 $late_{EM}^{order}$ 也不超过 1 小时。总之，**RGJS** 算法可以显著降低成本，尤其是在密集运输网络中成功捆绑超过 50% 的订单，而不会显著延迟订单。

在选则的 MSTL 路径中，两订单路径的数量 $MSTL_{EM}^{2}$ 几乎是其他 MSTL 路径数量 $MSTL_{EM}^{3+}$ 的四倍。在最优解中，捆绑订单主要由两订单路径服务，这表明我们可以先搜索短路径，然后在 **RGJS** 算法中逐步搜索更长的路径。这可以通过逐步增加 MSLS 子程序中初始路径的大小来实现，即从两订单初始路径开始搜索，当找不到负路径时，重新开始三订单初始路径的搜索，依此类推。由于图 6.3 中显示的最优性差距很小，表 6.4 中 **RGJS** 的结果与穷举算法非常接近，也验证了这种技术是有帮助的。

图 6.4 比较了成本分配方法的稳定性，记录了所有分配规则 $k \in \{enum, LC, PR, DR\}$ 的偏离值 ϵ_k 和集合 Ω 中不稳定路径的比例 $instb_k$。在所有实例中，有 $\epsilon_{enum} > 0$，JS 案例和 ZJ 案例的平均值分别为 20.12 和 16.90。即这些实例中的合作博弈的核都为空。显然，分配 ξ^{enum} 和 ξ^{LC} 的稳定性偏离 ϵ 没有明显差异，只有不稳定比例 $instb_{LC}$ 高于 $instb_{enum}$。因此，推断 RGJS 算法能有效地找到几乎与穷举方法同样公平的最小核分配。相比之下，比较分配，特别是比例规则，其偏离值比最小核分配大得多。尽管对偶规则的不稳定比例 $instb_{DR}$ 较小，但稳定性偏离 ϵ_{DR} 较高，在 JS 案例和 ZJ 案例中的平均值分别为 253.86 和 475.91。

最后检查了订单在 MSTL 运输中的个体成本节约。图 6.5 展示了每个实例中分配 ξ^{enum} 和 ξ^{LC} 的捆绑订单的平均相对个体节省 $SAVE_{enum}^{avg}$ 和 $SAVE_{LC}^{avg}$。显然，$SAVE_{enum}^{avg}$ 和 $SAVE_{LC}^{avg}$ 相似且都很可观。在 JS 案例中，捆绑订单通常可以节省超过 20%，而在 ZJ 案例中则通常超过 25%，这种差异是由于 ZJ 案例中较高的 LTL 费率。因此，MSTL 捆绑为订单提供了可观的个体成本节约。

表 6.4 YRDR 小规模实例优化结果

类别	列举							RGJS						
	$impr_{EM}$ (%)	$ratio_{EM}$ (%)	LTL_{EM}	$MSTL^2_{EM}$	$MSTL^{3+}_{EM}$	$late^{order}_{EM}$	$late^{time}_{EM}$ (小时)	$impr_{RG}$ (%)	$ratio_{RG}$ (%)	LTL_{RG}	$MSTL^2_{RG}$	$MSTL^{3+}_{RG}$	$late^{order}_{RG}$	$late^{time}_{RG}$ (小时)
JS-300	11.98	51.92	162.8	65.0	16.6	3.3	0.37	11.96	51.72	163.5	65.4	16.1	2.7	0.39
JS-400	13.22	56.63	199.1	94.2	23.8	3.8	0.24	13.21	56.43	200.1	94.7	23.1	3.7	0.25
JS-500	11.91	51.47	263.1	97.9	27.2	3.7	0.32	11.9	51.29	264	98.5	26.5	3.3	0.34
ZJ-300	9.02	33.62	242.1	52.0	6.3	1.3	0.29	9.02	33.38	243	52.0	6.0	1.5	0.34
ZJ-400	10.36	36.2	287.9	68.5	9.1	1.9	0.32	10.36	36.18	288	68.3	9.2	1.8	0.30
ZJ-500	9.75	35.84	354.3	83.6	10.5	1.9	0.36	9.75	35.78	354.6	83.6	10.4	2.1	0.34

(来源：Lai et al., 2024)

注：对于每个算法 $k \in \{EM, RG\}$，$impr_k$ 表示相对于总单独成本降低成本的相对百分比，$ratio_k$ 表示捆绑订单的百分比，$MSTL^2_k$ 表示在最优解中选择的两个订单 MSTL 路径的数量，$MSTL^{3+}_k$ 表示在最优解中选择服务三个及以上订单的 MSTL 路径的数量，$late^{order}_k$ 表示延迟交付的捆绑订单的数量，$late^{time}_k$ 表示捆绑订单的平均延迟时间。该数值表示每个类别中 10 个实例的平均值，单位在括号中表示。

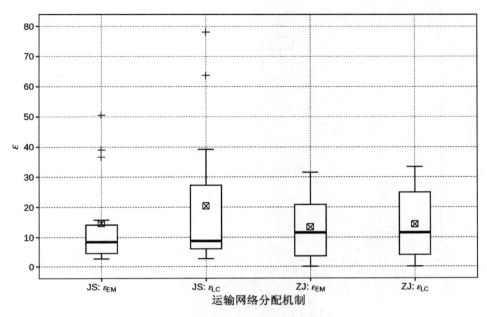

(a) 最小核分配的稳定性偏离值

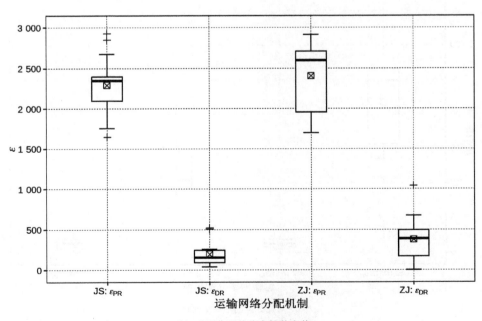

(b) 对比分配的稳定性偏离值

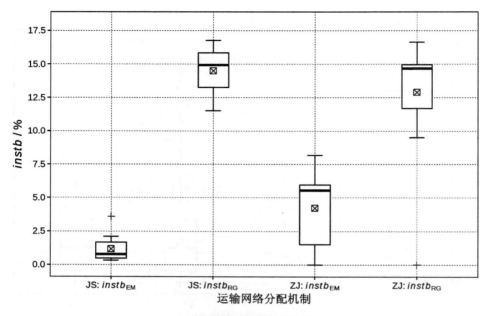

（c）最小核分配的不稳定比例

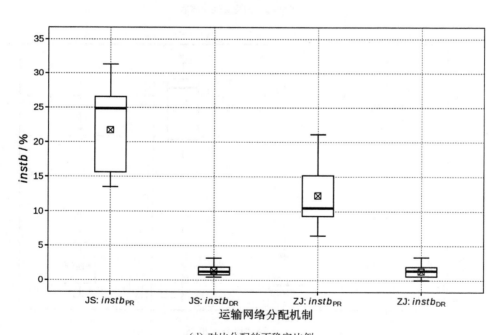

（d）对比分配的不稳定比例

图 6.4　不同成本分配方式的稳定性对比分析

（来源：Lai et al.，2024）

注：箱线图的定义与上图相同。

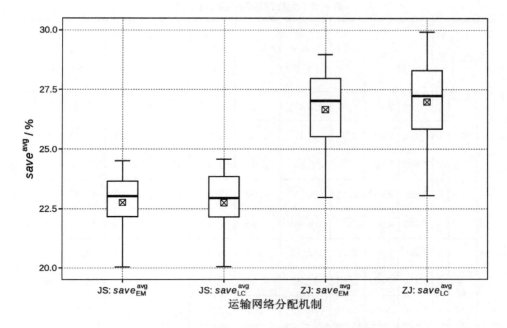

图 6.5　不同分配机制下捆绑订单的平均相对个体节省对比分析

（来源：Lai et al.，2024）

注：箱线图的定义与上图相同。

6.6.4　大规模实例

本节继续在大规模实例 $|\mathcal{N}| \in [1\,000, 3\,200]$ 上测试 **RGJS** 算法。在两个运输网络中各生成了 5 类实例。对于每个类别，我们通过从各自的数据集中随机抽取相同数量的订单生成 5 个实例。特别地，在 JS 案例中设置 $E=50$ 千米，在 ZJ 案例中设置 $E=100$ 千米。在对这 50 个实例进行的第一次实验中，使用了小规模实例相同的低 LTL 费率，然后，对这些实例进行了第二次实验并将低费率翻倍以获得高 LTL 费率。基本输入数据和结果的平均值如表 6.5 所示（注意：表 6-5 为跨页表）。

这些实例中的运输问题规模非常大，特别是当 $E=100$ 千米时。网络密度 $|\mathcal{A}|/|\mathcal{V}|$ 在 JS 案例中范围为 $[819.28, 1\,366.66]$，在 ZJ 案例中范围为 $[1\,440.46, 2\,888.08]$，远高于小规模实例的密度。**RGJS** 算法生成的 MSTL 路径总数也增加到超过 10 000 条，甚至高达 38 000 条。

表6.5 大规模实例结果(转下页)

实例类别			$|\mathcal{N}|$	$|\mathcal{V}|$	$|\mathcal{A}|$ (10^6)	$cost_{LTL}$ $(10^6$ 元$)$	$route_{RG}^2$ (10^3)	$route_{RG}^{3+}$ (10^3)	$iter_{RG}$	$time_{RG}$ (分钟)	$impr_{RG}$ (%)	$ratio_{RG}$ (%)
JS 案例	低LTL率	1	1 200	2 402	1.97	6.36	2.31	1.48	47.8	11.31	11.06	48.12
		2	1 400	2 802	2.68	7.41	3.07	1.98	61.6	18.44	11.67	49.86
		3	1 600	3 202	3.50	8.46	3.91	2.44	71.8	16.51	11.88	50.05
		4	1 800	3 602	4.43	9.53	4.69	2.83	88.8	24.98	11.87	49.93
		5	2 000	4 002	5.47	10.60	5.68	3.42	107	44.42	12.05	50.67
	高LTL率	1	1 200	2 402	1.97	12.72	6.23	3.37	103.6	54.25	47.06	97.58
		2	1 400	2 802	2.68	14.82	7.50	3.69	112	63	46.48	96.50
		3	1 600	3 202	3.50	16.92	7.81	3.83	116.4	62.42	43.74	92.95
		4	1 800	3 602	4.43	19.06	7.77	4.09	118.6	61.32	40.69	88.44
		5	2 000	4 002	5.47	21.20	7.55	4.33	118.8	60.88	37.57	83.55
ZJ 案例	低LTL率	1	1 600	3 202	4.61	10.62	7.28	1.43	92.4	18.68	13.57	44.80
		2	2 000	4 002	7.21	13.30	10.10	2.05	128	30.75	13.58	45.20
		3	2 400	4 802	10.42	15.91	13.12	2.79	168	60.78	13.91	45.87
		4	2 800	5 602	14.14	18.64	16.49	3.49	207.4	62.18	13.96	46.11
		5	3 200	6 402	18.49	21.28	20.13	4.44	248	62.37	14.05	46.48
	高LTL率	1	1 600	3 202	4.61	21.24	13.69	3.06	175.6	49.75	43.04	84.67
		2	2 000	4 002	7.21	26.60	19.27	4.16	241	62.44	43.45	85.08
		3	2 400	4 802	10.42	31.82	25.03	5.55	307.8	62.61	43.85	85.80
		4	2 800	5 602	14.14	37.28	31.69	6.79	384.8	62.17	44.16	86.44
		5	3 200	6 402	18.49	42.56	24.23	6.87	311	60.18	37.94	79.81

(来源:Lai et al.,2024)

注:表格中每一个数值是各类别中5个实例数值的平均值,单位在括号中表示。

表 6.5 大规模实例结果(承上页)

LTL_{RG}	$MSTL_{RG}^{2}$	$MSTL_{RG}^{3+}$	$late_{RG}^{order}$	$late_{RG}^{time}$ (小时)	ϵ_{LC} (元)	$instb_{LC}$ (%)	$save_{LC}^{avg}$ (%)	ϵ_{PR} (10^3 元)	$instb_{PR}$ (%)	ϵ_{DR} (10^3 元)	$instb_{DR}$ (%)
622.60	197.80	60.60	5	0.36	0.01	12.68	23.18	2.01	17.77	0.53	1.02
702	235.20	75.80	6.20	0.45	0	12.01	23.54	2.07	18.61	0.24	1
799.20	265.40	90	5	0.60	0.01	11.45	23.93	2.07	18.45	0.39	1.07
901.20	301.80	98.40	4.60	0.31	0.01	11	23.93	2.32	18.71	0.35	0.96
986.60	338.40	112.20	6.20	0.49	0.01	10.46	23.83	2.31	19.40	0.38	0.79
29	377.20	138.60	32.20	0.43	0.02	12.22	47.95	6.59	13.72	3.77	1.85
49	429.60	163.40	40.60	0.43	0.02	11.67	47.87	5.41	13.53	3.35	1.82
112.80	461.60	187.40	53.80	0.50	0.03	11.93	47.69	6.56	14.24	3.08	1.87
208	473.40	214.60	68.20	0.51	0.07	12.72	47.63	8.53	15.30	4.66	2.21
329	476.80	238.80	77.20	0.58	0.15	13.90	47.58	9.52	16.86	6.18	3.20
883.20	289.20	46	4.20	0.29	0.01	7.95	29.18	3.40	22.54	0.20	0.29
1 096	363.80	58.80	9	0.22	0.01	7.18	28.96	3.25	23.59	0.29	0.41
1 299.20	434.60	77.20	10	0.31	0.01	6.91	29.34	3.41	24.24	0.37	0.42
1 508.80	509.60	90.60	12	0.27	0.01	6.55	29.39	3.40	24.96	0.28	0.33
1 712.60	579	109.60	15.80	0.26	0.01	6.27	29.36	3.42	24.57	0.39	0.30
245.20	543.40	89	39.60	0.54	0.01	8.18	50.2	6.07	17.96	0.84	0.69
298.40	679.40	114.20	45.60	0.41	0.01	7.37	50.36	6.77	17.76	1.5	0.6
340.80	808	147.20	53.20	0.51	0.01	6.99	50.50	5.80	18.10	1.11	0.59
379.60	952.80	171.20	58.40	0.46	0.01	6.49	50.53	6.03	17.59	0.83	0.49
646	1 011.40	177	79.80	0.57	0.05	8.18	49.73	9.96	17.50	7.62	0.83

当 LTL 费率较低时，如果 $|\mathcal{N}| \leqslant 2\,000$，**RGJS** 算法通常在不到 30 分钟内收敛，否则可能需要超过一个小时。JS 案例中系统成本节约 $impr_{RG}$ 均超过 11%，ZJ 案例中超过 13%。JS 案例和 ZJ 案例中捆绑比例 $ratio_{RG}$ 大概分别是 50% 和 45%。与小规模实例类似，选定的 MSTL 路径大多数服务于两个订单，只有少数订单因所选路径延迟，延迟时间通常不超过 0.5 小时。

令人惊讶的是，当 LTL 费率翻倍时，**RGJS** 所需的 MSTL 路径数量也大约翻倍，这显著增加了计算时间。一方面，成本降低 $impr_{RG}$ 增加到约 50%，超过 80% 的订单可以通过 MSTL 路径实现最优捆绑。所选 MSTL 路径数量也大约翻倍，并且更多的三订单或更长的路径被选中。另一方面，订单的延迟显著增加，甚至有将近 80 个订单延迟和 1 小时的延迟时间。这些结果表明当 LTL 费率较高时，捆绑更多的订单在经济上变得可行，托运人愿意接受更长的延迟，这将产生更高的成本节省。

在这些大规模实例中，最小核分配 ξ^{LC} 的偏离 ϵ_{LC} 在 JS 案例中范围为 $[4.43, 145.04]$，ZJ 案例中范围为 $[10.25, 52.99]$。相比之下，比例规则的偏离范围为 $[2\,007.50, 9\,956.43]$，对偶规则的偏离范围为 $[203.74, 7\,616.23]$。当 LTL 费率较高时，捆绑订单的个体成本节约是可观的，可以增加到约 50%。显然，所提出的最小核分配是实际应用中更公平的规则，集合 Θ 中不稳定路径的比例 $instb_{LC}$ 也很小，通常少于 10%。此外，尽管文献中常用对偶规则，但我们的实验表明，从优化角度来看，列生成算法会导致具有大偏离的不稳定分配。因此，同时结合行生成和列生成更为有效。

6.7　总结

本研究从托运人的角度提出了一种新的合作物流合作博弈。基于实际操作为托运人在多站点式整车运输中的合作制定了一种变体的取货送货模型。证明了集中优化模型是 NP-难问题，并且相关合作博弈的核可能为空。采用最小核分配的求解方案概念进行公平的成本分配，并证明联盟的稳定性约束可以简化为每条 MSTL 路径的稳定性。进一步揭示了集中优化问题和最小核分配问题之间的相互依赖性。然后，提出创新的路径生成联合搜索算法，该算法通过迭代同时求解这两个问题，可以被认为同时进行列生成和行生成。开发了一种多起点局部搜索启发式算法求解路径生成子问题，还建立了优化模型和算法的理论特性。

本研究的主要贡献总结如下：

（1）提出了一种新的合作物流合作博弈，基于具有软时间窗的取货送货模型变体，解决 MSTL 运输的重要托运人合作问题。

（2）证明了 MSTL 运输问题的集中优化模型通常是 NP - 难问题，且合作博弈的核可能为空。因此，本章采用最小核概念来设计公平的成本分配方案，并表明联盟的稳定性约束可以简化为路径的稳定性。

（3）为解决计算困难，本章提出了一种创新的路径生成联合搜索算法，该算法在迭代过程中不断同时求解集中优化和最小核分配问题。该算法利用两个问题的内在相互依赖性降低了合作博弈的复杂性，可以被视为一种同时列生成和行生成的方法。由于实际问题中可能存在大量路径，本章开发了一种定制的多启动式局部搜索算法来求解路径生成子问题。

（4）使用中国物流平台运满满的真实数据测试了所提出的算法。计算结果表明，该算法可以快速得出具有较小最优效率损失的近似最优解，并生成具有较小稳定性偏离的最小核分配。同时，系统成本节约和捆绑订单的个体成本节约都较显著，尤其在密集的运输网络中。

在中国的实际案例中进行了小规模和大规模的计算实验。计算结果表明：(1)本章所提出的算法能够快速找到近似最优解，同时仅生成少量 MSTL 路径，且最优性差距很小；(2)合作 MSTL 运输可以产生两位数的成本降低，并在不显著延迟订单的情况下实现超过 50% 的捆绑率；(3)所提出的算法能有效地找到几乎和穷举方法同样公平的最小核分配，并且通常为 LTL 订单提供超过 20% 的个体成本节约，而简单的比例和对偶规则更不稳定，因此不适用于实际应用；(4)网络密度、捆绑限制和 LTL 费率都对 MSTL 运输的收益影响重大；(5)从优化角度出发，传统列生成类型的算法将导致具有大偏离的不稳定分配。

第7章 未来展望

7.1 研究成果

本书综合应用运筹学、管理学、博弈论等多学科交叉融合方法，从理论和实践两方面为数字化物流平台提出一系列整合分散运输资源的策略，探索解决当前平台服务难点的管理方法，丰富和拓展物流领域协同运输和博弈论领域激励机制设计方面的研究范畴，聚焦建设现代化物流强国的战略需求。具体地，本书的研究成果为：

（1）梳理了物流行业及数字化平台的发展，论述了合作物流的概念和实施方式，分类阐述了"控货型、开放型、服务型"三种类型数字化货运平台，介绍了"数字化货运＋电子商务"、"数字化货运＋园区基地"、"数字化货运＋多式联运"及"数字化货运＋第三方物流"四种运营模式。

（2）针对货运代理联盟平台运力资源共享分配问题，基于线性规划原始对偶方法，提出保证货运代理合作信息真实性并实现近似最优运力共享的升式拍卖机制。在每次拍卖迭代中，首先更新每个订单的容量组合包，然后确定临时运力分配并更新对偶价格，迭代扩展组合包集合，并使用最小化原始对偶松弛派生的对偶解来近似收入损失以搜索最优分配。

（3）针对整车货运网络中的承运人合作问题，提出了一个易于计算的迭代拍卖机制以促进合作。每个承运人可以依次决定购买和出售的订单。拍卖机制为每个承运人最优地分配买方和卖方的角色，并匹配供应和需求。这一拍卖机制满足激励相容性、个体理性、预算平衡性、单调和有限收敛性等条件。广泛的计算实验表明，拍卖可以显著提高承运人的总利润，每个承运人都从合作中获得了实质性的收益。对于大规模问题，基于插入启发式算法开发了两种加速方法，还将拍卖扩展到更一般的问题，考虑了额外的约束和交易成本。

（4）针对零担网络货运平台订单分段加总集货运输问题，在最小化总运输成本的集中优化前提下,同时考虑零担货运费率的增量式折扣和全量式折扣两种成本结构建立了该问题的时空网络流模型。提出了一种基于局部搜索启发式的高效近似算法,进一步应用合作博弈理论对托运人成本分配问题进行建模,通过全模性和凹性来分解和线性化优化模型的拉格朗日对偶问题,并从线性化对偶模型中提出了一种可高效计算的成本分配规则。

(5) 针对网络货运平台多站点式整车集货运输问题,基于实际操作为托运人在多站点式整车运输中的合作提出了一种变体的取货送货模型。开发了一种创新的路径生成联合搜索算法,该算法在迭代过程中不断同时求解集中优化和最小核分配问题。针对实际问题中可能存在大量路径,开发了一种定制的多启动式局部搜索算法来求解路径生成子问题。

本书系统性地为数字化物流运输平台提出了一系列创新性的运营模式及算法机制,研究覆盖了零担运输和整车运输合作的多种形式,有助于解决物流行业过于分散化和效率低的痛点问题。

7.2 发展趋势

数字化物流平台支持下的合作物流正处于快速发展阶段,其运营模式展现出一系列由新技术推动的发展趋势。不仅涵盖了智能化和自动化的广泛应用,还包括了物联网技术的深度集成,实现物流设备的实时监控和货物的精确追踪。大数据分析为物流决策提供了深度洞察,优化了运输路线和库存管理,而区块链技术则增强了供应链的透明度和安全性。人工智能的应用进一步推动了预测分析和自动化决策,提高了物流效率和客户满意度(Feng and Ye,2021)。

7.2.1 物理互联网(Physical Internet)

模块化运输和物理互联网的理念正在改变传统的物流操作方式,通过标准化和模块化的运输单元,实现更高效的货物装卸和转运。具体而言,物理互联网是指将数字互联网的分组交换概念应用到物流流程中,利用数字技术实现物流可视化并提高物流效率。通过引入物理互联网,可以减少卡车和仓库的可用性、库存管理和交货时间。使用 π 容器标准化货物尺寸,优化装载效率(Tran-Dang et al.,2020;DHL,2021)。

物理互联网中的三个基本要素分别为容器、枢纽和协议:

（1）容器指标准化货物尺寸的π容器，用于装载、运输和存储货物，确保货物拼装的便利性，优化装载及转运效率。德国卡尔斯鲁厄PTV集团物流研究主管Marcel Huschebec和团队发现，使用六种不同尺寸的模块化π容器可以覆盖约85%的货物尺寸，并将制造商的集装箱和托盘的填充率提高了15%，将零售商的填充率提高了50%（European Commission，2021）。

（2）枢纽指成为π容器物流节点的中心功能，使用标准化集装箱和自动化物料搬运设备来高效转运和运输各种产品。

（3）协议（运输协议）是利用物流功能和资源链接货物信息，运输规则根据计算机网络中使用的OSI参考模型的层结构制定，以形成开放的物理互联模式，通过标准化接口互连，物流提供商之间共享信息和无缝集成物流流程，并能够实时交换信息。

π容器是符合世界标准的智能、绿色和模块化容器。它们在尺寸、功能和固定装置方面在全球范围内实现了模块化和标准化。物理互联网并不直接操纵实体商品，只操纵专为其设计的容器。从物理角度来看，π容器必须易于处理、存储、运输、密封、卡入结构、联锁、装载、卸载、建造和拆卸。从信息角度来看，每个π容器都有唯一的全球标识符，如以太网和数字互联网中的MAC地址，该标识符以物理和数字方式附着在每个π容器上，有助于通过物理互联网确保π容器的识别、调节、监控、完整性、可追溯性和安全性。这种智能标记实现了各种处理、存储和路由操作的分布式自动化。为了充分处理物理互联网中的隐私和竞争问题，π容器的智能标签严格限制相关方的信息访问，只有π容器通过物理互联网路由所必需的信息才可供所有人访问。

7.2.2　商桥物流

商桥物流则通过轻资产、强管理和重运营的理念提出另一种创新式合作物流运营模式，通过天网、地网、节点网、路由网、箱体网等五网赋能于中国成千上万个中小微物流企业，拥有多个分拨中心和加盟网点，以及大量的工作人员和运输车辆，覆盖了全国多个城市。商桥物流率先推出单元化智能化产品"快件箱、公交货巴"，同时更为客户推出时效产品"小货通、快运达、点到达"，提供次日达服务，并致力于建设全国性的智能公路物流运营系统，积极响应物流行业"降本增效"，提高物流运输效率和时效性（罗戈研究，2018b）。

其中，智能共享快件箱是商桥物流推出的单元化智能化产品，从三个方面实现"降本增效"，分别是（1）标准化的箱体设计便于快速装卸和运输，显著提高操作效率并降低成本;(2)快件箱的使用能够降低人工操作次数与人工成本,通过机器替代人工搬卸,操作流程标准化;(3)箱体的空间独立,有效解决了货物破损问题。

公交货巴是商桥物流的另一项创新服务,也被称为"甩箱运输"。公交货巴模式允许货物像乘坐公交车一样,在多个节点城市间快速装卸,实现了支线路由直达,减少了中转环节,从而降低运输成本并提高时效性,使货物运输变得更加灵活和高效。公交货巴的运营特点具体为(1)集装单元随上随下:通过集装单元的应用实现机械化上下货,缩短装卸货时间;(2)市级区域内环线直达:改变传统分拨中心中转的方式,实现环线直达,缩短了在途营运时间和距离;(3)公交化线路运营:通过高频率发车模式,实现分钟级到达速度,前端货源集约能力强。商桥物流的快件箱和公交货巴通过标准化和智能化的创新,为物流行业提供了物流效率和成本效益更高的解决方案。

7.3　新研究问题

以 AI 大模型及其所涉及人工智能技术引领的新一轮技术变革为产业发展带来全新机遇,物流业因其环节众多、需求多样性、数据量巨大、系统规模庞大、场景丰富等特征,是人工智能及大模型落地应用的一大极具潜力的重要领域。大模型技术作为人工智能的一项重要成果,在推动数字化物流平台运营领域的变革中扮演着不可忽视的角色,通过不断创新和合理应用,构建更为智能、高效、可持续的物流体系,为全球经济的发展注入新动力。

未来数字化物流平台的运营管理研究可以考虑以下几个方面:

(1) 为模块化、单元化、智能化合作物流运营模式(例如,物理互联网、公交货巴等)开发系统性的算法解决方案,为运营平台的调度优化决策和利益分配机制提供决策工具和理论指导。

(2) 如何将人工智能和大模型技术与现有的数字化物流平台系统进行有效集成,进行更精准的物流需求预测、库存管理和运输路线优化,并实现不同技术间的协同工作和智能化运营,实现数据驱动的调度优化决策制定,以提升整体的运营效率。

(3) 研究利用人工智能的深度学习、深度强化学习、大模型等技术重塑机制设计的理论框架和方法,进行自动化、智能化的利益分配机制设计。这需要从新的角度思考机制的激励相容性和预算平衡等条件,从数据中学习如何实现这些条件。

附录 A 算法复杂性与 NP-难问题

A.1 组合优化问题

一个优化问题的实例是一个二元组 (F, c),其中 F 是任意集合,是可行点的定义域;c 是成本函数,一个映射,从 F 映射到实数集合。

$$c: F \to \mathbb{R}$$

这个问题是找到一个 $f \in F$,使得

$$c(f) \leqslant c(y), \forall y \in F \text{ 成立}$$

这样的 f 被称为实例的全局最优解,当不会引起混淆时,简称为最优解。

优化问题可以分为两类:具有连续变量的问题(连续优化,Continuous Optimization)和具有离散变量的问题(离散优化,Discrete Optimization),后者我们称之为组合优化问题(Combinatorial Optimization)。在连续问题中,我们一般在寻找一组实数或甚至是一个函数;在组合优化问题中,我们则在寻找一个来自有限集或可数无穷集的对象——通常是一个整数、集合、排列或图。例如,可行解在 $\mathbb{R}^n$ 中取值的非线性规划问题属于连续优化,而整数规划属于离散优化。相较于连续优化,组合优化更难,组合优化问题也更丰富,很难用一种统一的方法去有效地解决所有组合优化问题,甚至求解同一个组合优化问题的不同方法之间也有很大的差异。

A.1.1 组合优化问题例子

下面介绍组合优化问题中两个著名问题:旅行售货商问题和背包问题。

例 1 旅行售货商问题(Traveling Salesman Problem, TSP)

一个售货商想在 $n\ (n > 0)$ 个城市中售卖产品,旅行路径是一个恰好访问每个城市一次的闭环路径,计划从某个城市出发,最后回到这个出发的城市。每

两个城市之间的距离表示为一个 $n \times n$ 的矩阵 $[d_{ij}]$, $d_{ij} \in Z^+$。该问题是找到一个总距离最短的旅行路径。我们可以使

$$F = \{n \text{ 个城市的所有循环排列 } \pi\},$$

以循环排列 π 表示一个旅行路径,其中 $\pi(j)$ 为访问城市 j 后访问的城市, $j = 1, \cdots, n$。那么,该路径 π 的对应成本可表示为 $\sum_{j=1}^{n} d_{j,\pi(j)}$。

例 2 背包问题(Knapsack Problem)

背包客旅行时想要携带的物品数量很多,但背包容量有限,因此需要综合考虑,仅选择部分物品装进背包,使得放入的物品对旅行的帮助最大。

用价值衡量物品对旅行的重要程度,设物品 n 种,物品 j 的价值为正整数 p_j,物品大小为正整数 w_j, $j = 1, 2, \cdots, n$,背包容量为 C。假设对于任意 j, $w_j \leqslant C$, $\sum_{j=1}^{n} w_j > C$。

由于每个物品只有放入和不放入两种可能,因此可行解的数目不超过 2^n,是一个有限数。背包问题最直接的解法是穷举$(1, 2, \cdots, n)$的所有子集,每个子集代表一种物品放入方案。首先验证某种方案是否可行,即放入物品的大小之和是否不超过背包容量,然后再在所有的可行方案中选出最优的方案,即放入物品的价值之和最大的方案。

A.1.2 局部最优解与全局最优解

(1) 局部最优解

局部最优解是指在某个特定区域内目标函数取得的最优值,该值在该区域内可能是最小值或最大值。局部最优解是相对于特定的起始点或局部搜索过程而言的,这意味着在局部搜索的范围内找到了最优解,但不一定是全局最优解。

(2) 全局最优解

全局最优解是指目标函数在整个定义域内取得的最优值,该值是所有可能解中最优的。全局最优解是相对于整个问题空间而言的,它表示在所有可能的解中找到了最优解,具有最小或最大的目标函数值。

A.2 算法时间复杂度

为了描述方便,我们使用以下定义。

问题：问题是指目标函数和约束条件符合某种特殊结构的无穷多个最优化问题实例对应的判定问题的集合，用符号 P 表示。

实例：问题中的参数被赋予了具体的值的问题，用符号 X 表示。

算法：求解问题的通用步骤描述，用符号 A 表示。

实例规模：计算机中，描述一个实例所需的字节总数，表示为 x。

算法时间复杂性：关于实例规模 x 的一个函数 $f(x)$，表示该算法求解所有规模为 x 的实例所需基本运算次数最多的那个实例的基本运算次数。

多项式时间算法和指数时间算法：若一个算法的时间复杂性 $f(x) = O(p(x))$，这里 $p(.)$ 为任意多项式，则称该算法为多项式时间算法，不能这样限制时间复杂性的算法称为指数时间算法。

衡量问题难度的方法：根据该问题的所有实例中最坏情形时的运行时间来衡量。算法的运行时间不仅与问题规模有关，而且与问题的输入数据长度有关。

输入长度：一个问题的实例 X 的输入长度 $L(x)$ 指存储该实例的输入数据所需的二进制数序列的长度。

算法运行（计算）时间：给定一个问题 P 和求解这个问题的算法 A，算法 A 能在有限时间内求解问题 P 的所有实例 X。设 $g_A(X)$ 为算法 A 求解问题 P 的实例 X 所需的基本运算次数，则 $f_A(l) = sup\{g_A(X) \mid L(X) = l\}$ 为算法 A 求解问题 P 的运行或计算时间。一般不必给出 $f_A(l)$ 精确表达式，只需要给出一个简化的同阶量的表达式即可。

多项式时间算法：给定一个问题 P 及其算法 A，若存在常数 $p > 0$，使得 $f_A(l) = O(l^p)$，则称算法 A 为问题 P 的多项式时间算法。

强多项式时间算法：如果存在正常数 p 使得算法 A 求解问题 P 的计算时间为 $O(n^p)$，其中 n 为问题的规模，与输入数据的大小无关，则称算法 A 为问题 P 的强多项式时间算法。

指数时间算法：给定一个问题 P 及算法 A，若对所有的正常数 p 都有 $f_A(l) \neq O(l^p)$，即存在常数 $c_1, c_2 > 0, d_1, d_2 > 1$ 及整数 $l' > 0$，使得对所有的整数 $l \geq l'$ 有：

$$c_1 d_2^l < f_A(l) < c_2 d_2^l,$$

则称 A 为问题 P 的指数时间算法。

A.3　NP -难问题

首先需要按照计算复杂性将问题分类,这样才能把被求解的问题准确归类,构建分类方法需要的四个概念:

(1) 集合 C 为复杂性理论适用问题的集合。

(2) 非空子集 $C_A \subseteq C$,为"容易"问题的集合。

(3) 非空子集 $C_B \subseteq C$,包含"困难"问题的集合。

(4) 关系 $P \triangleleft Q$ 表示问题 P 不比 Q 难。

定理 A.1　(Wolsey,2021)假设 P 和 Q 是 C 中的两个问题:如果 $Q \in C_A$, $P \triangleleft Q$,则 $P \in C_A$;如果 $P \in C_B$, $p \triangleleft Q$,则 $Q \in C_B$。

所谓判定问题,是指回答为"是"或"否"的问题。复杂性理论只适用于判定问题,而非我们熟识的最优化问题。最优化问题

$$\max\{cx : x \in S\}$$

可转换为判定问题:对任意给定常数 k,是否存在 $x \in S$,使得 $cx \geq k$。

A.3.1　P 与 NP 的概念

计算复杂性理论最基本的问题类,即 NP 问题。"困难"的问题和"简单"的问题都属于 NP 问题。

NP 问题:是指满足如下性质的判定问题的集合:对判定问题所有回答为"是"的实例,存在多项式时间的验证方法检验该"是"的回答。

P 问题:NP 问题中简单问题的集合,P 为 NP 中存在多项式时间算法的问题集合。(如最短路问题、指派问题、线性规划问题等)

A.3.2　NPC 问题(NP -完备问题)

关系"$\triangleleft$":对于问题 $X, Y \in NP$,如果 X 中的实例可以在多项式时间内转化为 Y 的一个实例,则称 X 多项式时间可划归到 Y,即 X 不比 Y 难,记为 $X \triangleleft Y$。

NPC 问题:NP 类问题中"困难"的问题类。对于问题 $X \in NP$,如果 NP 中的所有问题 Y 都可在多项式时间内划归到 X,则定义 X 为 NPC 问题(NP -完备问题),即 $X \in NPC$。

NP -难问题:若最优化问题相应的判定问题是 NP 完备的,则该最优化问

题称为 NP -难问题。

定理 A.2 (Wolsey,2021)假设问题 $X,Y \in NP$,

(1) 若 $Y \in P$ 且 X 多项式时间可规约到 Y,则 $X \in P$;

(2) 若 $X \in NPC$ 且 X 多项式时间可规约到 Y,则 $Y \in NPC$。

推论 A.1 (Wolsey,2021)如果 $P \cap NPC \neq \varnothing$,$P=NP$。**推论**表明若有一个 NPC 问题存在多项式时间算法,则所有 NP 问题都存在多项式时间算法。

$Co-NP$:是指满足如下性质的判定问题的集合:对于判定问题所有回答为"否"的实例,存在多项式时间的验证方法检验该"否"的回答。

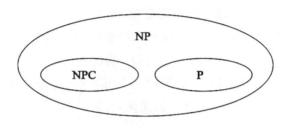

图 A.1　P、NP 与 NPC 的关系

A.3.3　NP -难优化问题

定义 A.1　(Wolsey,2021)优化问题是寻找某个问题的最佳解的问题,一个优化问题,如果它的判定问题属于 NPC,则该优化问题被称为 NP -难问题,即 NP -难优化问题。

以下是著名的 NP -难组合优化问题。

旅行商问题(Traveling Salesman Problem,TSP):给定若干城市和城市之间的距离,找到一条经过所有城市且路径最短的回路。TSP 的优化版本是 NP -难的,因为它的判定版本(是否存在一条长度不超过某一给定值的回路)是 NPC。

0-1 背包问题(0-1 Knapsack Problem):给定一组物品,每个物品有重量和价值,在不超过总重量限制的情况下,选择一些物品使总价值最大化。0-1 背包问题的优化版本是 NP -难的,因为它的判定版本(是否存在总重量不超过某一给定值且总价值至少为某一给定值的选择)是 NPC。

集合覆盖问题(Set Covering Problem):给定一个全集和一些子集,选择尽可能少的子集,使得这些子集的并集覆盖全集。集合覆盖问题是 NP -难的,因为其决策版本(是否存在一个大小不超过某一给定值的子集集合,能够覆盖全集)是 NPC。

附录 B 网络流优化方法

由于其本身的网络属性，物流运输优化问题通常建模为网络流优化模型，并基于基础的网络流优化算法设计物流问题的优化算法。以下介绍本书研究内容相关的几个基础网络流优化模型和算法。

B.1 图论基础

设 $G=(V,A)$ 是一个由 n 个节点集合 N 和 m 条有向边集合 A 组成的有向图。

对于一条边 (i,j)，i 为尾节点，j 为头节点。路径是一个节点序列 $i_1,i_2,\cdots,i_r$，使得对于所有 $1 \leqslant k \leqslant r-1$，$(i_k,i_{k+1}) \in A$ 或 $(i_{k+1},i_k) \in A$，且每个节点仅被访问一次。路径中的边可以分为两类：前向边和反向边；如果路径先访问节点 i 后访问节点 j，则 (i,j) 是前向边，否则是反向边；通常，(i_k,i_{k+1}) 是前向边，而 (i_{k+1},i_k) 是反向边。例如，在图 B.1(a) 中，路径 $\{1,2,5,7\}$ 中的边 $(1,2)$ 和 $(5,7)$ 是前向边，$(5,2)$ 是反向边。

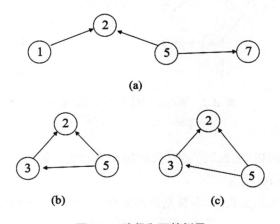

图 B.1 路径和环的例子

有向路径没有反向边,记为$\{i_1 \to \cdots \to i_k \to \cdots \to i_r\}$。

环是有边(i_1, i_r)或(i_r, i_1)的路径$\{i_1, \cdots, i_k, \cdots, i_r\}$。用符号$\{i_1 - \cdots - i_k - \cdots - i_r - i_1\}$表示环。例如,在图 B.1(b)中,环$\{2-5-3-2\}$有前向边$(5, 3)$和$(3, 2)$以及反向边$(5, 2)$。

有向环是包含边(i_r, i_1)的有向路径$\{i_1 \to \cdots \to i_k \to \cdots \to i_r\}$,表示为$\{i_1 \to \cdots \to i_k \to \cdots \to i_r \to i_1\}$。例如,图 B.1(c)显示了一个有向环。

无环图是指不包含有向环的图。如果图中的每一对节点之间它都有一条路径,那么该图是连通的。**树**是一个无环连通图。树的每两个节点之间有且仅有一条路径。因此,图 B.1(b)中的图不是树。如果树T是图G的生成子图,则称T是G的生成树。

有根树是具有特别指定的节点(根)的树。在有根树中,除了根以外的每个节点都有一个唯一的前继节点,这是从该节点到根的唯一路径上的下一个节点。前继节点用$pred(i)$表示,如果$j = pred(i)$,则称i为j的后继节点。节点i的后代包括节点本身、其后继节点及其后继节点的后继节点,依此类推。我们也称某个节点为其所有后代节点的祖先。

如果从根节点r到每个其他节点的唯一路径是有向路径,则称该树为以节点r为根的**有向出树**。如果从任何节点到根节点r的唯一路径是有向路径,则称该树为以节点r为根的**有向内树**。图 B.2(a)显示了一个有向外树的例子,图 B.2(b)显示了一个有向内树的例子。

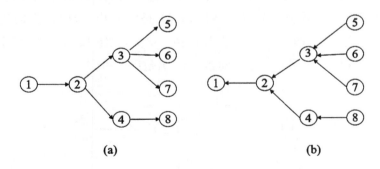

图 B.2 有向出树和有向入树的例子

(来源:Ahuja et al., 1993)

对于有根有向树,从根到节点i之间的节点称为i的祖先,节点i子树上的所有节点称为i的后代。

不包含环的图称为**森林**,森林是树的集合。如果图$G = (V, A)$的节点集可

以划分为两个子集 V_1 和 V_2，使得对于每条边 $(i,j) \in A$，要么 $i \in V_1$ 且 $j \in V_2$，要么 $j \in V_1$ 且 $i \in V_2$，则称 G 为二分图。当且仅当 G 中的每个环都包含偶数条边，则该图为二分图。

B.2 网络流问题

对于每条边 $(i,j) \in A$，存在一个容量 u_{ij} 和一个单位流成本 c_{ij}。每个节点都与一个需求 b_i 相关联，且满足 $\sum_{i \in N} b_i = 0$。如果 $b_i < 0$，则该节点称为源点；如果 $b_i > 0$，则该节点称为汇点。设 x_{ij} 为边 $(i,j) \in A$ 上的流，则最小成本网络流问题的目标函数是：

$$\min f(x) = \sum_{(i,j) \in A} c_{ij} x_{ij}$$

约束条件：

$$\sum_{j:(j,i) \in A} x_{ji} - \sum_{j:(i,j) \in A} x_{ij} = b_i, \quad \forall i \in V$$
$$0 \leqslant x_{ij} \leqslant u_{ij}, \quad \forall (i,j) \in A$$

设 X 是由两个约束定义的凸多面体。x 的一个可行解称为流，一个基本可行解称为极值流。此外，如果具有正流的边形成一条路径，则称该流为路径流；如果具有正流的边形成一个环，则称该流为环流。环流是满足以下条件的流：

$$\sum_{j:(i,j) \in A} x_{ij} - \sum_{j:(j,i) \in A} x_{ji} = 0, \quad \forall i \in V$$
$$0 \leqslant x_{ij} \leqslant u_{ij}, \quad \forall (i,j) \in A:$$

关于环流，我们有以下结论：

定理 B.1 （Ahuja et al.，1993）一个环流可以表示为最多 m 个有向环的环流之和。

定义 $e(i) = \sum_{(j,i) \in A} x_{ji} - \sum_{(i,j) \in A} x_{ij}$。如果 $e(i) < 0$，则称该节点为赤字节点；如果 $e(i) > 0$，则称该节点为盈余节点。考虑图 B.3 中的示例。(1)开始时，在 (a) 中 $e(1) < 0$ 且 $e(5) < 0$。(2)首先选择节点 5。识别有向路径 $\{5 \to 3 \to 2 \to 4 \to 6\}$，流为 3 单位。(3)移除得到的路径流，网络 (a) 变为 (b)。选择节点 1 并识别路径 $\{1 \to 2 \to 4 \to 5 \to 6\}$，流为 2 单位。(4)移除当前得到的路径

流,并考虑图(c)。识别沿环{5 → 3 → 4 → 5}的4单位的环流。(5)移除环流,所有流都变为0。然后算法终止。

以下结论是关于正式的流分解定理。

定理 B.2 （Ahuja et al., 1993）

（1）每个路径流和环流都有一个唯一的非负边流表示。

（2）反过来,每个非负边流都可以表示为具有以下两个属性的路径流和环流(尽管表示方式不一定唯一):

(a) 具有正流的每个有向路径连接一个赤字节点和一个盈余节点;

(b) 最多有 $m+n$ 个路径和环具有正流,其中,最多有 m 个环具有正流。

由于流分解定理,我们看到无容量限制的最小成本网络流问题的约束集不是一个紧凑的凸多面体,而是一个锥体。循环流是无界的,但无环网络则相反。

考虑图B.3中的示例。假设这里没有容量要求。原始流被分解为两个路径流和一个循环流,分别是{1→2→4→6}(4个单位),{1→3→5→6}(3个单位)和

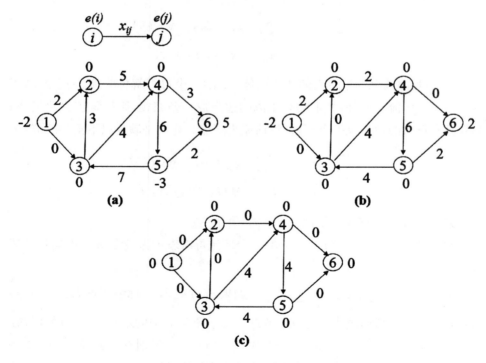

图 B.3　流分解的示意图

(来源：Ahuja et al., 1993)

{2→4→5→2}(2个单位)。路径流的并集是一个可行解,用 x 表示。在有向环 { 2→4→5→2 }上的循环流用 y 表示。然后,原始流等于 $x+y$;实际上,$x-y$,$x+k \cdot y(k \geqslant 0)$ 都是可行的。注意 $x-y=x$。同时注意 $x+y=1/2(x-y)+1/2(x+5y)$,以及 $x+y=1/3(x+1/2y)+2/3(x+5/4y)$。因此,流 $x+y$ 不是极点,即任何含循环的流是非极值点。

此外,一般的循环流也不是极值点。我们可以将循环流表示为路径流和循环流的总和。对于相同的示例,两个路径流{1→2→4→6}(4 个单位)和{1→3→5→6}(3 个单位)形成了一个循环{1→2→4→6→5→3→1}。考虑该循环上带有 2 个单位的循环流和一个新的路径流{1→3→5→6}(5 个单位)。然后,当前的循环流等于构造的循环流和新路径流的总和。从前面的论证中,可以清楚地看到当前的循环流不是极端的。

B.3 最短路问题

最短路径问题(Shortest Path Problems)包含多种类型,解决方法也各不相同。首先,我们根据结构、假设、数据类型和期望的解决方案对这些问题进行分类,同时还可以根据用于解决这些问题的方法进行分类。

(1) 依结构分类:指定的一对节点之间;所有节点对之间;从一个起点到所有其他节点或从所有其他节点到一个终点;通过一个节点的最短环扩展;(a)通过指定节点集的最短路径;(b)使用 k 条或更少边的最短路径;(c)使用奇数或偶数条边的最短路径。

(2) 依数据类型分类:$d_{ij} \geqslant 0$,$\forall (i,j) \in A$;$d_{ij}=d_{ji}(t) \geqslant 0$,$\forall (i,j) \in A$;$\sum_{(i,j) \in C} d_{ij} \geqslant 0$,$\forall C$;$G$ 是无向图且 $\sum_{(i,j) \in C} d_{ij} \geqslant 0$,$\forall C$($C$ 表示无向环)。

(3) 依目标不同分类:第 k 短路径;路径上的比率函数;检测是否存在负环;环上的比率函数。

(4) 依解决方法分类:动态规划;归纳算法;模拟设备;匹配公式。

最短路径问题可以表述为一个最小成本流问题。下面给出单对起点和终点组合的线性规划表述:假设我们有一个图 $G=(V,A)$,其中 V 是顶点集合,A 是边集合。每条边 (i,j) 都有一个权重 d_{ij},目的是找到从起点 s 到终点 t 的最短路径。

(1) 目标函数：最小化路径的总权重

$$\min \sum_{(i,j) \in A} d_{ij} x_{ij}$$

(2) 约束条件：
流量平衡约束：

$$\sum_j (x_{ij} - x_{ji}) = \begin{cases} 1 & i = s \\ 0 & i \neq s, t \\ -1 & i = t \end{cases}$$

非负性约束：

$$x_{ij} \geq 0 \quad \forall (i,j) \in A$$

x_{ij} 表示是否选择这条边作为路径的一部分，如果选择，$x_{ij}=1$；如果没有选择，$x_{ij}=0$。

Dijkstra算法用于在具有非负边长的网络中，从源点 s 找到所有其他节点的最短路径。Dijkstra算法为每个节点 i 维护一个距离标签 $d(i)$，该标签是从源点到节点 i 的最短路径长度的上界。在算法的任意中间步骤中，算法都将节点分为两组：一组被标记为永久标签（或永久的），另一组被标记为临时标签（或临时的）。到任何永久节点的距离标签代表从源点到该节点的最短距离。对于任何临时节点，其距离标签是到该节点的最短路径长度的上界。该算法的基本思想是从节点 s 开始，按照它们到节点 s 的距离顺序永久地标记节点。算法的操作主要分为初始化、选择最小临时标签、更新临时标签、达到停止条件四个部分。

(1) 初始化：

为起点 s 设置永久标签 $\pi_s = 0$。为所有其他节点设置临时标签 $u_i = d_{si}$，其中 d_{si} 是起点 s 到节点 i 的初始距离。如果没有直接连接，则设为无穷大，将起点 s 加入永久标记集合 S。

(2) 选择最小临时标签：

在所有临时标签中，选择最小的标签 u_k 对应的节点 k；将节点 k 的临时标签变为永久标签并将节点 k 加入永久标记集合 S。

(3) 更新临时标签：

对于所有未在永久标记集合 S 中的节点 j，更新其临时标签：

$$u_j = \min(u_j, \pi_k + d_{kj})$$

重复步骤 2 和步骤 3，直到所有节点都被永久标记，即 $S = V$。

（4）停止条件：

如果所有节点都被永久标记，则算法停止，永久标签 π_i 即为从起点 s 到节点 i 的最短距离。

根据 Ahuja et al.（1993），Dijkstra 算法伪代码可以描述如下：

算法 1　Dijkstra 算法伪代码

输入：$G = (V, A)$，起始节点 s
输出：最短路径距离 d，前驱节点 $pred$
1　初始化：$S := \varnothing, U := V$
2　初始化：对于每个节点 $i \in V$, $d(i) := \infty, d(s) := 0$
3　while $S \neq V$ do
4　　选择一个节点 $u \in U$，使得 $d(u)$ 最小
5　　$S := S \cup \{u\}$
6　　$U := U \setminus \{u\}$
7　　for 每条边 $(u, v) \in A$ do
8　　　if $d(v) > d(u) + c(u, v)$ then
9　　　　$d(v) := d(u) + c(u, v)$
10　　　$pred(v) := u$
11　　end if
12　end for
13 end while
return d, $prev$

B.4　固定费用网络流问题

固定费用网络流（Fixed-Charge Network Flow，FCNF）问题是一个经典的离散优化问题，其中一组货物必须通过有向网络进行路由。每个货物都有一个起点、一个终点和一个数量。在沿着一条边路由流量时，产生的成本包括两个部分：固定成本和依赖于流量大小的可变成本。每条网络边都有容量限制。目标是最小化总成本。

表 B.1　固定费用网络流问题模型参数

	符号	含义
参数	V	节点集合
	A	有向边集合
参数	K	商品集合
	s_k	商品 k 的源点
	t_k	商品 k 的终点
	d_k	商品 k 的需求量
	f_{ij}	使用边 (i,j) 的固定成本
	c_{ij}	沿边 (i,j) 每单位流量的变动成本
	u_{ij}	边 (i,j) 的容量
决策变量	x_{ij}^k	商品 k 通过边 (i,j) 的流量
	y_{ij}	二进制变量，表示边 (i,j) 是否被使用

(1) 目标函数：

最小化总成本，包括固定成本和变动成本：

$$\min \sum_{k \in K} \sum_{(i,j) \in A} c_{ij} d_k x_{ij}^k + \sum_{(i,j) \in A} f_{ij} y_{ij}$$

(2) 约束条件：

(a) 流量平衡约束：确保对于每个节点 I 和商品 k，流入和流出的流量满足需求量的要求。

$$\sum_{j:(i,j) \in A} x_{ij}^k - \sum_{j:(j,i) \in A} x_{ji}^k = d_k \cdot 1_{\{i=s_k\}} - d_k \cdot 1_{\{i=t_k\}}$$

(b) 耦合约束：确保如果边 (i,j) 被使用，则支付固定成本，并且流量不超过边的容量。

$$\sum_{k \in K} d_k x_{ij}^k \leqslant u_{ij} y_{ij} \quad \forall (i,j) \in A$$

(c) 二进制约束：y_{ij} 必须是二进制变量。

$$y_{ij} \in \{0,1\} \quad \forall (i,j) \in A$$

(d) 流量界定约束：根据商品的需求是否可以在多条路径上分割，x_{ij}^k 可以是 0—1 变量或 0 到 1 之间的实数变量。

(3) 模型变体：

如果商品需求必须沿单一路径，则 x_{ij}^k 是 0—1 变量。

如果商品需求可以沿多条路径分割，则 $0 \leqslant x_{ij}^k \leqslant 1$。

固定费用网络流问题是 NP-难问题(Hewitt et al.，2010)，因为需要考虑所有可能的路径组合以找到最优解，这会导致计算复杂度随着问题规模的增加而迅速增长。这使得即使是对较小规模实例进行精确求解也变得非常困难，更不用说处理现实中大规模的实例了。Hewitt et al.（2010）在文章中提出了一种结合精确方法和启发式方法的解决方案来处理 FCNF 问题，求解方法主要结合了数学规划算法和启发式搜索技术。为了获得高质量的解，该方法依赖于邻域搜索，邻域涉及解决从基于边的 FCNF 公式中导出的精心选择的整数方案。为了获得下界，利用基于路径的 FCNF 公式的线性规划松弛，并用邻域搜索过程中发现的切口进行强化。求解方法采用随机化来分散搜索和学习来强化搜索，该方案可以快速生成高质量解。

B.5　带有时间窗约束的车辆路径优化问题

带有时间窗约束的车辆路径优化问题(Vehicle routing problem with time-windows) 是经典车辆路径问题的扩展，其中每个客户 i 都有一个服务开始的时间窗 $[a_i, b_i]$。车辆可以在 a_i 之前到达并等待，但不能晚于 b_i 到达。VRPTW 在配送管理中有广泛应用，如饮料和食品配送、报纸配送、商业和工业废品收集等。

VRPTW 问题定义在有向图 $G=(V, A)$ 上，其中 $|V|=n+2$，仓库由两个顶点 0 和 $n+1$ 表示。每条可行的车辆路线对应于从顶点 0 开始，到顶点 $n+1$ 结束的路径。

表 B.2　模型参数

	符号	含义
参数	N	客户集合，$|N|=n$
	K	车辆集合，$|K|=m$
	s_i	在 i 处的服务时间 $s_0 = s_{n+1} = 0$
	t_{ij}	从 i 到 j 的旅行时间
	q_i	客户 i 的需求量
	Q	车辆容量
决策变量	x_{ij}^k	0－1 变量，如果边 (i, j) 被车辆 k 使用，则等于 1
	w_i^k	车辆 k 开始服务顶点 i 的时间

(1) 目标函数：

最小化总路线成本：

$$\min \sum_{k \in K} \sum_{(i,j) \in A} c_{ij} x_{ij}^k$$

(2) 约束条件：

(a) 每个客户恰好被访问一次：

$$\sum_{k \in K} \sum_{j \in \delta^+(i)} x_{ij}^k = 1, \quad \forall i \in N$$

(b) 每辆车恰好使用一次：

$$\sum_{j \in \delta^+(0)} x_{0j}^k = 1, \quad \forall k \in K$$

$$\sum_{i \in \delta^-(n+1)} x_{i,n+1}^k = 1, \quad \forall k \in K$$

(c) 流量守恒：

$$\sum_{i \in \delta^-(j)} x_{ij}^k - \sum_{j \in \delta^+(j)} x_{ji}^k = 0, \quad \forall k \in K, \forall j \in N$$

(d) 时间变量的一致性：

$$w_i^k + s_i + t_{ij} - w_j^k \geqslant 0, \quad \forall k \in K, (i,j) \in A$$

(e) 时间窗限制：

$$a_i \leqslant w_i^k \leqslant b_i, \quad \forall k \in K, \forall i \in V$$

(f) 车辆容量限制：

$$\sum_{j \in \delta^+(i)} q_i x_{ij}^k \leqslant Q, \quad \forall k \in K$$

(g) 二进制变量和连续变量的定义域：

$$x_{ij}^k \in \{0,1\}, \quad \forall k \in K, (i,j) \in A$$

(3) 线性化处理：

由于时间变量的约束是非线性的，可以通过引入大的常数 M_{ij} 来线性化这些约束。

(4) 时间变量的界限加强：

通过引入 $\delta^-(i)$ 和 $\delta^+(i)$ 中的 x_{ji}^k 和 x_{ij}^k 来加强时间变量 w_i^k 的界限。

这个模型是一个混合整数规划问题,由于其复杂性,通常使用启发式算法来求解。然而,在问题足够受限(即时间窗足够窄)的情况下,可以通过数学规划技术求解实际规模的实例。

车辆路径问题带时间窗(VRPTW)是一个经典的组合优化问题,属于 NP - 难问题(Savelsbergh,1985)。

(1) 问题的复杂性:

VRPTW 是车辆路径问题(VRP)的一个扩展,其中每个客户都有一个特定的服务开始时间窗 $[a_i, b_i]$。车辆必须在这个时间窗内开始服务,这增加了问题复杂性。

VRPTW 的 NP - 难问题性质可以通过它对 CVRP(无时间窗的车辆路径问题)的概括来理解。当时间窗 $a_i = 0$ 和 $b_i = \infty$ 时,VRPTW 简化为 CVRP。

(2) 精确算法的挑战:

传统的基于单纯形算法的分支定界方法难以解决 VRPTW,即使是小规模实例。这是因为问题的线性规划(LP)松弛提供了一个弱下界。Kolen et al. (1987)首次提出了一种优化算法,使用动态规划和状态空间松弛技术来计算分支定界算法中的下界,但这种方法只能解决 $n \leqslant 15$ 的实例。

(3) 算法发展:

后续的算法依赖于生成有效的不等式来加强 LP 松弛,或使用数学分解技术。这些方法包括拉格朗日松弛、列生成和分支定界。

拉格朗日松弛算法:拉格朗日松弛可以应用于 VRPTW 的多种方式。然而,由于拉格朗日松弛得到的下界通常较弱,这会阻碍使用分支定界解决问题。

列生成算法:列生成与约束生成密切相关,可以视为更新与放松约束相关联的乘子的特殊方式。列生成的子问题等同于拉格朗日子问题,提供了等同于拉格朗日对偶的下界。

分支定界算法:分支定界算法通过在搜索树的每个节点解决线性松弛问题,并使用列生成来生成新的列。这个过程在无法生成负约减成本的列时停止。

启发式算法的需求:由于 VRPTW 的难度和高实际相关性,需要开发快速算法,能够在短暂的计算时间内产生高质量的解决方案。启发式算法也可以为前述精确算法提供上界。

启发式算法的分类:

(1) 构造启发式:通过逐个插入客户来构建路线,直到获得可行解。

（2）改进启发式：通过执行交换来迭代改进初始可行解，同时保持解的可行性。

（3）元启发式：包括禁忌搜索、遗传算法和其他基于不同范式的元启发式，它们在遇到局部最小值后继续探索搜索空间。

B.6　带有时间窗约束的取货送货问题

带有时间窗约束的取货送货问题（Pickup and Delivery Problem with Time Windows，PDPTW）可以根据需求类型和路线结构分为三类：

多对多问题（Many-to-Many，M-M）：每种货物可能有多个起点和终点，任何地点都可能是多个货物的起点或终点。

一对多对一问题（One-to-Many-to-One，1-M-1）：从一个仓库配送商品到多个客户，同时从客户处收集商品并运回仓库。

一对一问题（One-to-One，1-1）：每种货物有唯一的起点和终点。

PDPTW 是一类重要的路线规划问题，需要在不同的起点和终点之间运输货物或乘客。问题定义在一个图上，图中的顶点代表不同货物或乘客的起点或终点，边表示顶点之间的运输路线。目标是在满足所有需求的前提下，最小化运输成本，同时遵守车辆容量和时间窗约束。

以单一商品多对多取送货车辆路径问题（1-PDVRP）为例，其数学模型可以表示为混合整数线性规划（MILP）：

（1）决策变量

x_{ij}^k：当车辆 k 行驶在边 (i,j) 上时取值为 1，否则为 0。

f_{ij}：在边 (i,j) 上运输的货物量。

（2）目标函数

最小化总运输成本：

$$\min \sum_{i \in V} \sum_{j \in V} \sum_{k \in K} c_{ij} x_{ij}^k$$

（3）约束条件

每个客户必须被服务一次：

$$\sum_{j \in V} \sum_{k \in K} x_{ij}^k = 1, \quad \forall i \in V \setminus \{0\}$$

车辆流量守恒：

$$\sum_{j \in V} x_{ij}^k - \sum_{j \in V} x_{ji}^k = 0, \quad \forall i \in V, k \in K$$

满足需求的流量平衡：

$$\sum_{j \in V} f_{ji} - \sum_{j \in V} f_{ij} = q_i, \quad \forall i \in V \setminus \{0\}$$

车辆容量约束：

$$f_{ij} \leqslant Q \cdot \sum_{k \in K} x_{ij}^k, \quad \forall i, j \in V$$

避免子环：

$$\sum_{i \in S} \sum_{j \in S} x_{ij}^k \leqslant |S| - 1, \quad \forall S \subseteq V \setminus \{0\}, S \neq \varnothing, k \in K$$

变量域：

$$x_{ij}^k \in \{0, 1\}, \quad \forall i, j \in V, k \in K$$

$$f_{ij} \geqslant 0, \quad \forall i, j \in V$$

PDPTW 属于 NP - 难问题(Toth and Vigo, 2014)，其主要原因包括：

（1）复杂性增加。增加了时间窗和车辆容量等约束条件，使得问题求解复杂度大大增加。

（2）组合爆炸。由于取送货点的排列组合和路径选择的多样性，导致问题规模迅速增长，难以通过简单的算法在多项式时间内解决。

（3）子环约束。需要避免在解空间中产生子环，这进一步增加了求解难度。

解决 PDPTW 的算法可以分为精确算法和启发式算法：

(1) 精确算法

拉格朗日松弛法（Lagrangian Relaxation Based Algorithms）：拉格朗日松弛法通过松弛一些约束来解决 PDPTW 的问题。这些松弛的约束使得问题分解成多个子问题，其中每个子问题可以通过动态规划或其他方法来求解。Fisher (1994)提出了基于 k -树的松弛方法，并通过对违反的容量约束和时间窗约束进行处理，成功解决了一些规模较大的实例。该方法还结合了变量分裂的方法，将问题分解为多个最短路径问题。

列生成法（Column Generation Algorithms）：列生成法将 PDPTW 分解为一个主问题和多个子问题，通过动态生成新的列来求解。这些子问题通常是带有资源约束的最短路径问题,通过解决这些问题来生成新的列。Desrochers et al.(1992)人首次将列生成法应用于 PDPTW,并通过添加有效不等式来加强解的下界。这种方法在解决大型实例时表现出色,能够处理包含大量客户的复杂问题。

分支切割法(Branch-and-Cut Algorithm):分支切割法结合了分支定界和割平面技术,通过在搜索树的每个节点处添加有效割平面来优化解。Bard et al.(2002)开发了一种用于 PDPTW 的分支切割算法,结合了多种不等式(例如子环消除约束、容量约束、梳子不等式等)来加强求解过程。在每个节点处,通过启发式方法计算上界,并应用各种分离算法识别违反的约束,从而提高算法的效率和准确性。

(2)启发式算法

构造性启发式算法(Construction Heuristics):构造性启发式算法通过逐步将客户插入到部分路径中来构建可行解,直到获得完整的解决方案。客户可以按顺序或并行方式插入,常见的方法包括 Solomon(1987)提出的 I1 算法和 Potvin and Rousseau(1993)的平行插入启发式算法。I1 算法通过首先选择离仓库最远的客户作为种子客户,然后在每次迭代中选择最大化节省度量的客户插入到当前路径中。

改进性启发式算法(Improvement Heuristics):改进性启发式算法通过在初始可行解的基础上进行交换操作来迭代改进解,直到无法再进行不恶化解的交换。早期的改进启发式算法包括 2-opt、3-opt 和 Or-opt 交换机制,这些机制最初是为旅行商问题(TSP)设计的。Potvin 和 Rousseau 引入了 2-opt* 交换,它通过保持子路径的方向来交换两个路径之间的客户。

元启发式算法(Metaheuristics):元启发式算法在遇到局部最优时通过机制继续探索搜索空间,近年来的研究集中在开发这种方法。常见的元启发式算法包括禁忌搜索、遗传算法和蚁群优化算法。这些方法通常通过模拟生物进化或社会行为来寻找更优的解决方案。禁忌搜索算法旨在通过防止搜索过程陷入局部最优来找到全局最优解。它通过维护一个禁忌表(Tabu List),记录最近的若干步操作,从而防止搜索过程返回到之前的解。遗传算法通过选择、交叉和变异操作来演化一组初始解(称为种群)。每个解(称为个体)根据其适应度进行评估,适应度越高的个体有更大的概率被选择用于生成下一代。蚁群优化算法是一种基于模拟蚂蚁觅食行为的元启发式算法,蚂蚁在搜索过程中通过在路径上留下信息素来标记路径的优劣。其他蚂蚁根据信息素浓度选择路径,浓度越高的路径被选择的概率越大,从而逐步找到全局最优路径。

这些方法在处理带有时间窗约束的取货-送货优化问题时各有优缺点,根据问题的规模和具体约束选择适合的方法,可以在合理时间内找到高质量的解决方案。

附录 C 合作博弈理论

博弈论探讨的是两个或两个以上可能具有利益冲突的参与者在决策过程中的相互作用。每位参与者都致力于优化其自身的目标函数。根据参与者间有没有一个具有约束力的协议，博弈可被分为合作博弈和非合作博弈。两者的主要区别在于：合作博弈允许参与者通过协议来共同最小化成本或最大化收益，而非合作博弈则不允许此类协议。尽管在合作博弈中，所有参与者可能一致认为最小化总成本（或最大化总收益）是有益的，每位参与者仍可能追求最小化其个人成本（或最大化个人收益）。在此类情境下，需要一种成本分配方法（或收益分配方法），既能反映共同目标，又能满足各参与者的个体目标。

C.1 合作博弈的基本概念

合作博弈论中的参与者是联盟，即参与者群体。在大多数情况下，有两个事实被视为既定事实，即联盟可以形成，每个联盟都有一套可行的收益可供其成员获得。

C.1.1 不可转移效用博弈

设 N 为一个有限的参与者集合，记作 $N=\{1, 2, \cdots, n\}$。N 的每个非空子集 $S \subseteq N$ 称为一个联盟，而全体参与者构成的集合 N 被称为大联盟。对于每个联盟 S，指定一个包含 $|S|$ 维度的支付向量的集合 $V(S) \subseteq R^{|S|}$，这些支付向量对于联盟 S 是可行的，$V(S)$ 被称为特征函数，而 (N, V) 被称为一个合作博弈。此外，在这一定义中，隐含地假设补集联盟（即 $N \setminus S$）采取的行动不会影响联盟 S 的实现，即与特征函数 $V(S)$ 没有关系。

特征函数一般需满足如下常见的假设条件：

（1）对任意的 $S \subseteq N$，$V(S)$ 是闭集。用 $\partial V(S)$ 表示 $V(S)$ 的边界，因此

$\partial V(S) \subseteq V(S)$。

(2) 对任意的 $S \subseteq N$，$V(S)$ 是全面的，即对于每个 $x \in V(S)$，$\{x\} - R_+^{|S|} \subseteq V(S)$。

其中，$R_+^{|S|}$ 表示 $|S|$ 维的非负实数空间。$\{x\} - R_+^{|S|}$ 表示从向量 x 中减去 $R_+^{|S|}$ 中的每个向量，得到的所有向量的集合，也就是说，这个集合包含了所有在每个分量上都小于或等于 x 的向量，是 x 向下延伸的向量集。

(3) 对任意的 $x \in R^{|S|}$，$\partial V(S) \cap (\{x\} + R_+^{|S|})$ 是有界的。

$\{x\} + R_+^{|S|}$ 表示从 x 向上延伸的所有向量，即在每个分量上大于或等于 x 的向量集合。

(4) 对任意的 $S \subseteq N$，存在一个连续可微函数 $g_S : R^{|S|} \to R$，使得 $V(S) = \{x \in R^{|S|} \mid g_S(x) \leqslant 0\}$。

(5) 对任意的 $S \subseteq N$，$V(S)$ 是非平坦的，即对任意 $x \in \partial V(S)$，在 x 处的 g_S 的梯度在所有坐标上都是正的。

这些假设在合作博弈论中起着重要的作用，帮助确定特征函数的性质和联盟的支付向量的结构。这些假设确保了特征函数在数学上的一致性和可操作性，为进一步研究合作博弈提供了基础。

在以上假设下，$\partial V(S)$ 表示联盟 S 的帕累托边界，即向量 $x_S \in V(S)$ 的集合中，不存在 $y_S \in V(S)$，对所有 $i \in S$ 具有严格不等式 $y_i \geqslant x_i$。

另一个重要假设是平衡性，定义如下：对于联盟集合 $\mathcal{T}$，如果存在一组权重 $w(S) \in [0, 1]$，使得对于每个联盟 $S \in \mathcal{T}$ 和每个参与者 $i \in N$，都满足 $\sum_{S \in \mathcal{T}, i \in S} w(S) = 1$，则称集合 $\mathcal{T}$ 是平衡的。这些权重可视为每个参与者为其所属联盟分配的时间比例，确保每个参与者对于每个联盟的时间比例相同。当对于平衡集合 $\mathcal{T}$ 中的每个 S 都有 $x_N \in V(N)$ 时，博弈 (N, V) 被认为是平衡的。如果对于平衡集合 $\mathcal{T}$ 中的每一个 S，$x_S \in V(S)$，满足 $x_N \in V(N)$，则称博弈 (N, V) 是平衡的。

以上所定义的特征函数通常被称为非转移效用博弈(Non-transferable Utility, NTU)。TU 博弈的理论主要基于线性不等式和组合数学进行分析。

C.1.2 可转移效用博弈

在合作博弈理论中，用 (N, u) 表示可转移效用博弈(Transferable Utility, TU)，其中 $N = \{1, 2, \cdots, n\}$ 是参与者的集合，u 是定义在子集 $S \subseteq N$ 上的实

值函数,称为特征函数,其中 $u(\emptyset)=0$。每个子集 $S \subseteq N$ 称为一个联盟,N 被称为大联盟。特别地,在合作成本博弈中,特征函数通常用 $c(S)$ 而不是 $u(S)$ 来表示,$c(S)$ 通常由只涉及联盟 S 中参与者的优化问题的最优值给出,指的是当一个联盟选择合作时产生的成本。一个联盟的基数或大小 $|S|$ 等于该联盟中参与者的个数。N 的空子集被称为空联盟。所有以参与者集 N 为基础的合作博弈的集合将被表示为 G^N。

预分配(Pre-imputation):预分配 y 是定义在 R^n 空间上的一个向量,其中成本 y_i 是分配给参与者 i 的成本,并满足所有参与者的成本之和等于大联盟的总成本,即 $\sum_{i \in N} y_i = c(N)$,同时还需满足对任意的 $i \in N$ 都有 $y_i \leqslant c(\{i\})$。为了简化表述,我们用 $y(S)$ 表示联盟 S 中所有参与者的成本之和,即 $y(S) = \sum_{i \in S} y_i$,并用 $c(i)$ 表示单个参与者 i 的成本,即 $c(i) = c(\{i\})$。

超额(Excess):对于一个非空联盟 S 和一个成本分配向量 y,超额 $e(S, y)$ 定义为 $e(S, y) = c(S) - y(S)$,即联盟 S 的总成本减去该联盟内所有参与者的成本分配之和。

边际成本(Marginal Cost):参与者的边际成本 m_i 是指该参与者在大联盟中的边际成本,计算方式为 $m_i = c(N) - c(N\setminus\{i\})$,即从大联盟中去除参与者 i 后的成本与大联盟总成本之差。在单调博弈中,所有参与者的边际成本 m_i 都大于等于零,这意味着每个参与者的加入都不会减少大联盟的总成本。

下面介绍成本博弈的重要概念:

(1)若博弈的特征函数 c 是单调的,即对任意的 $S \subset T \subset N$ 都有 $c(S) \leqslant c(T)$,则称该博弈 (N, c) 是单调的。

(2)如果一个博弈的特征函数是次可加的,即对于任何不相交的子集 $S, T \subset N, S \cap T = \emptyset$,都满足 $c(S) + c(T) \geqslant c(S \cup T)$,则称这个博弈是适当的(Proper)。在一个适当的博弈中,形成大联盟总是有利的,这激励了参与者之间的合作。

(3)次可加性的最弱形式出现在特征函数是可加的情况下,即对于任意不相交的子集 $S, T \subset N$ 都有 $c(S) + c(T) = c(S \cup T)$。

(4)如果一个博弈的特征函数是可加的,这个博弈被称为非本质博弈。如果不是可加的,那么这个博弈被称为本质博弈。本质博弈中存在联盟之间的协同效应,而非本质博弈则没有这种效应。

(5)如果一个成本博弈的特征函数是凹的(或称为次模的),则这个博弈是凸的。

C.1.3 解的概念

在合作博弈论中,特征函数给出了每个联盟 S 可能获得的收益 $V(S)$。在不同的解概念中,我们通常关注大联盟形成的情况,即合作完全成功的情形。当然,解概念也可以适应合作不成功的情况。

解是一种映射,它为每个可转移效用博弈 (N,c) 分配一个在 $c(N)$ 中的支付向量集合。换句话说,解提供了一种规则或方法,用于确定在特定合作博弈中不同参与者联盟所能获得的收益情况。这个支付向量集合描述了在不同合作情况下参与者可以获得的收益水平。因此,解作为一个集合,可能为空,也可能是单元素集合(当根据问题的基本情况分配唯一的支付向量时)。

有两种方法可用来评估合作博弈解的合理性或吸引力。一种方法是首先提出公理,即解需满足的一系列抽象原则,然后是证明其逻辑是否满足公理。一个著名的例子是 Shapley 值(Shapley Value)。下面介绍一些关键公理,不同的解可能只满足其中的部分性质:

(1) 群体理性、帕累托最优性或帕累托效率:$\sum_{i \in N} y_i = c(N)$,即分配给所有参与者的总成本必须等于大联盟的总成本。

(2) 个体理性:$y_i \geqslant c(\{i\})$,$\forall i \in N$,即分配给每个参与者的成本不应高于他单独行动时所需承担的成本。

(3) 非负性:$y_i \geqslant 0$,分配给每位参与者的成本必须是非负的。

(4) 无效参与者:如果某参与者对任何联盟都没有贡献,即 $c(S) = c(S \setminus i) + c(i)$,$\forall S \subseteq N$,$i \in S$,其分配成本应等于其单独行动时的成本,即 $y_i = c(i)$。

(5) 匿名性、中立性或对称性:参与者的编号顺序不应影响其分配的成本。

(6) 单调性:如果总成本增加,那么分配给参与者的成本不应低于增加前的水平。

(7) 可加性:如果成本矩阵 $C = \{c_{ij}\}$ 被分成两个独立的成本矩阵 $C^1 = \{c_{ij}^1\}$ 和 $C^2 = \{c_{ij}^2\}$,满足 $c_{ij} = c_{ij}^1 + c_{ij}^2$ 对任意 i,j 成立,则有 $y_i = y_i^1 + y_i^2$ 对任意的 $i \in N$ 成立。

另一种方法是仅基于解的定义来进行证明,例如核:在合作博弈中,当参与者可以自由组成联盟时,任何人应该无法通过其他任何子联盟来改进自己的成本分配。这意味着在合作过程中,参与者组成的联盟无法通过重新分配成本获得更好的结果。

为了加强对特定解概念的理解,可以提出在广泛形式或正常形式下进行非合作博弈。在这种情况下,参与者之间并不合作,但他们的自我执行协议最终会导致特定的合作解决方案。这种方法旨在为所讨论的合作解决方案提供非合作基础,这是由约翰·纳什发起的一个重要研究议程,被称为纳什计划(Nash,1953)。

C.2 核

Edgeworth(1981)首次将不受联盟偏离影响的协议概念引入经济理论,该概念以"最终解决方案"的名义定义了一个经济体的联盟稳定分配集。Edgeworth(1981)将这一概念设想为竞争均衡的替代方案,在经济理论中具有核心重要性,也是第一个研究这两个概念之间联系的人。Edgeworth(1981)的概念,今天我们称之为核(Core),是由 Gillies (1959)被重新发现并引入博弈论。核,其简单的定义恰当地描述了在不受约束的联盟互动背景下的稳定结果。

C.2.1 NTU 博弈的核

非可转移效用博弈 (N, V) 的核是如下支付向量的集合:

$$C(N,V) = \{x \in V(N): \nexists S \subseteq \mathcal{N}, x_S \in V(S) \setminus \partial V(S)\}$$

核是大联盟的可行支付向量集,没有联盟能够破坏。如果存在联盟 S,S 可以改进或阻止 x,x 被视为不稳定,在任何联盟都可以形成的环境中,联盟 S 将形成并放弃大联盟及其收益 x_S,以便每个联盟成员获得更好的收益。

核可能在某些博弈中成为空集。具有空核的博弈应被理解为强烈的不稳定情况,因为向大联盟提出的任何收益都容易受到联盟阻止。

NTU 博弈核非空的一个重要充分条件是平衡性:假设博弈 (N, V) 是平衡的,那么 $C(N, V)$ 不为空。

C.2.2 TU 博弈的核

对于可转移效用合作博弈 (N, c),核是满足以下条件的支付向量 y:

$$y(S) \leqslant c(S), \quad \forall S \subseteq N; \tag{C.1}$$

$$y(N) = c(N) \tag{C.2}$$

约束(C.1)即为联盟稳定性约束：这一约束要求对于任何联盟 S，分配给该联盟成员的总成本不应超过该联盟单独运作的成本。这确保了无论是作为一个团体还是作为个体，成员们都没有支付超过他们独立行动时所需成本的动机。

约束(C.2)为帕累托最优性约束或效率约束：这一约束要求博弈的总成本必须完全分配给所有参与者。这保证了成本分配的完整性和无剩余。

核的最重要的性质是联盟稳定性。在核中，没有任何联盟会因为可以通过自行组成小团体而获得成本更低的情况而有动机离开大联盟。然而，需要注意的是：约束(C.1)和(C.2)并不一定能定义唯一的解；此外，核可能是空的，即可能不存在任何分配方案能同时满足所有参与者的联盟稳定性。

核为空意味着总存在某个联盟可以通过脱离大联盟来获得更好的成本效益。因此，研究一个博弈是否能保证有非空核成为一个重要课题。一个充分条件是博弈具有凸性。然而，即使博弈不是凸的，核也可能是非空的。

鉴于核可能为空，引入了 ϵ-核的概念。强 ϵ-核是满足以下条件的支付向量 y：

（1）对任意子集　　$S \subseteq N, \sum_{i \in S} y_i \leqslant c(S) + \epsilon$；

（2）分配给所有参与者的总成本等于博弈的总成本，即 $\sum_{i \in N} y_i = c(N)$。

弱 ϵ-核是满足以下条件的支付向量 y：

（1）对任意子集　　$S \subseteq N, \sum_{i \in S} y_i \leqslant c(S) + |S|\epsilon$；

（2）分配给所有参与者的总成本等于博弈的总成本，即 $\sum_{i \in N} y_i = c(N)$。

如果 ϵ 设置得足够大，那么无论是强 ϵ-核还是弱 ϵ-核都将非空。在核为空的博弈中，产生非空 ϵ-核的最小 ϵ 值可以作为衡量博弈离非空核距离的一个指标。计算使得强 ϵ-核非空的最小 ϵ 值的过程就是寻找最小 ϵ-核（Least-core）的过程。

如果一个可转移效用合作博弈 (N, c) 具有一个非空核，则称其为平衡博弈（Balanced Game）；进一步地，如果每个子博弈的核也非空，则该博弈被认为是完全平衡的。这里，子博弈是指与某个子联盟 $T \subset N, T \neq \varnothing$ 相对应的博弈 (T, c^T)，其中 $c^T(S) = c(S), \forall S \subset T$。

在现实中，联盟的形成通常是一个渐进的过程。在这种形成过程中，我们必须考虑成员管理问题。当一个新参与者加入时,如果他不能给当前联盟的成员带来好处,联盟可能不会接受他。因此,大联盟可能不会形成。有必要找到一种分配方案,使得分配给每个参与者的成本随着他所属的联盟规模变大而不增加(Young,1985)。这样的分配方案被称为群体单调分配方案(Population Monotonic Allocation Scheme,PMAS)。设 $y(T)=(y_i(T))_{i\in T}$ 是子博弈 (T,c^T) 的成本分配,如果满足以下条件,则 $(y(T))_{T\in 2^N}$ 是博弈 (N,c) 的一个群体单调分配方案:

(1) 有效性:$\sum_{i\in T} y_i(T)=c(T),\forall T\in 2^N$;

(2) 群体单调性:$y_i(S)\geqslant y_i(T),\forall \varnothing\neq S\subseteq T\subseteq N$。

具有群体单调分配方案的博弈属于完全平衡博弈,但反之并不成立。尽管凹成本分配博弈总是具有群体单调分配方案,但许多其他博弈也具有这种性质。群体单调分配方案被认为是极具公平性的成本分配规则,然而实际问题通常很难找到这样的方案。

C.3 Shapley 值

Shapley 值是由 L. S. Shapley 在其 1953 年的博士论文中提出的(Shapley,1953)。核和沙普利价值均被广泛应用,以阐明不同学科领域的问题,包括经济学和政治科学。Shapley 值是一种衡量合作博弈中每位参与者对整体贡献的方法,其理论基础是每位参与者逐步加入大联盟过程中的边际成本,在这一过程中,形成大联盟的每种可能顺序是等概率的。例如,博弈 (N,c) 中的大联盟 N 是通过依次加入参与者 $\{p_1,p_2,\cdots,p_{|N|}\}$ 形成的,对于参与者 $i=p_s$,存在 $(|S|-1)!(|N|-|S|)!$ 种方式加入联盟。进一步假设特定的联盟 S 由 $\{p_1,p_2,\cdots,p_{|S|}\}$ 构成,参与者 i 在联盟 S 中的边际成本为 $(c(S)-c(S\setminus\{i\}))$。参与者 i 的 Shapley 值 φ_i 计算如下:将参与者 i 在每个联盟 S 中的边际成本乘以形成该联盟的概率并求和得到,即

$$\varphi_i = \sum_{S\subseteq N|i\in S} \frac{(|S|-1)!(|N|-|S|)!}{|N|!}(c(S)-c(S\setminus\{i\}))。$$

Shapley 值是唯一满足效率性、可加性、对称性和无效参与者四种性质的单值解概念。但是,即使核非空,Shapley 值可能也不在核内。

C.4 核仁

Schmeidler(1969)首次提出了核仁(Nucleolus)的概念。核仁同 Shapley 值一样,是每个 TU 博弈都存在的一个单值解,旨在最小化所有联盟中的最大不满。在一个博弈 (N, c) 中,对于各个分配 y,定义一个超额向量 $\theta(y)$,该向量有 $2^{|N|}-2$ 个维度,代表除了空集和大联盟之外,所有非空子集相对于 y 的超额 $e(S, y)$,并且按非递减顺序排列,即若 $i < j$,则对任意的 $1 \leqslant i \leqslant j \leqslant 2^{|N|-2}$, $\theta_i(y) \leqslant \theta_j(y)$。如果存在一个正整数 q,使得 $i < q$ 时 $\theta_i(y) = \theta_i(\bar{y})$,$i = q$ 时 $\theta_i(y) > \theta_i(\bar{y})$,那么 $\theta(y) >_L \theta(\bar{y})$,这个关系的顺序叫做字典顺序。$\theta(y) \geqslant_L \theta(\bar{y})$ 表示 $\theta(y) >_L \theta(\bar{y})$ 或 $\theta(y) = \theta(\bar{y})$。核仁被定义为使关联向量字典序最大的分配 y。在核仁非空的博弈中,如果满足 $\sum_{i \in N} c(i) \geqslant c(N)$,则核仁是一个唯一的点。如果核心非空,核仁包含在核心中,并且核仁是特征函数的连续函数。

核仁满足效率性、个体合理性、匿名性与无效参与者等性质。核仁既不是可加的也不是单调的。在计算核仁时,所有的联盟都是相等的。如果核心的所有显式约束都已知,那么博弈 (N, c) 的核仁可以通过求解连续线性规划得到。核仁是一种成本分配方式,总成本被分配给参与者,使得最不满意的参与者子集尽可能满意,其次是第二不满意的子集,依此类推。

事前核仁(Prenucleolus)$n(c)$ 被定义为在所有分配中字典序最大化 θ 的唯一分配 $y \in R^n$。当核非空时,事前核仁和核仁是一致的。事前核仁可以通过求解一系列线性规划问题来计算。令 $S_0 = \{\varnothing, N\}$,首先求解:

$$(LP_1) \quad \max \epsilon$$
$$\text{s.t.} \quad \sum_{i \in N} y_i = c(N);$$
$$\sum_{i \in S} y_i \leqslant c(S) + \epsilon, \ S \notin S_0;$$
$$\epsilon, y_i \geqslant 0, \quad \forall i \in N.$$

若 ϵ_1 是 (LP_1) 的最优值,令 S_1 为 $\epsilon = \epsilon_1$ 时近似稳定性约束条件取等号时的联盟集合。一般地,在第 k 次迭代时,令 ϵ_k 为线性规划 (LP_k) 的最优值,集合

$S_k := \{S \subseteq N : \sum_{i \in S} y_i = c(S) + \epsilon_k\}$ 是稳定性约束取等号的联盟集合。那么线性规划 (LP_k) 可以写为：(LP_k) $\max \epsilon$

$$\text{s.t.} \quad \sum_{i \in N} y_i = c(N);$$

$$\sum_{i \in S} y_i \leqslant c(S) + \epsilon, \quad \forall S \notin \bigcup_{l=1}^{k-1} S_l;$$

$$\sum_{i \in S} y_i = c(S) + \epsilon_l, \quad \forall S \in S_l, 1 \leqslant l \leqslant k-1;$$

$$\epsilon, y_i \geqslant 0, \quad \forall i \in N.$$

依次计算出 $\epsilon_1 < \epsilon_2 < \cdots < \epsilon_k$，直到得到问题 (LP_k) 的最优解，即博弈的事前核仁 $n(c)$ 是唯一确定的。这个过程需要解决至多 $|N|$ 个线性规划问题，因此核仁通常是间接计算的。

附录 D 经典机制设计理论

机制设计关注如何实现涉及多个代理人的问题的系统性解决方案,每个代理人的实际偏好不为他人所知。机制可以被看作一种机构或协议框架,规定了代理人之间相互作用的特定方式,以确保从这种互动中获得期望的结果(Jackson,2003)。如果没有这个机制,代理人之间的互动可能会导致远离社会最优的结果。可以将机制设计视为解决一个明确定义但未完全规定的优化问题的方法,其中问题的一些输入由个体代理人持有。

一个基本的机制设计框架包括以下环境要素(Jackson,2003)。

(1) 代理人集合 $N=\{1,2,\cdots,n\}$:这些代理人都是理性、智能的,并且进行策略互动从而达成集体决策。

(2) 备选方案或称结果集 D:代理人根据其偏好在集合 D 上做出集体选择。

(3) 代理人的私有信息:每个代理人 i 对 D 中的元素有私人偏好,这种偏好取决于代理人的信息类型 θ_i,属于 Θ_i。代理人的类型组合由 $\theta=(\theta_i)_{i\in N}$ 表示,$\Theta=\times_{i\in N}\Theta_i$。代理人对 Θ 中的 θ 的先验概率分布是共同知识。

(4) 代理人的偏好和效用:代理人对结果的偏好由效用函数表示,$u_i:D\times\Theta_i\to\mathcal{R}$。$u_i(d;\theta_i)$ 表示类型为 θ_i 的个体 i 从决策 $d\in D$ 中获得的收益,$u_i(d;\theta_i)>u_i(d_0;\theta_i)$ 表明类型为 θ_i 的个体 i 更偏好决策 d 而不是决策 d_0。效用函数也被假定为共同知识。

(5) 社会选择函数 $f:\Theta\to D$,表示集体选择结果取决于代理人的类型组合。

D.1 拟线性环境

机制设计研究最普遍的是考虑拟线性环境(Quasilinear Environment)中的

问题。在拟线性环境中，备选项 $x \in D$ 是一个形如 $x=(k, t_1, \cdots, t_n)$ 的向量，其中 k 是集合 K 的元素。这里 K 被称为项目选择集或分配方案集，通常假定为有限集。$t_i \in \mathcal{R}$ 项代表向代理人 i 的货币转移支付。如果 $t_i > 0$，那么代理人 i 将收到钱；如果 $t_i < 0$，那么代理人 i 将支付钱。假设我们正在处理一个系统，在这个系统中，所有代理人没有外部资金来源，即 $\sum_{i \in N} t_i \leqslant 0$。这个条件被称为弱预算平衡条件。因此，备选项集 D 为：

$$D=\{(k, t_1, \cdots, t_n): k \in K; t_i \in \mathcal{R}, \forall i \in N; \sum_{i \in N} t_i \leqslant 0\}。$$

在这个拟线性环境中，社会选择函数的形式为 $f(\theta)=(k(\theta), t_1(\theta), \cdots, t_n(\theta))$，其中，对于每个 $\theta \in \Theta$，有 $k(\theta) \in K$ 且 $\sum_{i \in N} t_i(\theta) \leqslant 0$。

注意：对于这里的符号使用，如果类型组 θ 是隐含但又是明确的，我们使用 k 和 t_i；但当 θ 必须出现时，使用 $k(\theta)$ 和 $t_i(\theta)$。$k(\cdot)$ 是一个从 Θ 到 K 的映射，而 $t_i(\cdot)$ 是一个从 Θ 到 $\mathcal{R}$ 的映射，$\forall i=1, \cdots, n$。

在拟线性环境中，如果 $\hat{\theta}$ 是各代理人"宣称的"类型向量，而 i 的真实类型是 θ_i，在社会选择函数 $f(\hat{\theta})$ 的结果下，则代理人 i 的效用函数定义为：

$$u_i(k(\hat{\theta}), t(\hat{\theta}); \theta_i)=v_i(k(\hat{\theta}); \theta_i)+t_i(\hat{\theta}),$$

其中，v_i 表示分配方案 $k(\hat{\theta})$ 给代理人 i 产生的价值，称为价值函数。代理人的这种偏好也被称为拟线性效用函数。

如果对任意的 θ 都满足 $\sum_{i \in N} t_i(\theta) \leqslant 0$，那么转移支付函数 t 就被称为是可行的。这意味着在任何情况下，不会有超过可用资源的转移发生。如果转移支付函数不可行，那么就意味着需要从社会之外的某个来源获取额外的资源。如果一个可行的转移函数在某些情况下产生的总和小于零，即 $\sum_{i \in N} t_i(\theta) < 0$，那么就会产生剩余，这些剩余必须被消耗掉，或者返回给社会之外，代理人将会承受一些净效用损失。

D.2 机制的定义

假设代理人集合 N、结果集 D、类型集 $\Theta_i (i=1, \cdots, n)$、共同先验概率分布 $P \in \Delta(\Theta)$ 和效用函数 $u_i: D \times \Theta_i \to \mathcal{R}$ 都是给定的，而且都是共同知识。机制

存在两种类型：直接机制和间接机制。

（1）**间接机制**，也称为间接显示机制。这一机制可表示为 $M=(S,g)$，其中 S_i 是代理人 i 的一个可能的策略行动集，$S=S_1\times\cdots\times S_n$ 是代理人行动集交叉乘积的策略空间，而 $g:S\to K\times\mathcal{R}^n$ 是一个结果函数。因此，对于每一策略组合 $s=(s_1,\cdots,s_n)$，$g(s)=(g_k(s),g_{t,1}(s),\cdots,g_{t,n}(s))$ 表示由此产生的决策和转移支付，其中 $g_k(\cdot)$ 是决策函数，$g_{t,i}(\cdot)$ 是代理人 i 的转移支付函数。在间接机制中，代理人的行动可能与他们的类型不直接相关，决策者需要根据他们的行动推断出他们的类型。

（2）**直接机制**，也称直接显示机制。假设 $f:\Theta_1\times\cdots\times\Theta_n\to D$ 是一个社会选择函数。对应于 f 的直接机制即表示为 (Θ,f)。在直接机制中，代理人直接报告他们的私有类型信息（也就是他们的私有信息或者偏好），然后决策者根据这些报告做出决策。对应于社会选择函数 f 的直接机制实际上是间接机制 (S,g) 的特殊情形，即：$S_i=\Theta_i$，$\forall i\in N$，且 $g=f$。

D.2.1 激励相容机制

对于直接显示机制 $M=(\Theta,f)$，激励相容（Incentive Compatibility）本质上是指提供正确的激励使得代理人真实地揭示自己的私有类型，也被称为防范策略操纵性（Strategy-proofness）、防欺骗性、坦率等等。激励相容有两类：1）真实显示是每个代理人的最优反应，不管其他代理人如何报告自己的类型；2）真实显示是每个代理人最优的反应，但这取决于其他代理人如何报告自己的类型。第一种类型为占优策略激励相容（Dominant-strategy incentive compatible，DSIC），第二种称为贝叶斯激励相容（Bayesian incentive compatible，BIC）。

特别地，占优策略激励相容的充要条件是：

$$u_i(f((\theta_i,\theta_{-i});\theta_i)\geqslant u_i(f(\hat{\theta}_i,\theta_{-i});\theta_i),$$
$$\forall i\in N,\theta_i\in\Theta_i,\theta_{-i}\in\Theta_{-i},\hat{\theta}_i\in\Theta_i。$$

以上条件表明，当且仅当无论其他代理人如何报告其私有类型，代理人 i 报告自己的真实类型 θ_i 总是他的最优反应（即占优策略）时，社会选择函数 $f(\cdot)$ 是占优策略激励相容的。

D.2.2 显示性原理

在机制 $M=(S,g)$ 中，如果对于任意的 s_{-i} 和 $\hat{s}_i$，策略 $s_i\in S_i$ 满足

$$v_i(g_k(s_{-i};s_i);\theta_i) + g_{t,i}(s_{-i},s_i) \geqslant v_i(g_k(s_{-i},\hat{s}),\theta_i) + g_{t,i}(s_{-i},\hat{s}_i),$$

那么就说策略 $s_i \in S_i$ 在 $\theta_i \in \Theta_i$ 下被称为占优策略(Dominant Strategy)。这里，s_{-i} 是除了代理人 i 外其他代理人的策略，$\hat{s}_i$ 是代理人 i 的其他策略。占优策略意味着无论其他代理人做什么，它都是代理人 i 的最优策略。

我们称社会选择函数 $f = (k, t)$ 通过一个间接机制 $M = (S, g)$ 在占优策略下可实施，当且仅当存在一个策略函数 $s_i^*: \Theta_i \to S_i$ 满足：1)对于所有的 i 和 $\theta_i \in \Theta_i$，$s_i^*(\theta_i)$ 是一个占优策略，$s^*(\cdot) = (s_1^*(\cdot), \cdots, s_n^*(\cdot))$ 则构成一个占优策略均衡；2)同时，对于所有的 $\theta \in \Theta$，都满足 $g(s^*(\theta)) = f(\theta)$。即，如果能找到一个函数 $s_i: \Theta_i \to S_i$，它可以将每个代理人的类型映射到一个代理人策略，并且当所有代理人都按照这种方式选择策略时，机制 (S, g) 产生的结果恰好是社会选择函数 f 的结果，那么我们就可以说社会选择函数 f 可以通过机制 (S, g) 在占优策略下实施。

Myerson(1981)提出了著名的机制设计显示性原理。其基本思想是，任何一个间接机制都可以转换为一个等价的直接机制，并且满足占优策略激励相容性。

定理 D.1 （Myerson，1981）如果机制 $M = (S, g)$ 在一个占优策略均衡中实施了一个社会选择函数 f，那么这一社会选择函数对应的直接机制 $\bar{M} = (\Theta, f)$ 满足占优策略激励相容性。

在实际问题中，通常间接显示机制的设计非常复杂，计算其占优策略均衡解也很困难。得益于这一显示性原理，我们可以完全只考虑直接机制上以简化机制设计问题，同时也能降低代理人的计算负担。

D.3 社会选择函数的性质

机制设计最核心的问题是如何实现一个所希望的社会选择函数，解决偏好诱导问题和偏好加总问题，并达到决策者的目标。

偏好诱导问题是指如何设计一个机制，使得各代理人愿意公开或揭示他们的真实偏好(私有类型)。在理想情况下，一个好的机制会激励代理人诚实地表达他们的偏好，而不是试图通过误导或隐藏信息来操纵结果。这个问题的一个关键挑战是，参与者的真实偏好通常是私有信息，只有他们自己知道，而决策者并不知道。

当各代理人的私有偏好信息被揭示后，下一步问题就是如何最大化社会选择函数中决策的效率，即由所有代理人偏好加总组合而成的社会福利目标。这个问题的关键挑战是，不同的参与者可能有不同的偏好，而我们需要找到一种公平有效的方式来平衡或调和这些有冲突的偏好。社会选择函数可以将每个人的偏好映射到一个社会决策。

有些社会选择函数是可以实现的，有些则不能。在拟线性环境中，理想的可实施的社会选择函数应该满足三个重要性质，即分配有效性（Allocative Efficiency），预算平衡性（Budget Balance），和个体理性（Individual Rationality）。

对于社会选择函数 $f(\cdot)=(k(\cdot), t_1(\cdot), \cdots, t_n(\cdot))$，如果对于每个 $\theta \in \Theta$，$k(\theta)$ 是最大化社会福利的方案，即

$$k(\theta) \in \mathrm{argmax}_{k \in K} \sum_{i \in N} v_i(k, \theta_i),$$

那么称 f 满足分配有效性。上述定义意味着对于每个 $\theta \in \Theta$，分配方案 $k(\theta)$ 最大化了所有代理人的价值总和。

预算平衡性是指社会选择函数 $f(\cdot)=(k(\cdot), t_1(\cdot), \cdots, t_n(\cdot))$ 中的转移支付函数满足

$$\sum_{i \in N} t_i(\theta)=0, \quad \forall \theta \in \Theta。$$

这个条件也通常称为强预算平衡，而 $\sum_{i=1}^{n} t_i(\theta) \leqslant 0$ 称为弱预算平衡。强预算平衡意味着在任何情况下，转移的总和都是零，即转移的资源都是从社会内部的某些参与者那里获得，然后再分配给其他参与者，没有新的资源被引入或者排除出去。弱预算平衡属性意味着在代理人内部进行转移支付时，总支出大于或等于总收入。

社会选择函数 $f(\cdot)=(k(\cdot), t_1(\cdot), \cdots, t_n(\cdot))$ 满足个体理性，当且仅当

$$u_i(f((\theta_i, \theta_{-i}); \theta_i) \geqslant \underline{u_i}(\theta_i), \quad \forall i \in N, \theta_i \in \Theta_i, \theta_{-i} \in \Theta_{-i},$$

其中，$\underline{u_i}(\cdot)$ 表示代理人 i 单独行动时能获得的效用。

Green and Laffont（1979）证明，不存在任何机制能同时满足占优策略激励相容性、分配有效性和预算平衡性三个条件。因此，在现实机制设计问题中，决策者只能牺牲这三个性质中的一个才可能得到一个有应用价值的机制。由于激励相容和预算平衡通常是严格要求满足的性质，决策者一般会弱化分配有效性，

在机制设计过程中追求近似的社会福利最大化。

D.4 Groves 机制

在拟线性环境中，存在同时满足占优策略激励相容和分配有效性的机制，通常被称为 Vickrey-Clarke-Groves 机制（VCG）机制。VCG 机制是以其发现者威廉姆·维克瑞（William Vickrey）、爱德华·克拉克（Edward Clarke）和西奥多·格罗夫斯（Theodore Groves）的名字命名的（Vickrey，1961；Clarke，1971；Groves，1973）。在所有拟线性机制中，VCG 机制是迄今为止使用最广泛的。然而，值得注意的是，尽管 VCG 机制在理论上具有很多优点，但在实践中并不总是能够完全实现预算平衡，且计算复杂度非常高（Rothkopf，2007；Barrera and Garcia，2015）。

定理 D.2 （Groves，1973）假设机制 $M=(\Theta, f)$ 的社会选择函数 $f(\cdot) = (k^*(\cdot), t_1(\cdot), \cdots, t_n(\cdot))$ 满足分配有效性，且转移支付函数为：

$$t_i(\theta) = \sum_{j \neq i} v_j(k^*(\theta), \theta_j) + h_i(\theta_{-i}), \quad \forall i \in N,$$

其中 $h_i: \Theta_{-i} \to \mathcal{R}$ 是满足预算可行性条件的任意函数，即 $\sum_i t_i(\theta) \leqslant 0$，$\forall \theta \in \Theta$。那么，机制 M 是占优策略激励相容的。

D.2 提出了一种特定的支付结构，这种结构可以保证社会选择函数是占优策略激励相容的。在这个支付结构中，每个参与者 i 的支付 $t_i(\theta)$ 由两部分组成。第一部分是其他所有参与者在给定的社会选择下的价值总和，第二部分是一个任意函数 $h_i(\theta_{-i})$，这个函数只取决于其他参与者的类型，而与参与者 i 的类型无关。这个支付结构的关键特性是，它激励每个参与者公开他们的真实信息，因为这样做是他们的最佳策略。

Groves 机制的一个特例是 Clarke（1971）提出的称为 Clarke 机制（Clarke Mechanisms）或称关键人机制（Pivotal Mechanisms）。在 Clarke 机制中，函数 $h_i(\cdot)$ 定义为：

$$h_i(\theta_{-i}) = -\sum_{j \neq i} v_j(k^*_{-i}(\theta_{-i}), \theta_j) \quad \forall \theta_{-i} \in \Theta_{-i}, i \in N,$$

其中，$k^*_{-i}(\theta_{-i}) \in k_{-i}$ 是对于除了代理人 i 之外的所有其他代理人而言的最优方案选择，即

$$\sum_{j\neq i} v_j(k_{-i}^*(\theta_{-i}), \theta_j) \geqslant \sum_{j\neq i} v_j(k, \theta_j), \quad \forall k \in k_{-i},$$

其中,k_{-i} 是在代理人 i 缺席时可用的方案选择集合。那么,Clarke 机制中代理人 i 的转移支付为:

$$t_i(\theta) = \Big[\sum_{j\neq i} v_j(k^*(\theta), \theta_j)\Big] - \Big[\sum_{j\neq i} v_j(k_{-i}^*(\theta_{-i}), \theta_j)\Big], \quad \forall i = 1, \cdots, n_{\circ}$$

这一支付规则解释为:给定一个类型组合 $\theta = (\theta_1, \cdots, \theta_n)$,转移给代理人 i 的货币 $t_i(\theta)$ 等于代理人 i 出现时所有其他代理人在最优分配方案下的社会福利减去代理人 i 不出现时所有其他代理人最优社会福利。

Clarke 机制是 Groves 机制的一个特例,在这个机制中,每个参与者的支付取决于他们在系统中和不在系统中时,其他参与者的总价值之间的差值。这种支付规则的关键特性是,它激励每个参与者公开他们的真实信息,因为这样做是他们的最佳策略。因此,Clarke 机制提供了一种实现分配有效性和占优策略激励相容性的有效方法。

附录 E 中英文术语对照表

中文	英文	缩写
班轮合作运输问题	Liner shipping collaboration problem	
背包问题	Knapsack problem	
本地服务边	Local service arc	
比例规则	Proportional rule	
车辆路径博弈	Vehicle routing game	VRG
汇点	Sink vertex	
承运人	Carrier	
承运人密度	Carrier density	
次可加性	Subadditive	
带容量约束的网络流合作博弈	Capacitated network flow games	CNFG
等待边	Ground arc	
二价拍卖	The second-price auction	
第三方物流	The third-party logistics	3PL
迭代订单交换机制	Iterative request exchange mechanism	
迭代拍卖	Iterative auction	
迭代组合时钟代理交换机制	Iterative combinatorial clock-proxy exchange mechanism	
订单组合包	Request bundle	
对偶端	Dual-side	
对偶规则	Dual rule	

(续表)

中文	英文	缩写
对偶缺口	Duality gap	
多商品容量受限固定费用网络设计问题	Multicommodity capacitated fixed-charge network design problem	FCND
多项式时间算法	Polynomial algorithm	
非本质博弈/本质博弈	Inessential/essential game	
非平凡路径	Nontrivial routes	
分量核	Component-wise core	
关键人机制	Pivotal mechanisms	
归约	Reduction	
核	Core	
核仁	Nucleolus	
合谋	Collusion	
合作博弈	Cooperative game	
后进先出策略	Last-in-first-out policy	LIFO
货运密度	Freight density	
集货服务边	Pooling service arc	
托运人联盟	Shipper consortium	
激励相容	Incentive compatible	
交付边	Delivery arc	
竞价增量	Bid increment	
集货运输	Aggregation or pool distribution	
捆绑运输	Bundle shipping	BSG
拉格朗日对偶	Lagrangian dual	
拉格朗日松弛	Lagrangian relaxation	
离散优化	Discrete optimization	
联盟稳定性	Coalitional stability	

(续表)

中文	英文	缩写
连续优化	Continuous optimization	
零担运输,零担货运	Less-than-truckload	LTL
旅行售货商问题	Travelling salesman problem	TSP
拟线性	Quasi-linear	
NP-难	NP-hard	
NP 问题	Non-deteministic polynomial problems	
NPC 问题	NP-complete problems	
P 问题	Polynomial problems	
帕累托边界	Pareto frontier	
平行边	Parallel arcs	
全量式折扣	All-unit discount	
群体单调性分配方案	Population monotonic allocation scheme	PMAS
容量紧张度	Capacity tightness	
容量组合包	Bundles of capacity	
Shapley 值	Shapley value	
分配有效性	Allocative efficiency	
枢纽和辐射网络	hub-and-spoke network	
枢型线路密度	Hub density	
停靠费用	Stop-off charges	
托运人	Shipper	
数字化平台	Digital platform	
数字化物流	Digital logistics	
VCG 机制	Vickrey-Clarke-Groves mechanisms	VCG
稳定性偏离	Stability deviation	
合作物流	Collaborative logistics	
合作运输	Collaborative transportation	

(续表)

中文	英文	缩写
虚拟边	Dummy arc	
虚拟订单	Dummy request	
预算平衡	Budget balanced	
预算盈余	Budget surplus	
源顶点	Source vertex	
原始端	Primal-side	
原始对偶方法	Primal-dual method	
升式拍卖	Ascending auction	
增量式折扣	Incremental discount	
占优策略激励相容	Dominant-strategy incentive compatible	DSIC
整车运输,整车货运	Truckload	
整数缺口	Integrality gap	
指数时间算法	Exponential-time algorithm	
支付规则	The payment rule	
转运仓/集货仓	Cross-docking/pooling	CD-PL
干线运输	Line-haul	
组合包	Bundle	
组合优化	Combinatorial optimization	
最小核分配	Least-core allocation	
最优性缺口	Optimality gap	
ε-核	ε-core	

参 考 文 献

Adenso-Díaz B, Lozano S, Garcia-Carbajal S, et al, 2014. Assessing partnership savings in horizontal cooperation by planning linked deliveries[J]. Transportation Research Part A: Policy and Practice, 66: 268-279.

Agarwal R, Ergun Ö, 2008. Mechanism design for a multicommodity flow game in service network alliances[J]. Operations Research Letters, 36(5): 520-524.

Agarwal R, Ergun Ö, 2010. Network design and allocation mechanisms for carrier alliances in liner shipping[J]. Operations Research, 58(6): 1726-1742.

Agarwal R, Ergun Ö, Houghtalen L, et al, 2009. Collaboration in cargo transportation. In: Chaovalitwongse W, Furman K, Pardalos P, eds. Optimization and Logistics Challenges in the Enterprise[M]. Boston, MA: Springer US, 373-409.

Ahuja R K, Magnanti T L, Orlin J B, 1993. Network Flows: Theory, Algorithms, and Applications[M]. New York: Prentice Hall Press.

Aloui A, Hamani N, Derrouiche R, et al, 2021. Systematic literature review on collaborative sustainable transportation: overview, analysis and perspectives [J]. Transportation Research Interdisciplinary Perspectives, 9: 100291.

Altan B, Özener O Ö, 2019. Cost allocation mechanisms in a peer-to-peer network[J]. Networks, 73(1): 104-118.

Amaruchkul K, Cooper W L, Gupta D, 2011. A note on air-cargo capacity contracts[J]. Production and Operations Management, 20(1): 152-162.

Andersson H, 2013. Collaborative Logistics: The Who, What, Why and How[EB/OL]. [2024-07-02]. https://www.establishinc.com/supply-chain-blog/collaborative-logistics, 2013-09-02.

Archetti C, Speranza M G, Savelsbergh M W P, 2008. An optimization-based heuristic for the split delivery vehicle routing problem[J]. Transportation Science, 42(1): 22-31.

Armstrong & Associates, Inc. 2024. A&A's Top 25 Global Freight Forwarders List[EB/OL]. [2024-10-05]. https://www.3plogistics.com/3pl-market-info-resources/3pl-market-information/aas-top-25-global-freight-forwarders-list/, 2024-08-14.

Arslan O, Archetti C, Jabali O, et al, 2020. Minimum cost network design in strategic alliances[J]. Omega, 96: 102079.

Atefi R, Salari M, Coelho L C, et al, 2018. The open vehicle routing problem with decoupling points[J]. European Journal of Operational Research, 265(1): 316-327.

Ausubel L M, Milgrom P R, 2002. Ascending auctions with package bidding[J]. Frontiers of Theoretical Economics, 1(1): 1-42.

Barbara R, McQuarrie N, Schrum E, et al, 2012. Collaborative distribution: an analysis for the Environmental defense fund [EB/OL]. [2016-12-10]. https://www.semanticscholar.org/paper/Collaborative-Distribution-%E2%80%93-An-Analysis-for-the-Dur%C3%A1n-McQuarrie/974c8de8af2ec36856cc2162945627d594155095, 2012-12-05.

Bard J F, Kontoravdis G, Yu G, 2002. A branch-and-cut procedure for the vehicle routing problem with time windows[J]. Transportation Science, 36(2): 250-269.

Barrera J, Garcia A, 2015. Auction design for the efficient allocation of service capacity under congestion[J]. Operations Research, 63(1): 151-165.

Basso F, D'Amours S, Rönnqvist M, et al, 2019. A survey on obstacles and difficulties of practical implementation of horizontal collaboration in logistics [J]. International Transactions in Operational Research, 26(3): 775-793.

Beliën J, Boute R, Creemers S, et al, 2017. Collaborative shipping: logistics in the sharing economy[J]. ORMS Today, 44(2): 20-23.

Bergantiños G, Vidal-Puga J, 2020. One-way and two-way cost allocation in hub network problems[J]. OR Spectrum, 42(1): 199-234.

Berger S, Bierwirth C. 2010, Solutions to the request reassignment problem in collaborative carrier networks[J]. Transportation Research Part E: Logistics and Transportation Review, 46(5): 627-638.

Biró P, Kern W, Paulusma D, 2012. Computing solutions for matching games [J]. International journal of game theory, 41(1): 75-90.

Bleischwitz Y, Monien B, 2009. Fair cost-sharing methods for scheduling jobs on parallel machines[J]. Journal of Discrete Algorithms, 7(3): 280-290.

Bondareva O N, 1963. Some applications of linear programming methods to the theory of cooperative games[J]. Problemy Kibernet, 10: 119-139.

Borndörfer R, Grötschel M, Pfetsch M E, 2007. A column-generation approach to line planning in public transport[J]. Transportation Science, 41(1): 123-132.

Brenner J, Schäfer G, 2008. Singleton acyclic mechanisms and their applications to scheduling problems[C]. In: Monien, B., Schroeder, U-P, eds. Proceeding of 1st International

Symposium on Algorithmic Game Theory Algorithmic Game Theory（SAGT'2008）. Heidelberg：Springer，315-326.

Caleres，2007. How to configure cross-docks and pools[EB/OL]. [2019-03-10]. https://docs. oracle. com/en/cloud/saas/transportation/24b/otmol/configuration/creat _ cross _ docks. htm? agt＝index♯：～：text＝This％20help％20topic％20describes％20how％20to％20set％20up，organization％20may％20use％20to％20achieve％20lower％20shipping％20cost，2007-06-01.

Candogan O，Ozdaglar A，Parrilo P A，2015. Iterative auction design for tree valuations[J]. Operations Research，63(4)：751-771.

Caprara A，Letchford A N，2010. New techniques for cost sharing in combinatorial optimization games[J]. Mathematical Programming，124(1)：93-118.

CaseStack，2015. Collaborative freight consolidation programs[EB/OL]. [2019-03-10]. https://go. casestack. com/jon/，2015-03-10.

Chabot T，Bouchard F，Legault-Michaud A，et al，2018. Service level，cost and environmental optimization of collaborative transportation[J]. Transportation Research Part E：Logistics and Transportation Review，110：1-14.

Chen H，2016. Combinatorial clock-proxy exchange for carrier collaboration in less than truck load transportation[J]. Transportation Research Part E：Logistics and Transportation Review，91：152-172.

Chen S，Wang H，Meng Q，2023. Cost allocation of cooperative autonomous truck platooning：Efficiency and stability analysis[J]. Transportation Research Part B：Methodological，173：119-141.

Chen X，Tsai S，2016. Multi-stop trucking：Understanding the true impact[EB/OL]. [2023-07-03]. https://www. scmr. com/article/multi_stop_trucking_understanding_the_true_impact，2016-08-03.

Cherkesly M，Desaulniers G，Laporte G，2015. Branch-price-and-cut algorithms for the pickup and delivery problem with time windows and last-in-first-out loading[J]. Transportation Science，49(4)：752-766.

Chew E P，Huang H C，Johnson E L，et al，2005. Short-term booking of air cargo space[J]. European Journal of Operational Research，174(3)：1979-1990.

C. H. Robinson，2016. Assessing the 5 biggest LTL savings opportunities[EB/OL]. [2022-08-16]. https://pan. baidu. com/s/1iVpe3SNK5dmy8EFnFlrTDA? pwd＝5zpp，2016-03-01.

C. H. Robinson，2017. Multi-stop trucking：How it affects load acceptance and pricing and what you can do about it[EB/OL]. [2022-08-16]. https://pan. baidu. com/s/

1iVpe3SNK5dmy8EFnFlrTDA? pwd=5zpp,2017-10-16.

C. H. Robinson,2024. 全球货运拼箱:灵活性和控制优势[EB/OL].[2024-11-02]. https://www.chrobinson.com/zh-cn/resources/resource-center/white-papers/global-freight-consolidation- insights/,2024-06-29.

Clarke E H,1971. Multipart pricing of public goods[J]. Public Choice,11(1):17-33.

Cleophas C,Cottrill C,Ehmke J F,et al,2019. Collaborative urban transportation:Recent advances in theory and practice[J]. European Journal of Operational Research,273(3):801-816.

Cooperative Logistics Network,2015. The Cooperative Logistics Network—how it works [EB/OL].[2016-01-10]. https://www.thecooperativelogisticsnetwork.com/,2015-03-10.

Creemers S,Woumans G,Boute R,et al,2017. Tri-vizor uses an efficient algorithm to identify collaborative shipping opportunities[J]. Interfaces,47(3):244-259.

Croxton K L,Gendron B,Magnanti T L,2003. Models and methods for merge-in-transit operations[J]. Transportation Science,37(1):1-22.

Cruijssen F,Dullaert W,Fleuren H,2007. Horizontal cooperation in transport and logistics:A literature review[J]. Transportation Journal,46(3):22-39.

Cruijssen F,Cools M,Dullaert W,2007. Horizontal cooperation in logistics:opportunities and impediments[J]. Transportation Research Part E:Logistics and Transportation Review,43(2):129-142.

CT Logistics,2017. CT TranSaver program-shipping co-op[EB/OL].[2019-03-10]. https://www.ctlogistics.com/3pl-services/ltl-buying-group,2017-01-20.

Dahl S,Derigs U,2011. Cooperative planning in express carrier networks—an empirical study on the effectiveness of a real-time decision support system[J]. Decision Support Systems,51(3):620-626.

Dahlberg J,Engevall S,Göthe-Lundgren M,2018. Consolidation in urban freight transportation—cost allocation models[J]. Asia-Pacific Journal of Operational Research,35(4):1850023.

Dai B,Chen H,2011. A multi-agent and auction-based framework and approach for carrier collaboration[J]. Logistics Research,3(2):101-120.

Dai B,Chen H,Yang G,2014. Price-setting based combinatorial auction approach for carrier collaboration with pickup and delivery requests[J]. Operational Research,14(3):361-386.

Day R W,Raghavan S,2007. Fair payments for efficient allocations in public sector combinatorial auctions[J]. Management Science,53(9):1389-1406.

de Vries S, Schummer J, Vohra R V, 2007. On ascending Vickrey auctions for heterogeneous objects[J]. Journal of Economic Theory, 132(1): 95-118.

Derks J, Kuipers J, 1997. On the core of routing games[J]. International Journal of Game Theory, 26: 193-205.

Desrochers M, Desrosiers J, Solomon M, 1992. A new optimization algorithm for the vehicle routing problem with time windows[J]. Operations Research, 40(2): 342-354.

DHL, 2021. The Physical Internet[EB/OL]. [2024-06-28]. https://www.dhl.com/content/dam/dhl/global/csi/documents/pdf/csi-ltr6-resources-physical-internet-cgf-minesparistech.pdf, 2021-04-30.

Diaby M, Martel A, 1993. Dynamic lot sizing for multi-echelon distribution systems with purchasing and transportation price discounts[J]. Operations Research, 41(1): 48-59.

Dobzinski S, Mehta A, Roughgarden T, et al, 2018. Is Shapley cost sharing optimal[J]. Games and Economic Behavior, 108: 130-138.

Dror M, 1990. Cost allocation: The traveling salesman, binpacking, and the knapsack[J]. Applied Mathematics and Computation, 35(2): 191-207.

Edgeworth F Y, 1881. Mathematical Psychics: An essay on the application of mathematics to the moral sciences [M]. London: Kegan Paul Publishers.

Engevall S, Göthe-Lundgren M, Värbrand P, 2004. The heterogeneous vehicle-routing game [J]. Transportation Science, 38(1): 71-85.

European Commission, 2021. How the 'physical internet' could revolutionise the way goods are moved[EB/OL]. [2024-06-28]. https://projects.research-and-innovation.ec.europa.eu/en/horizon-magazine/how-physical-internet-could-revolutionise-way-goods-are-moved, 2021-02-15.

Faigle U, Fekete S P, Hochstättler W, et al, 1998a. On approximately fair cost allocation in Euclidean TSP games[J]. Operations-Research-Spektrum, 20(1): 29-37.

Faigle U, Kern W, 1993. On some approximately balanced combinatorial cooperative games [J]. Zeitschrift Für Operations Research, 38: 141-152.

Faigle U, Kern W, 1998. Approximate core allocation for binpacking games[J]. SIAM Journal on Discrete Mathematics, 11(3): 387-399.

Faigle U, Kern W, Fekete S P, et al, 1998b. The nucleon of cooperative games and an algorithm for matching games[J]. Mathematical Programming, 83: 195-211.

Farvolden J M, Powell W B, 1994. Subgradient methods for the service network design problem[J]. Transportation Science, 28(3): 256-272.

Feng B, Li Y Z, Shen Z J, 2015. Air cargo operations: Literature review and comparison with practices[J]. Transportation Research Part C: Emerging Technologies, 56: 263-

280.

Feng B, Ye Q W, 2021. Operations management of smart logistics: A literature review and future research[J]. Frontiers of Engineering Management, 8: 344-355.

Ferrell W, Ellis K, Kaminsky P, et al, 2019. Horizontal collaboration: opportunities for improved logistics planning[J]. International Journal of Production Research, 58(14): 4267-4284.

Figliozzi M, 2006. Analysis and evaluation of incentive-compatible dynamic mechanisms for carrier collaboration[J]. Transportation Research Record: Journal of the Transportation Research Board, 1966(1): 34-40.

Fishburn P C, Pollak H O, 1983. Fixed-route cost allocation[J]. The American Mathematical Monthly, 90(6): 366-378.

Fisher M L, 1994. Optimal solution of vehicle routing problems using minimum k-trees[J]. Operations Research, 42(4): 626-642.

Freight Forwarders Network, 2015. Freight Agents Network-purchasing & supply chain management[EB/OL]. [2016-09-01]. https://www.ffnetwork.info/, 2015-06-10.

Friesen D K, Langston M A, 1986. Variable sized bin packing[J]. SIAM Journal on Computing, 15(1): 222-230.

Gansterer M, Hartl R F, 2016. Request evaluation strategies for carriers in auction-based collaborations[J]. OR Spectrum, 38: 3-23.

Gansterer M, Hartl R F, 2018a. Collaborative vehicle routing: a survey[J]. European Journal of Operational Research, 268(1): 1-12.

Gansterer M, Hartl R F, 2018b. Centralized bundle generation in auction-based collaborative transportation[J]. OR Spectrum, 40(3): 613-635.

Gansterer M, Hartl R F, 2020. Shared resources in collaborative vehicle routing[J]. TOP, 28: 1-20.

Gansterer M, Küçüktepe M, Hartl R F, 2017. The multi-vehicle profitable pickup and delivery problem[J]. OR Spectrum, 39(1): 303-319.

Garrette B, Castañer X, Dussauge P, 2009. Horizontal alliances as an alternative to autonomous production: Product expansion mode choice in the worldwide aircraft industry 1945—2000[J]. Strategic Management Journal, 30(8): 885-894.

Gendron B, Gouveia L, 2017. Reformulations by discretization for piecewise linear integer multicommodity network flow problems[J]. Transportation Science, 51(2): 629-649.

Georgiou K, Swamy C, 2019. Black-box reductions for cost-sharing mechanism design[J]. Games and Economic Behavior, 113: 17-37.

Gibbard A, 1973. Manipulation of voting schemes: A General Result[J]. Econometrica, 41

(4): 587-601.

Gillies D B, 1959. 3 Solutions to general non-zero sum games[M]//Contributions to the Theory of Games. Princeton: Princeton University Press, 47-86.

Goetzendorff A, Bichler M, Shabalin P, et al, 2015. Compact bid languages and core pricing in large multi-item auctions[J]. Management Science, 61(7): 1684-1703.

Göthe-Lundgren M, Jörnsten K, Värbrand P, 1996. On the nucleolus of the basic vehicle routing game[J]. Mathematical Programming, 72: 83-100.

Granot D, 1987. The role of cost allocation in locational models[J]. Operations Research, 35(2): 234-248.

Green J, Laffont J J, 1979. Incentives in Public Decision-Making[M]. New York: Springer.

Gronalt M, Hartl R F, Reimann M, 2003. New savings based algorithms for time constrained pickup and delivery of full truckloads[J]. European Journal of Operational Research, 151(3): 520-535.

Groves T, 1973. Incentives in teams[J]. Econometrica, 41(4): 617-631.

Guajardo M, Rönnqvist M, 2016. A review on cost allocation methods in collaborative transportation[J]. International Transactions in Operational Research, 23(3): 371-392.

Guajardo M, Rönnqvist M, Flisberg P, et al, 2018. Collaborative transportation with overlapping coalitions[J]. European Journal of Operational Research, 271(1): 238-249.

Guo Z O, Koehler G J, Whinston A B, 2007. A market-based optimization algorithm for distributed systems[J]. Management Science, 53(8): 1345-1358.

Gupta A, Könemann J, Leonardi S, et al, 2007. An efficient cost-sharing mechanism for the prize-collecting steiner forest problem[C]. In: Gabow H, eds. Proceedings of the eighteenth annual ACM-SIAM symposium on Discrete algorithms (SODA'07). Philadelphia, PA: Society for Industrial and Applied Mathematics, 1153-1162.

Gupta A, Srinivasan A, Tardos É, 2008. Cost-sharing mechanisms for network design[J]. Algorithmica, 50(1): 98-119.

Hernández S, Peeta S, Kalafatas G, 2011. A less-than-truckload carrier collaboration planning problem under dynamic capacities[J]. Transportation Research Part E: Logistics and Transportation Review, 47(6): 933-946.

Hewitt M, Nemhauser G L, Savelsbergh M W P, 2010. Combining exact and heuristic approaches for the capacitated fixed-charge network flow problem[J]. INFORMS Journal on Computing, 22(2): 314-325.

Hezarkhani B, Slikker M, Van Woensel T, 2016. A competitive solution for cooperative truckload delivery[J]. OR Spectrum, 38: 51-80.

Hezarkhani B, Slikker M, Van Woensel T, 2019. Gain-sharing in urban consolidation centers

[J]. European Journal of Operational Research, 279(2): 380-392.

Hezarkhani B, Slikker M, Woensel T V, 2020. Collaboration in transport and logistics networks. In: Crainic, T G, Gendreau, M., Gendron, B, eds. Network Design with Applications to Transportation and Logistics [M]. Cham, Switzerland: Springer International Publishing, 627-662.

Houghtalen L, Ergun Ö, Sokol J, 2011. Designing mechanisms for the management of carrier alliances[J]. Transportation Science, 45(4): 465-482.

Huang G Q, Xu S X, 2013. Truthful multi-unit transportation procurement auctions for logistics e-marketplaces[J]. Transportation Research Part B: Methodological, 47: 127-148.

IBISWorld, 2024. Freight forwarding brokerages & agencies[EB/OL]. [2018-03-30]. https://script.ibisworld.com/united-states/industry/freight-forwarding-brokerages-agencies/1209/, 2024-10-31.

iGPS, 2019. Cross docking as a supply chain strategy[EB/OL]. [2020-06-10]. https://igps.net/cross-docking-as-a-supply-chain-strategy/, 2019-10-10.

Immorlica N, Mahdian M, Mirrokni V S, 2008. Limitations of cross-monotonic cost-sharing schemes[J]. ACM Transactions on Algorithms, 4(2): 1-25.

Jackson M O, 2014. Mechanism Theory[EB/OL]. [2019-06-15]. http://dx.doi.org/10.2139/ssrn.2542983, 2014-12-26.

Jain K, Vazirani V, 2001. Applications of approximation algorithms to cooperative games [C]. In: Vitter J, Spirakis P, Yannakakis M, eds. Proceedings of the thirty-third annual ACM symposium on Theory of computing. New York: Association for Computing Machinery, 364-372.

Jaržemskienè I, Jaržemskis V, 2009. Allotment booking in intermodal transport [J]. Transport, 24(1): 37-41.

Journal of Commerce, 2009. Leanlogistics launches greenlanes[EB/OL]. [2016-12-10]. https://www.joc.com/article/leanlogistics-launches-greenlanes-5648600, 2009-12-04.

Kaewpuang R, Niyato D, Tan P S, et al, 2017. Cooperative management in full-truckload and less-than-truckload vehicle system[J]. IEEE Transactions on Vehicular Technology, 66(7): 5707-5722.

Kalagnanam J, Parkes D C, 2004. Auctions, bidding and exchange design. In: Simchi-Levi D, Wu S D, Shen Z J eds. International Series in Operations Research & Management Science[M]. New York: Springer, 143-212.

Kalvenes J, Keon N, 2007. Traffic estimation and capacity assignment in multimedia distribution networks with guaranteed quality of service[J]. Operations Research, 55

(3): 518-531.

Karabatı S, Yalçın Z B, 2014. An auction mechanism for pricing and capacity allocation with multiple products[J]. Production and Operations Management, 23(1): 81-94.

Karsten F, Slikker M, van Houtum G J, 2015. Resource pooling and cost allocation among independent service providers[J]. Operations Research, 63(2): 476-488.

Kearney A, 2012. Freight forwarders: thinking outside the box[EB/OL]. [2015-09-01]. https://www. kearney. com/documents/291362523/291364637/Freight-Forwarders-Think%20ing-Outside-the-Box. pdf/d46e13c7-43fc-f2ab-3deb-854ca8425956, 2012-12-01.

Kellner F, Schneiderbauer M, 2019. Further insights into the allocation of greenhouse gas emissions to shipments in road freight transportation: The pollution routing game[J]. European Journal of Operational Research, 278(1): 296-313.

Kern W, Paulusma D, 2003. Matching games: The least core and the nucleolus[J]. Mathematics of Operations Research, 28(2): 294-308.

Kimms A, Kozeletskyi I, 2016. Core-based cost allocation in the cooperative traveling salesman problem[J]. European Journal of Operational Research, 248(3): 910-916.

Kimms A, Kozeletskyi I, 2017. Consideration of multiple objectives in horizontal cooperation with an application to transportation planning[J]. IISE Transactions, 49(12): 1160-1171.

Kolen A W J, Rinnooy Kan A H G, Trienekens H W J M, 1987. Vehicle routing with time windows[J]. Operations Research, 35(2): 266-273.

Könemann J, Leonardi S, Schäfer G, et al, 2008. A group-strategyproof cost sharing mechanism for the steiner forest game[J]. SIAM Journal on Computing, 37(5): 1319-1341.

Krajewska M A, Kopfer H, 2006. Collaborating freight forwarding enterprises[J]. OR Spectrum, 28(3): 301-317.

Kuyzu G, 2017. Lane covering with partner bounds in collaborative truckload transportation procurement[J]. Computers & Operations Research, 77: 32-43.

Kwon R H, Anandalingam G, Ungar L H, 2005. Iterative combinatorial auctions with bidder-determined combinations[J]. Management Science, 51(3): 407-418.

Lai M H, Cai X Q, Hu Q, 2017. An iterative auction for carrier collaboration in truckload pickup and delivery[J]. Transportation Research Part E: Logistics and Transportation Review, 107: 60-80.

Lai M H, Cai X Q, 2019. Algorithmic Mechanism Design for Collaboration in Large-Scale Transportation Networks. In: Velásquez-Bermúdez J M, Khakifirooz M, Fathi M, eds.

Springer Optimization and Its Applications[M]. Cham, Switzerland: Springer, 257-282.

Lai M H, Xue W L, Hu Q, 2019. An ascending auction for freight forwarder collaboration in capacity sharing[J]. Transportation Science, 53(4): 1175-1195.

Lai M H, Cai X Q, Hall N G, 2022. Cost allocation for less-than-truckload collaboration via shipper consortium[J]. Transportation Science, 56(3): 585-611.

Lai M H, Wu Y Q, Cai X Q, 2024. Core-based cost allocation for collaborative multi-stop truckload shipping problem[J]. IISE Transactions, 1-19.

Lee C Y, Tang C S, Yin R, et al., 2015. Fractional price matching policies arising from the ocean freight service industry[J]. Production and Operations Management, 24(7): 1118-1134.

Leonardi S, Schäfer G, 2004. Cross-monotonic cost sharing methods for connected facility location games[J]. Theoretical Computer Science, 326(1/2/3): 431-442.

Li J S, Rong G, Feng Y P, 2015. Request selection and exchange approach for carrier collaboration based on auction of a single request[J]. Transportation Research Part E: Logistics and Transportation Review, 84: 23-39.

Li Y, Chen H X, Prins C, 2016. Adaptive large neighborhood search for the pickup and delivery problem with time windows, profits, and reserved requests[J]. European Journal of Operational Research, 252(1): 27-38.

Li Z C, Bookbinder J H, Elhedhli S, 2012. Optimal shipment decisions for an airfreight forwarder: Formulation and solution methods[J]. Transportation Research Part C: Emerging Technologies, 21(1): 17-30.

Liu L D, Qi X T, Xu Z, 2016. Computing near-optimal stable cost allocations for cooperative games by Lagrangian relaxation[J]. INFORMS Journal on Computing, 28(4): 687-702.

Liu R, Jiang Z B, Liu X, et al, 2010a. Task selection and routing problems in collaborative truckload transportation[J]. Transportation Research Part E: Logistics and Transportation Review, 46(6): 1071-1085.

Liu R, Jiang Z B, Fung R Y K, et al, 2010b. Two-phase heuristic algorithms for full truckloads multi-depot capacitated vehicle routing problem in carrier collaboration[J]. Computers & Operations Research, 37(5): 950-959.

Liu Z X, 2009. Complexity of core allocation for the bin packing game[J]. Operations Research Letters, 37(4): 225-229.

Lojistic, 2019. LTL & FTL Freight Marketplace Rates [EB/OL]. [2019-03-10]. https://www.lojistic.com/add-ons/ltl-truckload/ltl-ftl-freight-marketplace, 2019-02-10.

Luan J L, Daina N, Reinau K H, et al., 2022. A data-based opportunity identification engine for collaborative freight logistics based on a trailer capacity graph[J]. Expert Systems with Applications, 210: 118494.

Luenberger D G, Ye Y Y, 2008. Linear and Nonlinear Programming[M]. New York: Springer.

Magnanti T L, Wong R T, 1984. Network design and transportation planning: Models and algorithms[J]. Transportation Science, 18(1): 1-55.

Marinakis Y, Migdalas A, Pardalos P M, 2008. Cost allocation in combinatorial optimization game. In: Chinchuluun A, Pardalos P M, Migdalas A, et al., eds. Springer Optimization and Its Applications[M]. New York: Springer, 217-247.

Markakis E, Saberi A, 2005. On the core of the multicommodity flow game[J]. Decision Support Systems, 39(1): 3-10.

Maschler M, Peleg B, Shapley L S, 1979. Geometric properties of the kernel, nucleolus, and related solution concepts[J]. Mathematics of Operations Research, 4(4): 303-338.

Matsubayashi N, Umezawa M, Masuda Y, et al, 2005. A cost allocation problem arising in hub-spoke network systems[J]. European Journal of Operational Research, 160(3): 821-838.

Mehta A, Roughgarden T, Sundararajan M, 2009. Beyond moulin mechanisms[J]. Games and Economic Behavior, 67(1): 125-155.

Moulin H, 1999. Incremental cost sharing: Characterization by coalition strategy-proofness [J]. Social Choice and Welfare, 16(2): 279-320.

Moulin H, Shenker S, 2001. Strategyproof sharing of submodular costs: budget balance versus efficiency[J]. Economic Theory, 18(3): 511-533.

Myerson R B, 1981. Optimal auction design[J]. Mathematics of Operations Research, 6(1): 58-73.

Narahari Y, Garg D, Narayanam R, et al, 2009. Game Theoretic Problems in Network Economics and Mechanism Design Solutions[M]. London: Springer.

Nash J, 1953. Two-person cooperative games[J]. Econometrica, 21(1): 128-140.

Newman P, 2003. F. Y. Edgeworth's Mathematical Psychics and Further Papers on Political Economy[M]. Oxford: Oxford University Press.

Nguyen C, Dessouky M, Toriello A, 2014. Consolidation strategies for the delivery of perishable products[J]. Transportation Research Part E: Logistics and Transportation Review, 69: 108-121.

Nowak M, Ergun O, White C C, 2009. An empirical study on the benefit of split loads with the pickup and delivery problem[J]. European Journal of Operational Research, 198(3): 734-740.

Olesen T R, 2015. Value creation in the maritime chain of transportation[EB/OL]. [2018-03-30]. https://research-api.cbs.dk/ws/portalfiles/portal/58771345/Mapping_Report_C_Value_Creation_2nd_Edition.pdf, 2015-12-01.

Öner, N., Kuyzu, G, 2022. Nucleolus based cost allocation methods for a class of constrained lane covering games[J]. Computers & Industrial Engineering, 172: 108583.

Osicka O, Guajardo M, van Oost T, 2020. Cooperative game-theoretic features of cost sharing in location-routing[J]. International Transactions in Operational Research, 27(4): 2157-2183.

Özener O Ö, Ergun Ö, 2008. Allocating costs in a collaborative transportation procurement network[J]. Transportation Science, 42(2): 146-165.

Özener O Ö, Ergun Ö, Savelsbergh M, 2011. Lane-exchange mechanisms for truckload carrier collaboration[J]. Transportation Science, 45(1): 1-17.

Özener O Ö, Ergun Ö, Savelsbergh M, 2013. Allocating cost of service to customers in inventory routing[J]. Operations Research, 61(1): 112-125.

Pál M, Tardos É, 2003. Group strategy proof mechanisms via primal-dual algorithms[C]. In: Sudan M, Mitzenmacher M, Beame P, et al., eds. Proceedings of 44th Annual IEEE Symposium on Foundations of Computer Science (FCOS'03). Washington, DC: IEEE Computer Society, 584-593.

Pallet Rack Guru, 2022. What are North American Grocery Pallet Dimensions and Weight [EB/OL]. [2022-09-05]. https://palletrackguru.com/pallet-dimensions-weight/, 2022-06-01.

Pan S L, Trentesaux D, Ballot E, et al., 2019. Horizontal collaborative transport: survey of solutions and practical implementation issues[J]. International Journal of Production Research, 57(15/16): 5340-5361.

Parkes D C, Kalagnanam J, 2005. Models for iterative multiattribute procurement auctions [J]. Management Science, 51(3): 435-451.

Parkes D, Ungar L, 2000. Iterative combinatorial auctions: Theory and practice[C]. In: Kautz H A, Porter B W, eds. Proceedings of the Seventeenth National Conference on Artificial Intelligence and Twelfth Conference on Innovative Applications of Artificial Intelligence. Menlo Park, CA: AAAI Press, 74-81.

Parsa P, Rossetti M D, Zhang S F, 2017. Multi stop truckload planning[C]. In: Coperich K, Cudney E, Nembhard H, eds. Proceedings of the 2017 Industrial and Systems Engineering Conference (IISE). Norcross, GA: Institute of Industrial and Systems Engineers, 1276-1281.

Polat O, Kalayci C B, Kulak O, et al, 2015. A perturbation based variable neighborhood search heuristic for solving the vehicle routing problem with simultaneous pickup and delivery with time limit[J]. European Journal of Operational Research, 242(2): 369-382.

Polyak B T, 1987. Introduction to Optimization[M]. New York: Optimization Software.

Popescu D C, Kilby P, 2020. Approximation of the Shapley value for the Euclidean travelling salesman game[J]. Annals of Operations Research, 289: 341-362.

Potters J A M, Curiel I J, Tijs S H, 1992. Traveling salesman games[J]. Mathematical Programming, 53: 199-211.

Potvin J Y, Rousseau J M, 1993. A parallel route building algorithm for the vehicle routing and scheduling problem with time windows[J]. European Journal of Operational Research, 66(3): 331-340.

Qiu X, Kern W, 2016. Approximate core allocations and integrality gap for the bin packing game[J]. Theoretical Computer Science, 627: 26-35.

Ramaekers K, Verdonck L, Caris A, et al, 2017. Allocating collaborative costs in multimodal barge networks for freight bundling[J]. Journal of Transport Geography, 65: 56-69.

Renko S, 2011. Vertical Collaboration in the Supply Chain. In: Renko S, eds. Supply Chain Management-New Perspectives[M]. London: IntechOpen, 185-198.

RLS Logistics, 2019. Fully Integrated Freight Brokerage with Accelefrate© [EB/OL]. [2024-07-02]. https://rlslogistics.com/fully-integrated-freight-brokerage-with-accelefrate/, 2019-08-02.

Robinson A, 2014. 5 best transportation management optimization practices utilizing strategic freight shipping[EB/OL]. [2018-03-10]. https://pan.baidu.com/s/1iVpe3SNK5dmy8EFnFlrTDA?pwd=5zpp, 2014-09-24.

Ropke S, Cordeau J F, 2009. Branch and cut and price for the pickup and delivery problem with time windows[J]. Transportation Science, 43(3): 267-286.

Ropke S, Pisinger D, 2006. An adaptive large neighborhood search heuristic for the pickup and delivery problem with time windows[J]. Transportation Science, 40(4): 455-472.

Rothkopf M H, 2007. Thirteen reasons why the Vickrey-Clarke-Groves process is not practical[J]. Operations Research, 55(2): 191-197.

Roughgarden T, Sundararajan M, 2007. Optimal efficiency guarantees for network design mechanisms[C]//Proceedings of the 12th international conference on Integer Programming and Combinatorial Optimization, Berlin, Heidelberg: Springer, 469-483.

Roughgarden T, Sundararajan M, 2009. Quantifying inefficiency in cost-sharing mechanisms[J]. Journal of the ACM, 56(4): 1-33.

Russell R M, Krajewski L J, 1992. Coordinated replenishments from a common supplier[J]. Decision Sciences, 23(3): 610-632.

Savelsbergh M W P, 1985. Local search in routing problems with time windows[J]. Annals of Operations Research, 4: 285-305.

Schmeidler D, 1969. The nucleolus of a characteristic function game[J]. SIAM Journal on Applied Mathematics, 17(6): 1163-1170.

Schopka K, Kopfer H, 2016. Pre-selection Strategies for the Collaborative Vehicle Routing Problem with Time Windows[C]. In: Freitag M, Kotzab H, Pannek J, eds. Dynamics in Logistics: Proceedings of the 5th International Conference LDIC. Cham, Switzerland: Springer, 231-242.

Shapley L, 1971. Cores of convex games[J]. International Journal of Game Theory, 1(1): 11-26.

Shapley L S, 1953. A value for n-person games. In: Kuhn H W, Tucker A W, eds. Contributions to the Theory of Games II[M]. Princeton: Princeton University Press, 307-317.

Shapley L S, Shubik M, 1966. Quasi-cores in a monetary economy with nonconvex preferences[J]. Econometrica: Journal of the Econometric Society, 34(4): 805-827.

SINTEF Applied Mathematics, 2017. Li & Lim benchmark[EB/OL]. [2017-07-01]. https://www.sintef.no/projectweb/top/pdptw/li-lim-benchmark/, 2017-04-18.

Skorin-Kapov D, 1995. On the core of the minimum cost Steiner tree game in networks[J]. Annals of Operations Research, 57: 233-249.

Skorin-Kapov D, 2001. On cost allocation in hub-like networks[J]. Annals of Operations Research, 106(1): 63-78.

Slager B, Kapteijns L, 2004. Implementation of cargo revenue management at KLM[J]. Journal of Revenue and Pricing Management, 3(1): 80-90.

Solomon M M, 1987. Algorithms for the vehicle routing and scheduling problems with time window constraints[J]. Operations Research, 35(2): 254-265.

Taherian H, 2014. All you need to know about co-loadings[EB/OL]. [2022-08-16]. https://www.inboundlogistics.com/articles/all-you-need-to-know-about-co-loading/, 2014-06-02.

Terry L, 2015. Collaborative distribution: Taking off the training wheels[EB/OL]. [2016-08-10]. https://www.inboundlogistics.com/articles/collaborative-distribution-taking-off-the-training-wheels/, 2015-04-01.

The Economist, 2016. The appy trucker-digital help is at hand for a fragmented and often inefficient industry[EB/OL]. [2017-05-10]. https://www.economist.com/business/

2016/03/03/the-appy-trucker,2016-03-03.

The LeanLogistics,2009. GreenLanes freight optimization program[EB/OL].[2016-12-10]. https://www. industryweek. com/supply-chain/planning-forecasting/article/21939996/new-freight-optimization-improves-sustainability,2009-12-09.

Thomas P,Teneketzis D,Mackie-Mason J K,2002. A market-based approach to optimal resource allocation in integrated-services connection-oriented networks[J]. Operations Research,50(4):603-616.

Tinoco S V P,Creemers S,Boute R N,2017. Collaborative shipping under different cost-sharing agreements[J]. European Journal of Operational Research,263(3):827-837.

Toth P,Vigo D,2014. Vehicle Routing:Problems,Methods,and Applications. Society for Industrial and Applied Mathematics[M]. Philadelphia,PA:Society for Industrial and Applied Mathematics.

Tran-Dang H,Krommenacker N,Charpentier P,et al,2020. Toward the internet of things for physical internet:Perspectives and challenges[J]. IEEE Internet of Things Journal,7(6):4711-4736.

Transport Intelligence,2015. The future of logistics-what does the future hold for freight forwarders[EB/OL].[2016-12-10]. https://ti-insight. com/whitepapers/25169-2/,2015-10-01.

U-TURN Project,2015. D1.1-current transport practices & needs[EB/OL].[2017-05-01]. https://ec. europa. eu/research/participants/documents/downloadPublic? documentIds=080166e5a43516ff&appId=PPGMS,2015-12-01.

UberX Share,2021. What is UberX Share[EB/OL].[2023-07-03]. https://www. uber. com/us/en/ride/uberx-share/,2021-05-25.

Unishippers Global Logistics,2019. 6 key factors that impact your freight shipping rate[EB/OL].[2019-03-10]. https://www. unishippers. com/shipping-resources/freight-resources/six-factors-that-impact-freight-rates,2019-01-10.

van Duin J H R,Tavasszy L A,Taniguchi E,2007. Real time simulation of auctioning and re-scheduling processes in hybrid freight markets[J]. Transportation Research Part B:Methodological,41(9):1050-1066.

van Zon M,Desaulniers G,2021. The joint network vehicle routing game with optional customers[J]. Computers & Operations Research,133:105375.

van Zon M,Spliet R,van den Heuvel W,2021. The joint network vehicle routing game[J]. Transportation Science,55(1):179-195.

Vanovermeire C,Sörensen K,2014a. Integration of the cost allocation in the optimization of collaborative bundling[J]. Transportation Research Part E:Logistics and Transportation

Review, 72: 125-143.

Vanovermeire C, Sörensen K, 2014b. Measuring and rewarding flexibility in collaborative distribution, including two-partner coalitions[J]. European Journal of Operational Research, 239(1): 157-165.

Vanovermeire C, Sörensen K, Van Breedam A, et al, 2014. Horizontal logistics collaboration: decreasing costs through flexibility and an adequate cost allocation strategy[J]. International Journal of Logistics Research and Applications, 17(4): 339-355.

Verheyen W, De Bruecker P, 2020. Automated SME cargo bundling as a tool to reduce transaction costs while limiting the platform's liability exposure[M]. In: Vanelslander T, Sys C, eds. Maritime Supply Chains. Cambridge: Elsevier, 167-204.

Vickrey W, 1961. Counterspeculation, auctions, and competitive sealed tenders[J]. Journal of Finance, 16(1): 8-37.

Von Neumann J, Morgenstern O, 1944. Theory of Games and Economic Behavior[M]. Princeton: Princeton University Press.

Wang X, Kopfer H, 2014. Collaborative transportation planning of less-than-truckload freight[J]. OR Spectrum, 36(2): 357-380.

Wang X, Kopfer H, 2015. Rolling horizon planning for a dynamic collaborative routing problem with full-truckload pickup and delivery requests[J]. Flexible Services and Manufacturing Journal, 27(4): 509-533.

Wang X, Kopfer H, Gendreau M, 2014. Operational transportation planning of freight forwarding companies in horizontal coalitions[J]. European Journal of Operational Research, 237(3): 1133-1141.

Wang Y, Ma X L, Li Z B, et al, 2017. Profit distribution in collaborative multiple centers vehicle routing problem[J]. Journal of Cleaner Production, 144: 203-219.

Wang Y, Peng S G, Xu C C, et al, 2018. Two-echelon logistics delivery and pickup network optimization based on integrated cooperation and transportation fleet sharing[J]. Expert Systems with Applications, 113: 44-65.

Wolsey L A, 2021. Integer Programming[M]. New York: Wiley.

World Economic Forum, 2016. Digital transformation of industries: logistics industry[EB/OL]. [2017-05-01]. https://www.tralac.org/images/docs/8895/digital-transformation-of-industries-logistics-wef-white-paper-january-2016.pdf, 2016-01-22.

Xu S X, Huang G Q, Cheng M, 2017. Truthful, budget-balanced bundle double auctions for carrier collaboration[J]. Transportation Science, 51(4): 1365-1386.

Yang F, Dai Y, Ma Z J, 2020. A cooperative rich vehicle routing problem in the last-mile logistics industry in rural areas[J]. Transportation Research Part E: Logistics and

Transportation Review, 141: 102024.

Yilmaz O, Savasaneril S, 2012. Collaboration among small shippers in a transportation market[J]. European Journal of Operational Research, 218(2): 408-415.

Young H P, 1985. Monotonic solutions of cooperative games[J]. International Journal of Game Theory, 14(2): 65-72.

Zakharov V V, Shchegryaev A N, 2015. Stable cooperation in dynamic vehicle routing problems[J]. Automation and Remote Control, 76(5): 935-943.

Zhang W T, Uhan N A, Dessouky M, et al., 2018. Moulin mechanism design for freight consolidation[J]. Transportation Research Part B: Methodological, 116: 141-162.

Zhang M D, Pratap S, Huang G Q, et al, 2017. Optimal collaborative transportation service trading in B2B e-commerce logistics[J]. International Journal of Production Research, 55(18): 5485-5501.

Zheng J F, Gao Z Y, Yang D, et al, 2015. Network design and capacity exchange for liner alliances with fixed and variable container demands[J]. Transportation Science, 49(4): 886-899.

Zibaei S, Hafezalkotob A, Ghashami S S, 2016. Cooperative vehicle routing problem: An opportunity for cost saving[J]. Journal of Industrial Engineering International, 12(3): 271-286.

艾瑞数智,2020. 2020年中国人工智能＋物流发展研究报告[EB/OL]. [2024-10-27]. https://baijiahao.baidu.com/s?id=1671813956396244267&wfr=spider&for=pc,2020-07-10.

艾瑞咨询,2023. 2023年中国零担行业研究报告[EB/OL]. [2024-06-29]. https://xueqiu.com/3258720958/279771850,2023-12-15.

艾瑞咨询,2024. 中国供应链数字化行业研究报告[EB/OL]. [2024-10-27]. https://mp.weixin.qq.com/s/MmSkXm9t14-HWPolqvOTEQ,2024-07-08.

北京京邦达贸易有限公司,2024. 京东物流[EB/OL]. [2024-06-29]. https://www.jdl.com/,2024-06-24.

达牛数字供应链,2024. 网络货运四大运营模式详解[EB/OL]. [2024-10-27]. https://www.niuinfo.com/?p=12982,2024-04-03.

德邦物流,2023. 价格时效查询[EB/OL]. [2023-10-20]. https://www.deppon.com/newwebsite/mail/price,2023-10-01.

电商报,2024. Flexport推出数字卡车货运平台Convoy[EB/OL]. [2024-06-28]. https://www.dsb.cn/239702.html,2024-02-23.

东方财富网,2024. 年收入176亿美元的物流巨头C.H.Robinson将重点布局北欧[EB/OL]. [2024-06-28]. https://caifuhao.eastmoney.com/news/20240208170553346331270,

2024-02-28.

东吴证券,2023. 满帮集团:数字货运龙头,引领货运效率持续提升[EB/OL]. [2024-06-28]. https://mp.weixin.qq.com/s/lrPyio-UHfb8ygLhPMChhw,2023-01-05.

Flexport 飞协博,2024. 庆祝一周年!Flexport 飞协博实现端到端物流解决方案业务愿[EB/OL]. [2024-07-02]. https://mp.weixin.qq.com/s/ncJ1E6ewIiIccKDtrXtwcA,2024-06-28.

高德地图,2023. 路径规划 2.0 API 文档[EB/OL]. [2023-10-15]. https://lbs.amap.com/api/webservice/guide/api/newroute,2023-09-31.

观研天下,2022. 中国整车物流行业发展深度研究与投资前景预测报告[EB/OL]. [2024-07-02]. https://www.chinabaogao.com/baogao/202203/584490.html,2022-07-18.

共研网,2023. 2023 年中国大票零担行业发展概况分析:专线型玩家是大票零担市场主力[EB/OL]. [2024-10-27]. https://www.gonyn.com/industry/1622490.html,2023-12-21.

国家邮政局发展研究中心,2020. 行业聚焦|起底网络货运平台三大类型及其代表企业[EB/OL]. [2024-10-27]. https://baijiahao.baidu.com/s?id=1671629147395374968&wfr=spider&for=pc,2020-07-08.

国务院办公厅,2022. 国务院办公厅关于印发"十四五"现代物流发展规划的通知[EB/OL]. [2024-10-27]. https://www.gov.cn/zhengce/content/2022-12/15/content_5732092.htm,2022-05-17.

华经产业研究院,2023a. 2023 年中国数字货运平台市场规模、市场份额及业务模式分析[EB/OL]. [2024-06-28]. https://xueqiu.com/1973934190/248028997,2023-04-20.

华经产业研究院,2023b. 2023 年全球及中国物联网行业现状及发展趋势分析[EB/OL]. [2024-06-28]. https://www.huaon.com/channel/trend/925219.html,2023-11-29.

InfoQ,2022. 如何构建有效的数字化平台:收益、挑战和方法|InfoQ 专访[EB/OL]. [2024-11-01]. https://www.infoq.cn/article/EyYzVRtVj1IAjfFDLllo,2022-03-17.

罗戈研究,2018a. 2019 年专线零担领域发展与模式创新[EB/OL]. [2024-06-28]. http://www.logclub.com/articleInfo/MTc0Ni1jNzc5ODZmMC0xNDkyMA==,2018-11-24.

罗戈研究,2018b. 零担物流颠覆式创新发展报告[EB/OL]. [2024-06-28]. https://www.logclub.com/front/lc_report/get_report_info/25-96,2018-11-01.

罗戈研究,2020. 2020 年中国网络货运平台运营和发展报告[EB/OL]. [2024-06-28]. http://www.logclub.com/front/lc_report/get_report_info/106,2020-09-28.

绿色和平,2023. 快递业碳排放五年增长超 200%,公路、航空减排不应成"灯下黑"[EB/OL]. [2024-06-28]. https://www.greenpeace.org.cn/2023/06/16/express-industry-emissions/,2023-06-16.

千际投行,2021. 大数据行业发展研究报告[EB/OL]. [2024-06-30]. https://mp.weixin.qq.

com/s/S4AVgoPQvR0PX9lP6dFwrw,2021-05-11.

千际投行,2024.2024年中国边缘计算行业研究报告[EB/OL].[2024-06-30]. https://mp.weixin.qq.com/s/cqjHtUbuwrj37aB4R-xkkQ,2024-03-01.

前瞻产业研究院,2022.2022年中国物流行业全景图谱[EB/OL].[2024-06-28]. https://www.qianzhan.com/analyst/detail/220/220705-f45c8d1b.html,2022-07-05.

前瞻产业研究院,2024.2024—2029年中国零担物流行业市场前瞻与投资规划分析报告[EB/OL].[2024-06-28]. https://bg.qianzhan.com/report/detail/75fb89a1e21d4387.html, 2024-05-04.

赛迪研究院,2024.我国数字化转型的演进历程及内涵特征[EB/OL].[2024-10-27]. https://www.ccidii.com/viewreport/20240430/5155.html,2024-04-30.

顺丰控股股份有限公司,2024.物流服务介绍[EB/OL].[2024-07-02]. https://www.sf-express.com/mobile/cn/sc/prd/home?billno=120249716252,2024-06-29.

Tech商业,2023.菜鸟递交招股书;2023财年收入778亿,增长16%,净亏损28亿;最新季度国际物流增41%[EB/OL].[2024-07-02]. https://www.jiemian.com/article/10167671.html,2023-09-27.

网络货运研究院,2024.网络货运行业研究报告[EB/OL].[2024-06-29]. https://mp.weixin.qq.com/s/Hj-lS5X9J3hw7fC_HgjKWg,2024-06-22.

王庆瑞,2020.现代物流业对经济发展的贡献分析[EB/OL].[2024-07-02]. https://chinachuyun.com/yuedu/yanjiu/160583135426488.html,2020-11-20.

吴菁芃,2020.物流3.0——数字物流Digital Logistics[EB/OL].[2024-07-02]. https://mp.weixin.qq.com/s/jIi8Wghh6spmGCkzEu1DJg,2020-05-18.

物流时代周刊,2020.oTMS:"软件+服务"双驱动,运输环节更智能[EB/OL].[2024-07-02]. https://mp.weixin.qq.com/s/CQi-0dSqQjtHr2S4ORlvaQ?scene=25#wechat_%20redirect,2020-10-09.

物流指闻,2018.中国零担运输研究报告:市场竞争加剧,5大趋势逐渐显现[EB/OL].[2024-06-28]. https://www.sohu.com/a/236500548_343156,2018-06-19.

叶琦,2022.推进快递包装"绿色革命"[EB/OL].[2024-06-28]. http://opinion.people.com.cn/n1/2022/0117/c1003-32332475.html,2022-01-17.

运满满,2018.运满满首届YMM-TECH算法大赛[EB/OL].[2022-08-16]. https://mp.weixin.qq.com/s/dTqyCHtdphXrMVkDm8hORQ,2018-09-15.

运联智库,2021.起底网络货运平台及代表企业[EB/OL].[2024-06-28]. https://mp.weixin.qq.com/s/O3_imRQ96eqMt-byDPk-pg,2021-10-24.

招商证券,2015.罗宾逊物流—轻资产无车承运人,车货匹配创造价值[EB/OL].[2024-06-28]. https://doc.mbalib.com/view/c17ce56d5c6203d0b218f57e9fd64db1.html,2015-09-20.

智研咨询,2024. 2024中国云计算产业现状及发展趋势研究报告[EB/OL].[2024-06-28]. https://www.chyxx.com/industry/1179989.html,2024-04-03.

中国国家标准化管理委员会,2021. 中华人民共和国国家标准物流术语[EB/OL].[2024-06-28]. https://www.nssi.org.cn/nssi/front/114710710.html,2021-08-20.

中国外运股份有限公司,2024. 产品与服务[EB/OL].[2024-07-02]. https://www.sinotrans.com/,2024-06-28.

中国网,2018. 走访央企电商:中外运打造全链路国际智慧物流平台[EB/OL].[2024-07-02]. http://www.china.org.cn/chinese/2018-10/26/content_68265164.htm,2018-10-26.

中国物流与采购杂志,2023. 中国数字货运发展报告[EB/OL].[2024-07-02]. http://www.chinawuliu.com.cn/lhhzq/202304/04/603013.shtml,2023-04-04.

中国远洋海运集团有限公司,2024. 业务领域[EB/OL].[2024-06-28]. https://www.coscoshipping.com/col6856/art/2016/art_6856_45187.html,2024-06-28.

中物联智慧物流分会,2022. 数字货运的发展方向和意义[EB/OL].[2024-07-02]. https://mp.weixin.qq.com/s/kknS9v3ZRI1XC0Xk_qP1mw,2022-11-24.

致 谢

诚挚感谢香港中文大学博士生导师蔡小强教授和南开大学硕士生导师李勇建教授多年来的精心指导和悉心关怀,对本书的规划和内容给予的宝贵意见。特别感谢香港中文大学蔡小强教授、东南大学薛巍立教授、南京大学胡骞教授、南开大学李响教授、美国俄亥俄州立大学 Nicholas G. Hall 教授等研究合作者对本书的指导和支持。非常感谢东南大学经济管理学院、国家自然科学基金、中央高校基本科研业务费专项资金等对课题组的长期资助和支持。

本书内容的完成离不开课题组同学在初稿整理方面的支持。感谢结艺顿同学在第 1 章引言和第 2 章数字化货运平台模式,吴雅婷同学在第 3 章物流运力资源共享机制和第 5 章零担货运网络协同集货运输机制,王艺苗同学在第 4 章整车货运网络合作机制和第 6 章多站点式整车运输协同机制以及第 7 章未来展望,卢泓禹同学在附录 A、附录 B,顾颖同学在附录 C、附录 D 等方面的支持和帮助。同时也感谢东南大学出版社各位编辑精心细致的校稿。

最后,特别感谢家人和朋友对作者的工作一直以来无私的默默支持和鼓励。

赖明辉

南京,2024 年 7 月